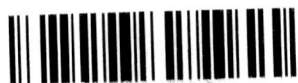

後漢書

宋 范曄 撰
唐 李賢等注

第六册

卷四三至卷五三（傳五）

中華書局

後漢書卷四十三

朱樂何列傳第三十三 朱暉孫穆

朱暉字文季，南陽宛人也。〔一〕家世衣冠。暉早孤，有氣決。年十三，王莽敗，天下亂，與外氏家屬從田閒奔入宛城。〔二〕道遇羣賊，白刃劫諸婦女，略奪衣物。昆弟賓客皆惶迫，伏地莫敢動。暉拔劒前曰：「財物皆可取耳，諸母衣不可得。今日朱暉死日也！」賊見其小，壯其志，笑曰：「童子內刀。」遂捨之而去。

〔一〕東觀記曰「其先宋微子之後也，以國氏姓。周衰，諸侯滅宋，犇碭，易姓爲朱，後徙于宛」也。

〔二〕東觀記曰「暉外祖父孔休，以德行稱於代」也。

初，光武與暉父岑俱學長安，有舊故。及卽位，求問岑，時已卒，乃召暉拜爲郎。暉尋以病去，卒業於太學。性矜嚴，進止必以禮，諸儒稱其高。

永平初，顯宗舅新陽侯陰就慕暉賢，自往候之，暉避不見。復遣家丞致禮，〔一〕暉遂閉門不受。就聞，歎曰：「志士也，勿奪其節。」後爲郡吏，太守阮況嘗欲市暉（牛）〔婢〕，暉不從。〔二〕及況卒，暉乃厚贈送其家。人或譏焉，暉曰：「前阮府君有求於我，所以不敢聞命，誠恐以財貨汙君。今而相送，明吾非有愛也。」驃騎將軍東平王蒼聞而辟之，甚禮敬焉。正月朔旦，蒼當入賀。故事，少府給璧。是時陰就爲府卿，貴驕，吏傲不奉法。蒼坐朝堂，漏且盡，而求璧不可得，顧謂掾屬曰：「若之何？」暉望見少府主簿持璧，卽往紿之曰：〔三〕「我數聞璧而未嘗見，試請觀之。」主簿以授暉，暉顧召令史奉之。〔四〕主簿大驚，遽以白就。就曰：「朱掾義士，勿復求。」更以它璧朝。蒼旣罷，召暉謂曰：「屬者掾自視孰與藺相如？」〔五〕帝聞壯之。及當幸長安，欲嚴宿衞，故以暉爲衞士令。再遷臨淮太守。

〔一〕續漢志曰：「諸侯家丞，秩三百石。」

〔二〕東觀記曰：「暉爲(掾)督郵，況當歸女，欲買暉婢，暉不敢與。後況卒，暉送其家金三斤。」

〔三〕紿，欺也。

〔四〕奉之於蒼。

〔五〕屬，向也。與猶如也。史記曰，藺相如，趙人也。趙惠文王時得楚和氏璧，秦昭王欲以十五城易之，趙王使相如奉璧入秦。秦王大喜，無意償趙城。相如乃前曰：「璧有瑕，願指示王。」相如因持璧卻立倚柱，怒髮上衝冠，曰：「臣觀大王無償趙城色，故臣復取璧。大王必欲急臣，臣今頭與璧俱碎於柱矣。」相如持其璧睨柱，欲以擊柱。秦王恐其璧破，乃謝之。

暉好節槩，有所拔用，皆厲行士。其諸報怨，以義犯率，皆爲求其理，多得生濟。其不

義之囚，卽時僵仆。〔一〕吏人畏愛，爲之歌曰：「彊直自遂，南陽朱季。吏畏其威，人懷其惠。」〔二〕數年，坐法免。〔三〕

〔一〕僵，偃；仆，踣也。

〔二〕東觀記曰：「建武十六年，四方牛大疫，臨淮獨不，鄰郡人多牽牛入界。」

〔三〕東觀記曰：「坐考長吏囚死獄中，州奏免官。」

暉剛於爲吏，見忌於上，所在多被劾。自去臨淮，屏居野澤，布衣蔬食，不與邑里通，鄉黨譏其介。〔一〕建初中，南陽大飢，米石千餘，暉盡散其家資，以分宗里故舊之貧羸者，鄉族皆歸焉。初，暉同縣張堪素有名稱，嘗於太學見暉，甚重之，接以友道，乃把暉臂曰：「欲以妻子託朱生。」暉以堪先達，舉手未敢對，自後不復相見。堪卒，暉聞其妻子貧困，乃自往候視，厚賑贍之。暉少子頡怪而問曰：「大人不與堪爲友，平生未曾相聞，子孫竊怪之。」暉曰：「堪嘗有知己之言，吾以信於心也。」〔二〕暉又與同郡陳揖交善，揖早卒，有遺腹子友，暉常哀之。及司徒桓虞爲南陽太守，召暉子駢爲吏，暉辭駢而薦友。虞嘆息，遂召之。其義烈若此。

〔一〕介，特也。言不與衆同。

〔二〕以堪先託妻子，心已許之，故言信於心也。

元和中，肅宗巡狩，告南陽太守問暉起居，召拜爲尙書僕射。歲中遷太山太守。暉上疏乞留中，詔許之。因上便宜，陳密事，深見嘉納。詔報曰：「補公家之闕，〔一〕不累清白之素，斯善美之士也。俗吏苟合，阿意面從，進無謇謇之志，卻無退思之念，〔二〕患之甚久。惟今所言，適我願也。生其勉之！」

〔一〕詩曰：「袞職有闕，仲山甫補之。」

〔二〕易蹇卦艮下坎上，艮爲山，坎爲水，山上有水，蹇難之象也。六二爻上應於五，五爲君位，二宜爲臣也。居儉難之時，履當其位，不以五在難私身遠害，故曰「王臣蹇蹇，匪躬之故」。孝經曰：「退思補過。」「謇」與「蹇」通。

是時穀貴，縣官經用不足，〔一〕朝廷憂之。尙書張林上言：「穀所以貴，由錢賤故也。可盡封錢，一取布帛爲租，以通天下之用。又鹽，食之急者，雖貴，人不得不須，官可自鬻。〔二〕又宜因交阯、益州上計吏往來，市珍寶，收采其利，武帝時所謂均輸者也。」〔三〕於是詔諸尙書通議。暉奏據林言不可施行，事遂寢。後陳事者復重述林前議，以爲於國誠便，帝然之，有詔施行。暉復獨奏曰：「王制，天子不言有無，諸侯不言多少，祿食之家不與百姓爭利。今均輸之法與賈販無異，鹽利歸官，則下人窮怨，布帛爲租，則吏多姦盜，誠非明主所當宜行。」帝卒以林等言爲然，得暉重議，因發怒，切責諸尙書。暉等皆自繫獄。三日，詔敕出之。曰：「國家樂聞駮議，黃髮無愆，詔書過耳，〔四〕何故自繫？」暉因稱病篤，不肯復署議。

尙書令以下惶怖，謂暉曰：「今臨得譴讓，柰何稱病，其禍不細！」暉曰：「行年八十，蒙恩得在機密，當以死報。若心知不可而順旨雷同，負臣子之義。今耳目無所聞見，伏待死命。」遂閉口不復言。諸尙書不知所爲，乃共劾奏暉。帝意解，寑其事。後數日，詔使直事郎問暉起居，〔五〕太醫視疾，太官賜食。暉乃起謝，復賜錢十萬，布百匹，衣十領。

〔一〕經，常也。

〔二〕前書曰：「因官器作鬻鹽。」音義曰：「鬻，古『煮』字。」

〔三〕武帝作均輸法，謂州郡所出租賦，并雇運之直，官總取之，市其土地所出之物，官自轉輸於京，謂之均輸。

〔四〕黃髮，老稱。謂朱暉也。

〔五〕直事郎謂署郎當次直者。

後遷爲尙書令，以老病乞身，拜騎都尉，賜錢二十萬。和帝卽位，竇憲北征匈奴，暉復上疏諫。頃之，病卒。〔一〕

〔一〕華嶠書曰「暉年五十失妻，昆弟欲爲繼室，暉歎曰：『時俗希不以後妻敗家者！』遂不復娶」也。

子頡，修儒術，安帝時至陳相。頡子穆。

穆字公叔。年五歲，便有孝稱。父母有病，輒不飲食，差乃復常。及壯耽學，銳意講誦，或時思至，不自知亡失衣冠，顚隊阬岸。其父常以爲專愚，幾不知數馬足。〔一〕穆愈更精篤。

〔一〕幾音近衣反。前書曰：「石慶爲太僕，上問車中幾馬？慶以策數馬畢，舉手曰：『六馬。』」言穆用心專愚更甚也。

初舉孝廉。〔一〕順帝末，江淮盜賊羣起，州郡不能禁。或說大將軍梁冀曰：「朱公叔兼資文武，海內奇士，若以爲謀主，賊不足平也。」冀亦素聞穆名，乃辟之，使典兵事，甚見親任。及桓帝卽位，順烈太后臨朝，穆以冀埶地親重，望有以扶持王室，因推災異，奏記以勸戒冀曰：「穆伏念明年丁亥之歲，刑德合於乾位，〔二〕易經龍戰之會。其文曰：『龍戰于野，其道窮也。』〔三〕謂陽道將勝而陰道負也。今年九月天氣鬱冒，五位四候連失正氣，此互相明也。夫善道屬陽，惡道屬陰，若修正守陽，摧折惡類，則福從之矣。穆每事不逮，所好唯學，傳受於師，時有可試。願將軍少察愚言，申納諸儒，〔四〕而親其忠正，絕其姑息，〔五〕專心公朝，割除私欲，廣求賢能，斥遠佞惡。夫人君不可不學，當以天地順道漸漬其心。宜爲皇帝選置師傅及侍講者，得小心忠篤敦禮之士，將軍與之俱入，參勸講授，師賢法古，此猶倚南山坐平原也，誰能傾之！今年夏，月暈房星，明年當有小戹。宜急誅姦臣爲天下所怨毒者，以塞災咎。議郎、大夫之位，本以式序儒術高行之士，今多非其人；九卿之中，亦有乖其任者。惟將軍察焉。」又薦种暠、欒巴等。而明年嚴鮪謀立淸河王蒜，又黃龍二見沛國。冀

無術學，遂以穆「龍戰」之言爲應，於是請暠爲從事中郎，薦巴爲議郎，舉穆高第，爲侍御史。〔六〕

〔一〕謝承書曰「穆少有英才，學明五經。性矜嚴疾惡，不交非類。年二十爲郡督郵，迎新太守，見穆曰：『君年少爲督郵，因族勢？爲有令德？』穆荅曰：『郡中瞻望明府謂如仲尼，非顏回不敢以迎孔子。』更問風俗人物。太守甚奇之，曰：『僕非仲尼，督郵可謂顏回也。』遂歷職股肱，舉孝廉」也。

〔二〕歷法，太歲在丁、壬，歲德在北宮，太歲在亥、卯、未，歲刑亦在北宮，故合於乾位也。

〔三〕易坤卦上六象詞也。以爻居上六，故云其道窮也。王弼注云：「陰之爲道，卑順不逆，乃全其美，盛而不已。固陽之地，陽所不堪，故戰于野。」

〔四〕申，重也。

〔五〕姑，且也。息，安也。小人之道，苟且取安也。禮記曰「君子之愛人也以德，細人之愛人也以姑息」也。

〔六〕續漢書曰：「穆舉高第，拜侍御史。桓帝臨辟雍，行禮畢，公卿出，虎賁置弓階上，公卿下階皆避弓。穆過，呵虎賁曰：『執天子器，何故投於地！』虎賁怖，即攝弓。穆劾奏虎賁抵罪，公卿皆慙，曰『朱御史可謂臨事不惑者也』。」

時同郡趙康叔盛者，隱于武當山，清靜不仕，以經傳教授。穆時年五十，乃奉書稱弟子。及康歿，喪之如師。其尊德重道，爲當時所服。

常感時澆薄，慕尚敦篤，乃作崇厚論。其辭曰：

夫俗之薄也，有自來矣。故仲尼歎曰：「大道之行也，而丘不與焉。」〔一〕蓋傷之也。夫道者，以天下爲一，在彼猶在己也。故行違於道則愧生於心，非畏義也；事違於理則負結于意，非憚禮也。故率性而行謂之道，〔二〕得其天性謂之德。〔三〕德性失然後貴仁義，〔四〕是以仁義起而道德遷，〔五〕禮法興而淳樸散。故道德以仁義爲薄，淳樸以禮法爲賊也。〔六〕夫中世之所敦，已爲上世之所薄，〔七〕況又薄於此乎！

〔一〕禮記仲尼歎曰：「大道之行，三代之英，丘未之逮也，而有志焉。」鄭玄注曰：「大道，謂三皇、五帝時也。」

〔二〕率，循也。子思曰「天命之謂性，率性之謂道，修道之謂教」也。

〔三〕天之所命之謂性，不失天性是爲德。

〔四〕道德之性失，仁義之迹彰。

〔五〕遷，徙也。

〔六〕老子曰：「失道而後德，失德而後仁，失仁而後義，失義而後禮。夫禮者，忠信之薄而亂之首也。」

〔七〕中世謂五帝時。

故夫天不崇大則覆幬不廣，地不深厚則載物不博，〔一〕人不敦厖則道數不遠。〔二〕昔在仲尼不失舊於原壤，〔三〕楚嚴不忍章於絕纓。〔四〕由此觀之，聖賢之德敦矣。老氏之經曰：「大丈夫處其厚不處其薄，居其實不居其華，故去彼取此。」〔五〕夫時有薄而厚施，行有失而惠用。〔六〕故覆人之過者，敦之道也；救人之失者，厚之行也。往者，馬援深昭此道，可以爲德，誡其兄子曰：「吾欲汝曹聞人之過如聞父母之名。耳可得聞，口不得言。」斯言要矣。遠則聖賢履之上世，〔七〕近則丙吉、張子孺行之漢廷。〔八〕故能振英聲於百世，播不滅之遺風，不亦美哉！

〔一〕幬亦覆。左傳曰：「如天之無不幬，如地之無不載。」「幬」與「燾」同。

〔二〕敦厖，厚大也。左傳曰：「人生敦厖。」數猶理也。言人不敦厚，不能入道之精理也。

〔三〕原壤，孔子之舊也。禮記曰：「原壤之母死，孔子助之沐椁。原壤登木而歌曰：『貍首之班然，執女手之卷然。』從者曰：『子未可以已乎？』夫子曰：『親者無失其爲親，故者無失其爲故。』」

〔四〕說苑曰：「楚莊王賜羣臣酒，日暮燭滅，乃有人引美人之衣者。美人援絕其冠纓，告王趣火來上，視絕纓者。王曰：『賜人酒，使醉失禮，柰何欲顯婦人之節而辱士乎？』乃命左右曰：『與寡人飲，不絕冠纓者不懽。』羣臣百餘人皆絕去其冠纓，乃上火」也。

〔五〕此老子〔道〕德經之詞也。顧歡注曰：「道德爲厚，禮法爲薄，淸虛爲實，聲色爲華。去彼華薄，取此厚實。」

〔六〕俗之凋薄，以厚御之；行〔之〕有失，以惠待之。即上孔子、楚莊是也。

〔七〕履，踐也。言敦厚之道，孔子、楚莊已踐履之。

〔八〕宣帝時丙吉爲丞相，不案吏，曰：「夫以三公府案吏，吾竊陋之。」子孺爲車騎將軍，匿名遠權，隱人過失。

然而時俗或異，風化不敦，而尙相誹謗，謂之臧否。記短則兼折其長，貶惡則并伐其善。悠悠者皆是，其可稱乎！〔一〕凡此之類，豈徒乖爲君子之道哉，將有危身累家之禍焉。悲夫！行之者不知憂其然，故害興而莫之及也。斯既然矣，又有異焉。人皆見之而不能自遷。何則？務進者趨前而不顧後，榮貴者矜己而不待人，智不接愚，富不賑貧，貞士孤而不恤，賢者戹而不存。故田蚡以尊顯致安國之金，〔二〕淳于以貴執引方進之言。〔三〕夫以韓、翟之操，爲漢之名宰，〔四〕然猶不能振一貧賢，薦一孤士，又況其下者乎！此禽息、史魚所以專名於前，而莫繼於後者也。〔五〕故時敦俗美，則小人守正，利不能誘也；時否俗薄，雖君子爲邪，義不能止也。〔六〕何則？先進者既往而不反，後來者復習俗而追之，是以虛華盛而忠信微，刻薄稠而純篤稀。斯蓋谷風有「棄予」之歎，〔七〕伐木有「鳥鳴」之悲矣！〔八〕

〔一〕悠悠，多也。稱，舉也。

〔二〕田蚡，（武）〔景〕帝王皇后同產弟，爲太尉，親貴用事。韓安國爲梁王太傅，坐法失官，安國以五百金遺蚡，蚡爲言太后，卽召以爲北地都尉也。

〔三〕翟方進，成帝時爲丞相。淳于長，元后姊子，封定陵侯，以能謀議爲九卿，用事。方進獨與長交，稱薦之也。

〔四〕前書曰：「天子以韓安國爲國器，拜御史大夫。」又曰：「翟方進智能有餘，天子甚重之。」故言名宰也。

〔五〕韓詩外傳曰：「禽息，秦大夫，薦百里奚不見納。繆公出，當車以頭擊闑，腦乃精出，曰：『臣生無補於國，不如死也。』繆公感寤而用百里奚，秦以大化。」禮，大夫殯於正室，士於適室。韓子曰，史魚，衞大夫。卒，委柩後寢。衞君弔而問之。曰：「不能進蘧伯玉，退彌子瑕。」以屍諫也。

〔六〕皆牽於時也。

〔七〕詩小雅曰：「習習谷風，維風及雨。將恐將懼，維予與汝。將安將樂，汝轉棄予。」

〔八〕詩小雅曰「伐木丁丁，鳥鳴嚶嚶。出自幽谷，遷于喬木。嚶其鳴矣，求其友聲」也。

嗟乎！世士誠躬師孔聖之崇則，嘉楚嚴之美行，希李老之雅誨，思馬援之所尚，鄙二宰之失度，美韓稜之抗正，〔一〕貴丙、張之弘裕，賤時俗之誹謗，則道豐績盛，名顯身榮，載不刊之德，〔二〕播不滅之聲。然〔後〕知薄者之不足，厚者之有餘也。彼與草木俱朽，〔三〕此與金石相傾，〔四〕豈得同年而語，並日而談哉？」

〔一〕事具韓稜傳也。

〔二〕刊，削也。

〔三〕彼謂薄也。

〔四〕此謂厚也。老子曰：「高下之相傾。」

穆又著絕交論，亦矯時之作。〔一〕

〔一〕穆集載論，其略曰：「或曰：『子絕存問，不見客，亦不荅也，何故？』曰：『古者，進退趨業，無私游之交，相見以公朝，享會以禮紀，否則朋徒受習而已。』曰：『人將疾子，如何？』曰：『寧受疾。』曰：『受疾可乎？』曰：『世之務交游也久矣，敦千乘不忌于君，犯禮以追之，背公以從之。其愈者，則孺子之愛也；其甚者，則求蔽過竊譽，以贍其私。事替義退，公輕私重，居勞於聽也。或於道而求其私，贍矣。是故遂往不反，而莫敢止焉。是川瀆並決，而莫之敢塞；游豶蹂稼，而莫之禁也。詩云：「威儀棣棣，不可算也。」後生將復何述？而吾不才，焉能規此？實悼無行，子道多闕，臣事多尤，思復白圭，重考古言，以補往過。時無孔堂，思兼則滯，匪有廢也，則亦焉興？是以敢受疾也，不亦可乎！』」文士傳曰：「世無絕交。」又與劉伯宗絕交書及詩曰：「昔我爲豐令，足下不遭母憂乎？親解縗絰，來入豐寺。及我爲持書御史，足下親來入臺。足下今爲二千石，我下爲郎，乃反因計吏以謁相與。足下豈丞尉之徒，我豈足下部〔民〕，欲以此謁爲榮寵乎？咄！劉伯宗於仁義道何其薄哉！」其詩曰：「北山有鴟，不絜其翼。飛不正向，寢不定息。飢則木攬，飽則泥伏。饕餮貪汙，臭腐是食。填腸滿嗉，嗜欲無極。長鳴呼鳳，謂鳳無德。鳳之所趣，與子異域。永從此訣，各自努力！」蓋因此而著論也。

梁冀驕暴不悛，朝野嗟毒，穆以故吏，懼其釁積招禍，復奏記諫曰：「古之明君，必有輔德之臣，規諫之官，下至器物，銘書成敗，以防遺失。〔一〕故君有正道，臣有正路，〔二〕從之如升堂，違之如赴壑。今明將軍地有申伯之尊，〔三〕位爲羣公之首，〔四〕一日行善，天下歸仁，〔五〕終朝爲惡，四海傾覆。頃者，官人俱匱，加以水蟲爲害。〔六〕京師諸官費用增多，詔書發調或至十倍。各言官無見財，皆當出民，搒掠割剝，彊令充足。公賦既重，私斂又深。牧守長吏，多非德選，貪聚無猒，遇人如虜，或絕命於箠楚之下，或自賊於迫切之求。〔七〕又掠奪百姓，皆託之尊府。遂令將軍結怨天下，吏人酸毒，道路歎嗟。昔秦政煩苛，百姓土崩，陳勝奮臂一呼，天下鼎沸，〔八〕而面諛之臣，猶言安耳。〔九〕諱惡不悛，卒至亡滅。昔永和之末，綱紀少弛，頗失人望。四五歲耳，而財空戶散，下有離心。馬免之徒乘釁而起，荆揚之閒幾成大患。〔一○〕幸賴順烈皇后初政清靜，內外同力，僅乃討定。今百姓戚戚，困於永和，內非仁愛之心可得容忍，外非守國之計所宜久安也。夫將相大臣，均體元首，共輿而馳，同舟而濟，輿傾舟覆，患實共之。豈可以去明即昧，履危自安，〔一一〕主孤時困，而莫之卹乎！宜時易宰守非其人者，減省第宅園池之費，拒絕郡國諸所奉送。內以自明，外解人惑，使挾姦之吏無所依託，司察之臣得盡耳目。憲度既張，遠邇清壹，則將軍身尊事顯，德燿無窮。天道明察，無言不信，惟垂省覽。」冀不納，而縱放日滋，遂復賂遺左右，交通宦者，任其子弟、賓客以爲州郡要職。穆又奏記極諫，冀終不悟。報書云：「如此，僕亦無一可邪？」穆言雖切，然亦不甚罪也。

〔一〕黃帝作巾机之法，孔甲有盤盂之誡。太公陰謀曰，武王衣之銘曰：「桑蠶苦，女工難，得新捐故後必寒。」鏡銘曰：「以鏡自照者見形容，以人自照者見吉凶。」觴銘曰「樂極則悲，沈湎致非，社稷爲危」也。

〔二〕說苑君道篇曰：「人君之道，清淨無爲，務在博愛，趨在任賢，廣開耳目，以察萬方，不固溺於流俗，不拘繫於左右。」臣術篇曰「人臣之術，順從復命，無所敢專，義不苟合，位不苟尊，必有益於國，必有補於君」也。

〔三〕申國之伯，周宣王之元舅。

〔四〕冀紹席於三公。

〔五〕論語曰：「一日克己復禮，天下歸仁焉。」
〔六〕水災及蝗蟲也。
〔七〕賊，殺也。
〔八〕前書淮南王謂伍被曰「陳勝、吳廣起于大澤，奮臂大呼，天下響應」也。
〔九〕秦胡亥時，山東兵大起，叔孫通謂胡亥曰：「鼠竊狗盜，郡縣逐捕之，不足憂。」諸生曰：「何先生言之諛也！」
〔一〇〕質帝時，九江賊馬免稱「黃帝」，歷陽賊華孟稱「黑帝」，並九江都尉滕撫討斬之。九江、歷陽是荆揚之閒也。
〔一一〕卽，就也。

永興元年，河溢，漂害人庶數十萬戶，百姓荒饉，流移道路。冀州盜賊尤多，故擢穆爲冀州刺史。州人有宦者三人爲中常侍，並以檄謁穆。穆疾之，辭不相見。冀部令長聞穆濟河，解印綬去者四十餘人。及到，奏劾諸郡，至有自殺者。以威略權宜，盡誅賊渠帥。舉劾權貴，或乃死獄中。有宦者趙忠喪父，歸葬安平，〔一〕僭爲璵璠、玉匣、偶人。〔二〕穆聞之，下郡案驗。吏畏其嚴明，遂發墓剖棺，陳尸出之，而收其家屬。帝聞大怒，徵穆詣廷尉，〔三〕輸作左校。〔四〕太學書生劉陶等數千人詣闕上書訟穆曰：「伏見施刑徒朱穆，處公憂國，拜州之日，志淸姦惡。誠以常侍貴寵，父兄子弟布在州郡，競爲虎狼，噬食小人，故穆張理天綱，補綴漏目，羅取殘禍，以塞天意。由是內官咸共恚疾，謗讟煩興，讒隙仍作，極其刑謫，輸作左校。天下有識，皆以穆同勤禹、稷而被共、鯀之戾，若死者有知，則唐帝怒於崇山，重華忿於蒼墓矣。〔五〕當今中官近習，〔六〕竊持國柄，〔七〕手握王爵，口含天憲，運賞則使餓隸富於季孫，〔八〕呼噏則令伊、顏化爲桀、跖。〔九〕而穆獨亢然不顧身害。非惡榮而好辱，惡生而好死也，徒感王綱之不攝，〔一〇〕懼天網之久失，故竭心懷憂，爲上深計。臣願黥首繫趾，〔一一〕代穆校作。」帝覽其奏，乃赦之。

〔一〕安平，郡，冀州所部。

〔二〕玉匣長尺，廣二寸半，衣死者自膂以下至足，連以金縷，天子之制也。左傳曰：「陽虎將以璵璠斂。」杜預注云：「美玉名，君所佩也。」偶人，明器之屬也。

〔三〕謝承書曰：「穆臨當就道，冀州從事欲爲畫像置聽事上，穆留板書曰：『勿畫吾形，以爲重負。忠義之未顯，何形象之足紀也！』」

〔四〕左校，署名，屬將作，掌左工徒。

〔五〕尚書曰：「放驩兜於崇山。」孔安國注曰：「崇山，南裔也。」山海經曰：「有讙頭之國，帝堯葬焉。」郭璞注云：「讙頭，驩兜也。」禮記曰：「舜葬蒼梧之野。」

〔六〕鄭玄注禮記云：「近習，天子所親幸者。」

〔七〕周禮以八柄詔王馭羣臣，謂爵、祿、予、置、生、奪、廢、誅也。

〔八〕運，行也。論語曰：「季氏富於周公。」

〔九〕呼噏，吐納也。伊尹、顏回、夏桀、盜跖也。
〔一〇〕攝，持也。
〔一一〕黥首謂鑿額涅墨也。繫趾謂鈦其足也，以鐵著足曰鈦也。

穆居家數年，在朝諸公多有相推薦者，於是徵拜尚書。穆既深疾宦官，及在臺閣，旦夕共事，志欲除之。乃上疏曰：「案漢故事，中常侍參選士人。建武以後，乃悉用宦者。自延平以來，浸益貴盛，假貂璫之飾，處常伯之任，〔一〕天朝政事，一更其手，權傾海內，寵貴無極，子弟親戚，並荷榮任，故放濫驕溢，莫能禁禦。凶狡無行之徒，媚以求官，恃埶怙寵之輩，漁食百姓，窮破天下，空竭小人。愚臣以為可悉罷省，遵復往初，率由舊章，更選海內清淳之士，明達國體者，以補其處。即陛下可為堯舜之君，衆僚皆為稷契之臣，兆庶黎萌蒙被聖化矣。」帝不納。後穆因進見，口復陳曰：「臣聞漢家舊典，置侍中、中常侍各一人，省尚書事，〔二〕黃門侍郎一人，傳發書奏，〔三〕皆用姓族。〔四〕自和熹太后以女主稱制，不接公卿，乃以閹人為常侍，小黃門通命兩宮。自此以來，權傾人主，窮困天下。宜皆罷遣，博選耆儒宿德，與參政事。」帝怒，不應。穆伏不肯起。左右傳出，〔五〕良久乃趨而去。自此中官數因事稱詔詆毀之。

〔一〕璫以金為之，當冠前，附以金蟬也。漢官儀曰：「中常侍，秦官也。漢興，或用士人，銀璫左貂。光武已後，專任宦者，右貂金璫。」常伯，侍中。

〔三〕省，覽也。

〔三〕傳，通也。

〔四〕引用士人有族望者。

〔五〕傳聲令出。

穆素剛，不得意，居無幾，憤懣發疽。〔一〕延熹六年，卒，時年六十四。祿仕數十年，蔬食布衣，家無餘財。公卿共表穆立節忠淸，虔恭機密，守死善道，宜蒙旌寵。策詔褒述，追贈益州太守。所著論、策、奏、教、書、詩、記、嘲，凡二十篇。〔二〕

〔一〕疽，癰也。

〔二〕袁山松書曰：「穆著論甚美，蔡邕嘗至其家自寫之。」

穆前在冀州，所辟用皆清德長者，多至公卿、州郡。子野，少有名節，仕至河南尹。〔一〕初，穆父卒，穆與諸儒考依古義，謚曰貞宣先生。〔二〕及穆卒，蔡邕復與門人共述其體行，謚爲文忠先生。〔三〕

〔一〕野字子遼，見荀爽薦文。

〔二〕謚法曰：「淸白守節曰貞，善聞周達曰宣。」

〔三〕袁山松書曰：「蔡邕議曰：『魯季文子，君子以爲忠，而謚曰文子。又傳曰：「忠，文之實也。」忠以爲實，文以彰之。』遂共諡穆。荀爽聞而非之。故張璠論曰：『夫諡者，上之所贈，非下之所造，故顏、閔至德，不聞有諡。朱、蔡各以衰世臧否不立，故私議之。』

論曰：朱穆見比周傷義，偏黨毁俗，〔一〕志抑朋游之私，遂著絕交之論。蔡邕以爲穆貞而孤，又作正交而廣其致焉。〔二〕蓋孔子稱「上交不諂，下交不黷」，〔三〕又曰「晏平仲善與人交」，子夏之門人亦問交於子張。〔四〕故易明「斷金」之義，〔五〕詩載「讌朋」之謠。〔六〕若夫文會輔仁，直諒多聞之友，時濟其益，〔七〕紵衣傾蓋，彈冠結綬之夫，遂隆其好，〔八〕斯固交者之方焉。〔九〕至乃田、竇、衞、霍之游客，〔一〇〕廉頗、翟公之門賓，〔一一〕進由埶合，退因衰異。又專諸、荆卿之感激，〔一二〕侯生、豫子之投身，〔一三〕情爲恩使，命緣義輕。皆以利害移心，懷德成節，非夫交照之本，未可語失得之原也。穆徒以友分少全，因絕同志之求；黨俠生敝，而忘得朋之義。〔一四〕蔡氏貞孤之言，其爲然也！古之善交者詳矣。漢興稱王陽、貢禹、陳遵、張竦，〔一五〕中世有廉范、慶鴻、陳重、靁義云。

〔一〕左傳曰：「頑嚚不友，是與比周。」杜預注云：「比，近也。周，密也。」

〔二〕邕論略曰：「聞之前訓曰：『君子以朋友講習，而正人無有淫朋。』是以古之交者，其義敦以正，其誓信以固。逮至周德始衰，頌聲既寢，伐木有『鳥鳴』之刺，谷風有『棄予』之怨，其所由來，政之缺也。自此已降，彌以陵遲，或闕其始終，或彊其比周。是以搢紳患其然，而論者諄諄如也。疾淺薄而攜貳者有之，惡朋黨而絕交游者有之。其論交也，曰富貴則人爭趣之，貧賤則人爭去之。是以君子愼人所以交已，審已所以交人，富貴則無暴集之客，貧賤則無棄舊之賓矣。故原其所以來，則知其所以去；見其所以始，則覩其所以終。彼貞士者，貧賤不待夫富貴，富貴不驕乎貧賤，故可貴也。蓋朋友之道，有義則合，無義則離。善則久要不忘平生之言，惡則忠告善誨之，否則止，無自辱焉。故君子不爲可棄之行，不患人之遺已也。信有可歸之德，不病人之遠已也。不幸或然，則躬自厚而薄責於人，怨其遠矣；求諸己而不求諸人，咎其稀矣。夫遠怨稀咎之機，咸在乎躬，莫之能改也。子夏之門人問交於子張，而二子各有聞乎夫子，然則以交誨也。商也寬，故告之以距人，師也褊，故訓之以容衆，各從其行而矯之。至於仲尼之正教，則汎愛衆而親仁，故非善不喜，非仁不親，交游以方，會友以文，可無貶也。穀梁子亦曰：『心志既通，名譽不聞，友之罪也。』今將患其流而塞其源，病其末而刈其本，無乃未若擇其正而黜其邪，與其彼農皆黍而獨稷焉。夫黍亦神農之嘉穀，與稷並爲粢盛也，使交而可廢，則黍其愆矣。括二論而言之，則刺薄者博而洽，斷交者貞而孤。孤有羔羊之節，與其不獲已而矯時也，走將從夫孤焉。」

〔三〕易繫辭之言也。

〔四〕並見論語。

〔五〕易繫辭曰：「二人同心，其利斷金。」

〔六〕詩小雅伐木序云：「讌朋友故舊也。」其詩曰：「伐木滸滸，釃酒有藇。」釃音所宜反。藇音序。

〔七〕論語曰：「君子以文會友，以友輔仁。」又曰：「益者三友，友直，友諒，友多聞，益矣。」

〔八〕左傳曰，吳季札以縞帶贈子產，子產獻紵衣焉。孔叢子曰：「孔子與程子相遇於塗，傾蓋而語。」傾蓋謂駐車交蓋也。前書曰，王陽、貢禹相與爲友，朱博與蕭育爲友，時稱「蕭朱結綬，王貢彈冠」，言其趣舍同，相薦達。

〔九〕方，道也。

〔一〇〕竇嬰，孝文皇后從兄子，封魏其侯，游士賓客爭歸之。武帝時爲丞相。田蚡，（武）〔景〕帝王皇后同產弟，爲太尉。蚡以太后故親幸，數言事多效，士吏趨埶利者皆去嬰而歸蚡。衞青拜大將軍，青姊子霍去病爲驃騎將軍，皆爲大司馬。去病秩祿與大將軍等，自是後青日衰而去病益貴，青故人門下多去事去病，輒得官爵也。

〔一一〕史記曰，廉頗趙人，封爲信平君，假相國。長平之免歸也，故客盡去；及復用爲將，客又至。廉頗曰：「客退矣。」客曰：「吁！君何見之晚也？夫以市道交，君有埶我卽從君，無埶卽去，此其理也，又何怨焉？」下邽翟公爲廷尉，賓客亦塡門；及廢，門外可設爵羅。後復爲廷尉，賓客欲往，翟公大署其門曰「一死一生，乃知交情。一貧一富，乃知交態。一貴一賤，交情乃見」也。

〔一二〕史記曰，專諸，堂邑人。吳公子光以嫡嗣未得立，請專諸刺吳王僚。諸曰：「王僚可殺也，母老子弱，是其無如我何？」光乃置酒請王僚。酒酣，專諸置匕首魚炙之中，以刺王僚，立死。又曰，荆軻，衞人也。燕太子丹質於秦，秦王政遇之不善，丹怨亡歸，與軻交結，乃尊爲上卿，故謂之荆卿。軻入秦，刺始皇不遂而死也。

〔一三〕史記曰，侯嬴，魏隱士，爲大梁夷門門者，魏公子無忌請爲上客。秦圍邯鄲，嬴敎公子竊兵符北救趙，乃自剄。又曰，豫讓，晉人。趙襄子滅智伯，讓曰：「士爲知己者死。」乃變名姓，欲刺襄子，襄子令執之，遂伏劍而死。

〔一四〕易曰：「西南得朋。」

〔一五〕前書曰，陳遵字孟公，杜陵人也。張竦字伯松。竦博學通達，以廉儉自守，而遵放縱不拘。操行雖異，然相親友也。

樂恢字伯奇，京兆長陵人也。父親，爲縣吏，得罪於令，收將殺之。恢年十一，常俯伏寺門，晝夜號泣。令聞而矜之，卽解出親。

恢長好經學，事博士焦永。永爲河東太守，恢隨之官，閉廬精誦，不交人物。後永以事被考，諸弟子皆以通關被繫，〔一〕恢獨（皦）〔曒〕然不汚於法，〔二〕遂篤志爲名儒。性廉直介立，〔三〕行不合己者，雖貴不與交。信陽侯陰就數致禮請恢，恢絕不荅。

〔一〕爲交通關涉也。

〔二〕（皦）〔曒〕，明也，音公鳥反。或從「白」作「皎」，音亦同。

〔三〕介，特也。

後仕本郡吏，太守坐法誅，〔一〕故人莫敢往，恢獨奔喪行服，坐以抵罪。歸，復爲功曹，選舉不阿，請託無所容。同郡楊政數衆毀恢，後舉政子爲孝廉，由是鄉里歸之。辟司空牟融府。會蜀郡太守第五倫代融爲司空，恢以與倫同郡，不肯留，薦潁川杜安而退。諸公多其行，連辟之，遂皆不應。〔二〕

〔一〕東觀記京兆尹張恂召恢，署戶曹史。

〔二〕華嶠書曰：「安擢為宛令，以病去。章帝行過潁川，安上書，召拜御史，遷至巴郡太守。而恢在家，安與恢書通問，恢告吏口謝，且讓之曰：『為宛令不合志，病去可也。干人主以闚覦，非也。違平生操，故不報。』安亦節士也，年十三入太學，號奇童。洛陽令周紆自往候安，安謝不見。京師貴戚慕其行，或遺之書，安不發，悉壁藏之。及後捕案貴戚賓客，安開壁出書，印封如故。」

後徵拜議郎。會車騎將軍竇憲出征匈奴，恢數上書諫爭，朝廷稱其忠。〔一〕入為尚書僕射。是時河南尹王調、洛陽令李阜與竇憲厚善，縱舍自由。恢劾奏調、阜，并及司隸校尉。諸所刺舉，無所回避，貴戚惡之。〔二〕憲弟夏陽侯瓌欲往候恢，恢謝不與通。憲兄弟放縱，而忿其不附己。妻每諫恢曰：「昔人有容身避害，何必以言取怨？」恢歎曰：「吾何忍素餐立人之朝乎！」遂上疏諫曰：「臣聞百王之失，皆由權移於下。大臣持國，常以埶盛為咎。伏念先帝，聖德未永，早棄萬國。陛下富於春秋，纂承大業，〔三〕諸舅不宜幹正王室，以示天下之私。經曰：『天地乖互，衆物夭傷。君臣失序，萬人受殃。』政失不救，其極不測。方今之宜，上以義自割，下以謙自引。四舅可長保爵土之榮，〔四〕皇太后永無慙負宗廟之憂，誠策之上者也。」書奏不省。時竇太后臨朝，和帝未親萬機，恢以意不得行，乃稱疾乞骸骨。詔賜錢，太醫視疾。恢薦任城郭均、成陽高鳳，而遂稱篤。拜騎都尉，上書辭謝曰：「仍受厚恩，無以報效。夫政在大夫，孔子所疾；〔五〕世卿持權，春秋以戒。〔六〕聖人懇惻，不虛言也。

近世外戚富貴，必有驕溢之敗。今陛下思慕山陵，未遑政事；諸舅寵盛，權行四方。若不能自損，誅罰必加。臣壽命垂盡，臨死竭愚，惟蒙留神。」詔聽上印綬，乃歸鄉里。竇憲因是風厲州郡迫脅，恢遂飲藥死。弟子縗絰輓者數百人，〔七〕衆庶痛傷之。

〔一〕東觀記載恢所上書諫曰：「春秋之義，王者不理夷狄。得其地不可墾發，得其人無益於政，故明王之於夷狄，羈縻而已。孔子曰：『遠人不服，則修文德以來之。』以漢之盛，不務修舜、禹、周公之（術）〔德〕，而無故興干戈，動兵革，以求無用之物，臣誠惑之！」

〔二〕決錄注曰：「調字叔和，爲河南尹。永和二年，坐買洛陽令同郡任稜竹田及上罷城東漕渠免官。」

〔三〕春秋謂年也。言年少，春秋尙多，故稱富。

〔四〕四舅謂竇憲、弟篤、景、瓌也。

〔五〕論語孔子曰：「天下有道，政不在大夫。」

〔六〕左傳曰：「齊崔氏出奔衞。」公羊傳曰：「崔氏者何？齊大夫。稱崔氏者何？貶。曷爲貶？譏世卿也。」

〔七〕輓，引柩也。

後竇氏誅，帝始親事，恢門生何融等上書陳恢忠節，除子己爲郎中。〔一〕

〔一〕三輔決錄注曰：「己字伯文，爲郎非其好也，去官。」

何敞字文高，扶風平陵人也。其先家于汝陰。六世祖比干，學尚書於朝錯，〔一〕武帝時爲廷尉正，與張湯同時。湯持法深而比干務仁恕，數與湯爭，雖不能盡得，然所濟活者以千數。後遷丹（楊）〔陽〕都尉，因徙居平陵。敞父寵，建武中爲千乘都尉，以病免，遂隱居不仕。

〔一〕何氏家傳：「（云並）〔六世〕祖父比干，字少卿，經明行修，兼通法律。爲汝陰縣獄吏決曹掾，平活數千人。後爲丹陽都尉，獄無冤囚，淮汝號曰『何公』。征和三年三月辛亥，天大陰雨，比干在家，日中夢貴客車騎滿門，覺以語妻。語未已，而門有老嫗可八十餘，頭白，求寄避雨，雨甚而衣履不霑漬。雨止，送至門，乃謂比干曰：『公有陰德，今天錫君策，以廣公之子孫。』因出懷中符策，狀如簡，長九寸，凡九百九十枚，以授比干，子孫佩印綬者當如此筭。比干年五十八，有六男，又生三子。本始元年，自汝陰徙平陵，代爲名族。」

敞性公正。自以趣舍不合時務，每請召，常稱疾不應。元和中，辟太尉宋由府，由待以殊禮。敞論議高，常引大體，多所匡正。司徒袁安亦深敬重之。是時京師及四方累有奇異鳥獸草木，言事者以爲祥瑞。敞通經傳，能爲天官，意甚惡之。乃言於二公曰：「夫瑞應依德而至，災異緣政而生。故鸜鵒來巢，昭公有乾侯之戹；〔一〕西狩獲麟，孔子有兩楹之殯。〔二〕海鳥避風，臧文祀之，君子譏焉。〔三〕今異鳥翔於殿屋，怪草生於庭際，不可不察。」由、安懼然不敢荅。〔四〕居無何而肅宗崩。

〔一〕春秋：「有鸜鵒來巢。」左氏傳魯大夫師己曰：「文、成之世，童謠有之曰：『鸜鵒之羽，公在外野，往饋之馬。鸜鵒跦誅，公在乾侯。』」季平子逐昭公，公遜于乾侯。杜預注：「乾侯在魏郡斥丘縣，晉境內邑也。」

〔二〕公羊傳曰：「西狩獲麟，有以告孔子者曰：『有麕而角者何？』孔子曰：『孰爲來哉！孰爲來哉！』反袂拭面，涕下沾袍，曰：『吾道窮矣！』」何氏注曰：「麟者，太平之符，聖人之類。時得麟而死，此亦天告夫子將沒之徵也。」禮記孔子謂子貢曰：「予疇昔夜夢坐奠於兩楹之閒焉。殷人殯於兩楹之閒，丘卽殷人也，予殆將死也。」遂寢疾，七日而死。

〔三〕國語曰，海鳥爰居，止於魯東門之外三日，臧文仲使國人祭之。展禽譏焉，因曰：「今茲海其有風乎？廣川之鳥恆知避風。」是歲海多大風，冬煖。文仲聞之，曰：「吾過矣！」

〔四〕懼音紀其反。

時竇氏專政，外戚奢侈，賞賜過制，倉帑爲虛。〔一〕敞奏記由曰：「敞聞事君之義，進思盡忠，退思補過。歷觀世主時臣，無不各欲爲化，垂之無窮，然而平和之政萬無一者，蓋以聖主賢臣不能相遭故也。今國家秉聰明之弘道，明公履晏晏之純德，〔二〕君臣相合，天下翕然，治平之化，有望於今。孔子曰：『如有用我者，三年有成。』今明公視事，出入再朞，宜當克己，以酧四海之心。禮，一穀不升，則損服徹膳。〔三〕天下不足，若己使然。而比年水旱，人不收穫，涼州緣邊，家被凶害，〔四〕男子疲於戰陳，妻女勞於轉運，老幼孤寡，歎息相依，又中州內郡，公私屈竭，此實損膳節用之時。國恩覆載，賞賚過度，但聞臘賜，自郎官以上，公卿王侯以下，至於空竭帑藏，損耗國資。尋公家之用，皆百姓之力。明君賜賚，宜有品制，忠臣受賞，亦應有度，〔五〕是以夏禹玄圭，周公束帛。〔六〕今明公位尊任重，責深負大，上當匡正綱紀，下當濟安元元，豈但空空無違而已哉！宜先正已以率羣下，還所得賜，因陳得失，奏王侯就國，除苑囿之禁，節省浮費，賑卹窮孤，則恩澤下暢，黎庶悅豫，上天聰明，必有立應。使百姓歌誦，史官紀德，豈但子文逃祿，〔七〕公儀退食之比哉！」〔八〕由不能用。

〔一〕帑音它朗反。

〔二〕晏晏，溫和也。

〔三〕禮記曰：「歲凶，年穀不登，君膳不祭肺。」損服，減損服御。

〔四〕時西羌犯邊爲害也。

〔五〕臘賜大將軍、三公錢各二十萬，牛肉二百斤，粳米二百斛，特進、侯十五萬，卿十萬，校尉五萬，尚書三萬，侍中、將、大夫各二萬，千石、六百石各七千，虎賁、羽林郎二人共三千，以爲祀門戶直。見漢官儀也。

〔六〕尚書曰：「召公出取幣，入錫周公。」

〔七〕國語：「昔楚鬭子文三登令尹，無一日之積。成王聞子文朝不及夕也，於是乎每朝設脯一束，糗一筐，以羞子文。成王每出子文之祿，必逃，王止而後復。人謂子文曰：『人生求富，子逃之，何也？』對曰：『從政者，以庇人也。人多曠者而我取富焉，是勤人以自封也，死無日矣。我逃死，非逃富也。』」

〔八〕史記：「公儀休相魯，食茹而美，拔園葵而棄之，見布好而逐出其家婦，燔其機，云『欲令農士女工安得奪其貨乎』？」比音庇。

時齊殤王子都鄉侯暢奔弔國憂，上書未報，〔一〕侍中竇憲遂令人刺殺暢於城門屯衞之中，〔二〕而主名不立。敞又說由曰：「劉暢宗室肺府，茅土藩臣，來弔大憂，上書須報，〔三〕親在武衞，致此殘酷。奉憲之吏，莫適討捕，〔四〕蹤迹不顯，主名不立。敞備數股肱，職典賊曹，〔五〕故欲親至發所，以糾其變，而二府以爲故事三公不與賊盜。〔六〕昔陳平生於征戰之世，猶知宰相之分，云『外鎭四夷，內撫諸侯，使卿大夫各得其宜』。〔七〕今二府執事不深惟大義，惑於所聞，公縱姦慝，莫以爲咎。惟明公運獨見之明，昭然勿疑，敞不勝所見，請獨奏案。」由乃許焉。二府聞敞行，皆遣主者隨之，〔八〕於是推舉具得事實，京師稱其正。

〔一〕時章帝崩也。殤王名石，齊武王縯之孫也。
〔二〕暢得幸竇太后，故刺殺之。
〔三〕須，待也。
〔四〕適音的。謂無指的討捕也。
〔五〕股肱謂手臂也。公府有賊曹，主知盜賊也。
〔六〕敞在太尉府，二府謂司徒、司空。丙吉爲丞相不案事，遂爲故事，見馬防傳也。
〔七〕陳平爲左丞相，對文帝曰：「宰相者，佐天子理陰陽，順四時，下育萬物之宜，外鎭撫四夷、諸侯，內親附百姓，使卿大夫各得任其職焉。」
〔八〕主者謂主知盜賊之曹也。

以高第拜侍御史。時遂以竇憲爲車騎將軍，大發軍擊匈奴，而詔使者爲憲弟篤、景並起邸第，興造勞役，百姓愁苦。敞上疏諫曰：「臣聞匈奴之爲桀逆久矣。平城之圍，嫚書之恥，〔一〕此二辱者，臣子所爲捐軀而必死，高祖、呂后忍怒還忿，舍而不誅。伏惟皇太后秉文母之操，〔二〕陛下履晏晏之姿，匈奴無逆節之罪，漢朝無可慙之恥，而盛春東作，〔三〕興動大役，元元怨恨，咸懷不悅。而猥復爲衞尉篤、奉車都尉景繕修館第，彌街絕里。臣雖斗筲之人，〔四〕誠竊懷怪，以爲篤、景親近貴臣，當爲百僚表儀。今衆軍在道，朝廷焦脣，百姓愁苦，縣官無用，而遽起大第，崇飾玩好，非所以垂令德，示無窮也。宜且罷工匠，專憂北邊，恤人之困。」書奏不省。

〔一〕匈奴冒頓以精兵三十萬騎，圍高帝於白登七日。案：白登在平城東南十餘里。高后時，冒頓遺高后書曰：「陛下獨立，孤僨獨居，兩主不樂，無以自娛，願以所有，易其所無。」孤僨，冒頓自謂。

〔二〕文母，文王之妻大姒也。詩曰「既有烈考，亦有文母」也。

〔三〕歲起於東，人始就耕，故曰東作。

〔四〕鄭玄注論語：「筲，竹器，容斗二升。」

後拜爲尚書，復上封事曰：「夫忠臣憂世，犯主嚴顏，譏刺貴臣，至以殺身滅家而猶爲之者，何邪？君臣義重，有不得已也。臣伏見往事，國之危亂，家之將凶，皆有所由，較然易知。〔一〕昔鄭武姜之幸叔段，〔二〕衞莊公之寵州吁，〔三〕愛而不教，終至凶戾。由是觀之，愛子若此，猶飢而食之以毒，適所以害之也。〔四〕伏見大將軍憲，始遭大憂，公卿比奏，欲令典幹國事。〔五〕憲深執謙退，固辭盛位，懇懇勤勤，言之深至，天下聞之，莫不悅喜。今踰年無幾，大禮未終，卒然中改，兄弟專朝。憲秉三軍之重，篤、景總宮衞之權，而虐用百姓，奢侈僭偪，誅戮無罪，肆心自快。今者論議凶凶，咸謂叔段、州吁復生於漢。臣觀公卿懷持兩端，不肯極言者，以爲憲等若有匪懈之志，則己受吉甫褒申伯之功，〔六〕如憲等陷於罪辜，則自取陳平、周勃順呂后之權，〔七〕終不以憲等吉凶爲憂也。臣敞區區，誠欲計策兩安，絕其緜緜，塞其涓涓，〔八〕上不欲令皇太后損文母之號，陛下有誓泉之譏，〔九〕下使憲等得長保其福祐。然臧獲之謀，上安主父，下存主母，猶不免於嚴怒。〔一〇〕臣伏惟累祖蒙恩，至臣八世，〔一一〕復以愚陋，旬年之閒，歷顯位，備機近，每念厚德，忽然忘生。雖知言必夷滅，而冒死自盡者，誠不忍目見其禍而懷默苟全。駙馬都尉瓌，雖在弱冠，有不隱之忠，比請退身，願抑家權。可與參謀，聽順其意，誠宗廟至計，竇氏之福。」

〔一〕較，明。

〔二〕左傳，鄭武姜愛少子叔段，莊公立，武姜請以京封叔段，謂之京城大叔，後武姜引以襲鄭。

〔三〕左傳，衞莊公寵庶子州吁，州吁好兵，公不禁。大夫石碏諫曰：「臣聞愛子敎之以義方，弗納於邪。」莊公不從。

及卒，適子桓公立，州吁乃殺桓公而篡其位。

〔四〕史記蘇秦曰：「飢人之所以飢而不食烏喙，為其愈充腹而與餓死同患也。」

〔五〕比，頻也。幹，主也。

〔六〕申伯，周宣王元舅也，有令德，故尹吉甫作頌以美之。其詩曰：「維嶽降神，生甫及申。申伯之德，柔惠且直。揉此萬邦，聞于四國。」

〔七〕呂后欲封呂祿、呂產為王，王陵諫不許，陳平、周勃順旨而封之。呂后崩，平、勃合謀，卒誅產、祿也。

〔八〕周金人銘曰「涓涓不壅，終為江河；綿綿不絕，或成網羅」也。

〔九〕左傳，鄭武姜引大叔段襲莊公，莊公寘姜氏於城潁，誓之曰：「不及黃泉，無相見也。」

〔一〇〕方言：「臧獲，奴婢賤稱也。」史記曰：「蘇秦謂燕王曰：『客有遠為吏，其妻私人。其夫將來，私者憂之，妻曰：「勿憂，吾已為作藥酒待之矣。」居三日，其夫果至，妻使妾舉藥酒而進之。妾欲言酒之藥乎，則恐逐其主母也；欲勿言邪，則恐殺其主父。於是佯僵而棄酒。主父怒，笞之。故妾僵而覆酒，上存主父，下存主母，然猶不免於笞。』」

〔一一〕東觀記曰，何脩生成，為漢膠東相；成生果，為太中大夫；果生比干，為丹陽都尉；比干生壽，蜀郡太守；壽生顯，京輔都尉；顯生鄢，光祿大夫；鄢生寵，濟南都尉；寵生敞：八世也。

敞數切諫，言諸竇罪過，憲等深怨之。時濟南王康尊貴驕甚，〔一〕憲乃白出敞為濟南太傅。敞至國，輔康以道義，數引法度諫正之，康敬禮焉。

〔一〕康，光武少子也。

歲餘，遷汝南太守。敞疾文俗吏以苛刻求當時名譽，故在職以寬和爲政。立春日，常召督郵還府，〔一〕分遣儒術大吏案行屬縣，顯孝悌有義行者。及舉冤獄，以春秋義斷之。是以郡中無怨聲，百姓化其恩禮。其出居者，皆歸養其父母，追行喪服，〔二〕推財相讓者二百許人。〔三〕置立禮官，不任文吏。又修理鮦陽舊渠，百姓賴其利，〔四〕墾田增三萬餘頃。吏人共刻石，頌敞功德。

〔一〕督郵主司察愆過，立春陽氣發生，故召歸。

〔二〕出居謂與父母別居者。其親先亡者自恨喪禮不足，追行喪制也。

〔三〕東觀記曰：「高譚等百八十五人推財相讓。」

〔四〕鮦陽，縣，屬汝南郡，故城在今豫州新蔡縣北。水經注云：「葛陂東出爲鮦水，俗謂之三丈陂。」

及竇氏敗，有司奏敞子與夏陽侯瓌厚善，坐免官。永元十二年復徵，三遷五官中郎將。常忿疾中常侍蔡倫，倫深憾之。元興元年，敞以祠廟嚴肅，微疾不齋，後鄧皇后上太傅禹冢，敞起隨百官會，倫因奏敞詐病，坐抵罪。卒于家。

論曰：永元之際，天子幼弱，太后臨朝，竇氏憑盛戚之權，將有呂、霍之變。〔一〕幸漢德未衰，大臣方忠，袁、任二公正色立朝，〔二〕樂、何之徒抗議柱下，〔三〕故能挾幼主〔之〕斷，勸姦回之偪。〔四〕不然，國家危矣。夫竇氏之閒，唯何敞可以免，而特以子失交之故廢黜，不顯大位。惜乎，過矣哉！

〔一〕呂祿、呂產也。霍光之子禹。

〔二〕袁安、任隗也。

〔三〕漢官儀曰：「侍御史，周官也，爲柱下史，冠法冠。」案禮圖注云：「法冠，執法者服之。」樂恢爲司隸，何敞爲御史，並彈射糾察之官也。

〔四〕勦，絕也。

贊曰：朱生受寄，誠不愆義。公叔辟梁，允納明刺。絕交面朋，崇厚浮僞。〔一〕恢舉謗己，敞非祥瑞。永言國偪，甘心彊詖。〔二〕

〔一〕楊雄法言曰：「朋而不心，面朋也。友而不心，面友也。」浮僞者，勸之以崇厚也。

〔二〕詖，佞諂也。竇憲兄弟奢僭上偪，敞冒死切諫，是甘心於彊詖之人也。

校勘記

一四五七頁三行　朱暉字文季　袁宏紀作「文秀」。按：下云「強直自遂，南陽朱季」，則作「文季」是。

一四五七頁三行　太守阮況嘗欲市暉（牛）〔婢〕　據汲本、殿本改。按：注引東觀記「欲買暉婢」，則作

「婢」是。

一四五八頁三行 是時陰就爲府卿 按：御覽八〇六引「府卿」作「少府卿」。

一四五八頁九行 暉爲(掾)督郵 據汲本、殿本刪。按：聚珍本東觀記作「暉爲郡督郵」。

一四五八頁一四行 臣觀大王無償趙城色 汲本、殿本「無」下有「意」字，「色」作「邑」。今按：史記作「臣觀大王無意償趙王城邑」。

一四六〇頁六行 居儉難之時 汲本、殿本「儉」作「險」。按：易否卦「君子以儉德辟難」，爲此語所本。儉與險通。

一四六二頁一五行 嚴鮪謀立清河王蒜 按：集解引沈宇說，謂清河王、李固、杜喬傳皆作「劉鮪」。

一四六三頁四行 郡中瞻望明府謂如仲尼非顏回不敢以迎孔子 按：汲本、殿本「謂」字在「非顏回」上。

一四六五頁一一行 此老子(道)德經之詞也 據汲本、殿本補。

一四六五頁一三行 行(之)有失 據汲本、殿本補。

一四六六頁一〇行 (武)(景)帝王皇后 據陳景雲說改。

一四六七頁六行 然(後)知薄者之不足 刊誤謂案文「然」字下不可少「後」字，明脫之。今據補。

一四六七頁一四行 世之務交游也久矣敦千乘不忌于君 按御覽四一〇引作「世之務交遊也甚矣，不惇于業，不忌于君」。

一四六八頁五行　我豈足下部〔民〕　據汲本補。按：刊誤謂「部」下應有「民」字。

一四六九頁一行　馬免之徒　按：集解引惠棟說，謂蔣杲云帝紀「免」作「勉」。

一四七〇頁八行　漂害人庶數十萬戶　按：校補引錢大昭說，謂續漢五行志注引此傳作「數千萬戶」。

一四七〇頁一〇行　奏劾諸郡　按：汲本、殿本「郡」作「部」。

一四七二頁三行　繫趾謂釱其足也以鐵著足曰釱也　按：兩「釱」字原並譌「鈦」，逕改正。

一四七三頁七行　追贈益州太守　集解引沈欽韓說，謂袁紀作「益州刺史」爲是。按：校補謂蔡邕朱公叔碑首云「忠文公益州太守朱君」，則固可爲贈太守之一證。漢制刺史雖巡行所部各郡，以六條問事，而秩僅六百石，遠不逮太守，故太守轉爲刺史遷途，贈官亦例以太守爲重也。

一四七五頁四行　否則止　按：刊誤謂「否」當作「不可」。

一四七五頁六行　莫之能改也　按：殿本無「能」字，王先謙謂無「能」字是。

一四七五頁一一行　走將從夫孤焉　按：「夫」原譌「失」，逕改正。

一四七六頁三行　(武)〔景〕帝王皇后　據陳景雲說改。

一四七六頁一三行　爲大梁夷門門者　按：汲本、殿本下「門」字作「監」。

一四七七頁一行　恢年十一　按：校補引柳從辰說，謂袁宏紀「一」作「二」。

一四七七頁三行　事博士焦永　按：集解引惠棟說，謂袁宏紀作「焦貺」。案鄭宏傳，宏師河東太守焦貺，袁紀稱貺嘗爲博士，後爲河東太守，則「永」當爲「貺」也。

一四七七頁四行　恢獨(皦)〔曒〕然不汚於法　據殿本改，注同。

一四七七頁一〇行　同郡楊政　按：校補引柳從辰說，謂袁紀作「杜陵人楊正」。

一四七八頁二行　干人主以闚覦　按：「覦」原譌「踰」，逕據汲本、殿本改正。

一四七八頁三行　年十三入太學　按：集解引沈欽韓說，謂書鈔引先賢行狀作「年十五」。

一四七八頁一一行　衆物夭傷　按：汲本「夭」作「大」。

一四七八頁一四行　成陽高鳳　集解引錢大昕說，謂案逸民傳，高鳳南陽葉人，此「成陽」恐是「南陽」之譌，或別有同姓名者。按：張森楷校勘記謂南陽高鳳以建初元年爲任隗所薦，尋卒，此在永元之時，則卒已久矣，蓋非一人。錢說疑尙未審。

一四七九頁五行　不務修舜禹周公之(術)〔德〕　據汲本、殿本改。按：今東觀記亦作「德」。

一四七九頁一一行　左傳曰齊崔氏出奔衞　按：校補謂此春秋宣公十年經文，「左傳」二字乃「春秋」之誤，各本皆未正。

一四八〇頁三行　後遷丹(楊)〔陽〕都尉　據汲本、殿本改。

一四八〇頁四行　何氏家傳(云並)〔六世〕祖父比干　據汲本改。按：「云並」與「六世」形近而譌。

一四八〇頁一五行　文成之世　汲本、殿本「成」作「武」。按：今本左傳亦作「文武之世」，汲本、殿本殆據今本左傳改也。然阮元校勘記謂石經、宋本、岳本「武」作「成」，謂文公、成公也，則作「文成之世」是。

一四八一頁一三行　治平之化　按：「治」原譌「洽」，逕據汲本、殿本改正。

一四八二頁二行　豈但空空無違而已哉　按：集解引通鑑胡注，謂「空」當作「悾」，悾悾，謹慤也。

一四八二頁一五行　欲令農士女工安得奪其貨乎　汲本「奪」作「售」。刊誤謂案文「奪」當作「售」，「得」當作「所」。按：史記循吏傳作「欲令農士女工安所讎其貨乎」。

一四八三頁一行　齊殤王　按：刊誤謂「殤」當作「煬」。

一四八四頁二行　嫚書之恥　按：「嫚」原譌「慢」，逕據汲本、殿本改正。

一四八五頁二行　伏見大將軍憲　按：汲本、殿本「憲」上有「竇」字。

一四八五頁一四行　鄭武姜愛少子叔段　按：「少」原譌「小」，逕改正。

一四八六頁一三行　比干生壽　按：張森楷校勘記謂案漢書百官表及何武傳，壽是盧江人，與比干居郡絕遠，東觀記乃以為比干生壽，恐非也。

一四八六頁一三行　壽生顯　按：張森楷校勘記謂案前書何武傳，壽子不見名字，名顯者乃武弟，非壽子也。

一四八七頁一〇行　三遷五官中郎將　按：校補引錢大昭說，謂張酺傳作「左中郎將」。

一四八七頁一四行　故能挾幼主〔之〕斷　據刊誤補。

一四八八頁一一行　敞冒死切諫　按：陳景雲謂「永言」二句乃直指恢、敞言之，非獨謂敞也，注「敞」上脫「恢」字。

後漢書卷四十四

鄧張徐張胡列傳第三十四

鄧彪字智伯，南陽新野人，〔一〕太傅禹之宗也。父邯，中興初以功封鄳侯，〔二〕仕至勃海太守。彪少勵志，修孝行。父卒，讓國於異母弟荆鳳，〔三〕顯宗高其節，下詔許焉。

〔一〕續漢書曰：「其先楚人，鄧況始居新野，子孫以農桑爲業。」

〔二〕鄳音莫庚反。

〔三〕本或無「荆」。

後仕州郡，辟公府，〔一〕五遷桂陽太守。永平十七年，徵入爲太僕。數年，喪後母，辭疾乞身，詔以光祿大夫行服。服竟，拜奉車都尉，遷大司農。數月，代鮑昱爲太尉。彪在位清白，爲百僚式。視事四年，以疾乞骸骨。元和元年，賜策罷，贈錢三十萬，在所以二千石奉終其身。又詔太常四時致宗廟之胙，〔二〕河南尹遣丞存問，常以八月旦奉羊、酒。〔三〕

〔一〕東觀記曰：「彪與同郡宗武伯、翟敬伯、陳綏伯、張弟伯同志好，齊名，南陽號曰『五伯』。」

〔二〕胙，祭廟肉也。禮，凡預祭，異姓則歸之胙，同姓則留之宴。彪不預祭而賜胙，重之。

〔三〕東觀記曰「賜羊一頭，酒二石」也。

和帝卽位，以彪爲太傅，錄尚書事，賜爵關(中)〔內〕侯。永元初，竇氏專權驕縱，朝廷多有諫爭，而彪在位修身而已，不能有所匡正。又嘗奏免御史中丞周紆，紆前失竇氏旨，故頗以此致譏，然當時宗其禮讓。及竇氏誅，以老病上還樞機職，詔賜養牛酒而許焉。五年春，薨于位，天子親臨弔臨。

張禹字伯達，趙國襄國人也。

祖父況族姊爲皇祖考夫人，〔一〕數往來南頓，見光武。光武爲大司馬，過邯鄲，況爲郡吏，謁見光武。光武大喜，曰：「乃今得我大舅乎！」因與俱北，到高邑，以爲元氏令。遷涿郡太守。後爲常山關長。會赤眉攻關城，況戰歿。〔二〕父歆，初以報仇逃亡，〔三〕後仕爲淮陽相，終於汲令。〔四〕

〔一〕皇祖考，鉅鹿都尉回。

〔二〕關，縣，屬常山郡，今定州行唐縣西北有故關邑城。東觀記曰：「況遷涿郡太守，時年八十，不任兵馬，上疏乞身，詔許之。後詔問起居何如，子歆對曰『如故』。詔曰：『家人居不足贍，且以一縣自養。』復以況爲常山關長。會赤眉攻關城，況出戰死，上甚哀之。』

〔三〕東觀記曰：「歆守皐長，有報父仇賊自出，歆召囚詣閤，曰：『欲自受其辭。』既入，解械飲食，便發遣，遂棄官亡命，逢赦出，由是鄉里服其高義。」與此不同。

〔四〕東觀記曰：「歆爲相時，王新歸國，賓客放縱，干亂法禁，歆將令尉入宮搜捕，王(自)〔白〕上，歆坐左遷爲汲令，卒官。」

禹性篤厚節儉。〔一〕父卒，汲吏人賻送前後數百萬，悉無所受。又以田宅推與伯父，身自寄止。

〔一〕東觀記曰：「禹好學，習歐陽尚書，事太常桓榮，惡衣食。」

永平八年，舉孝廉，稍遷，建初中，拜楊州刺史。當過江行部，中土(民)〔人〕皆以江有子胥之神，難於濟涉。〔一〕禹將度，吏固請不聽。禹厲言曰：「子胥如有靈，知吾志在理察枉訟，豈危我哉？」遂鼓楫而過。歷行郡邑，深幽之處莫不畢到，親錄囚徒，多所明舉。吏民希見使者，(民)〔人〕懷喜悅，怨德美惡，莫不自歸焉。

〔一〕酈元水經注曰，吳王賜子胥死，浮尸於江。夫差悔，與羣臣臨江設祭，修塘道及壇，吳人因爲立廟而祭焉。

元和二年，轉兗州刺史，亦有清平稱。三年，遷下邳相。徐縣北界有蒲陽坡，〔一〕傍多良田，而堙廢莫修。禹爲開水門，通引灌溉，遂成孰田數百頃。勸率吏民，假與種糧，親自勉勞，遂大收穀實。鄰郡貧者歸之千餘戶，室廬相屬，其下成市。後歲至墾千餘頃，民用溫給。〔二〕功曹史戴閏，故太尉掾也，權動郡內。有小譴，禹令自致徐獄，然後正其法。〔三〕自長史以下，莫不震肅。

〔一〕東觀記曰：「坡水廣二十里，徑且百里，在道西，其東有田可萬頃。」「坡」與「陂」同。

〔二〕東觀記曰：「禹巡行守舍，止大樹下，食糒飲水而已。後年，鄰國貧人來歸之者，茅屋草廬千戶，屠酤成市。墾田千餘頃，得穀百萬餘斛。」

〔三〕徐，縣名也。東觀記曰「閏當從行縣，從書佐假車馬什物。禹聞知，令直符責問，閏具以實對。禹以宰士惶恐首實，令自致徐獄」也。

永元六年，入爲大司農，拜太尉，和帝甚禮之。十五年，南巡祠園廟，禹以太尉兼衞尉留守。〔一〕聞車駕當進幸江陵，以爲不宜冒險遠，驛馬上諫。詔報曰：「祠謁既訖，當南禮大江，會得君奏，臨漢回輿而旋。」及行還，禹特蒙賞賜。

〔一〕東觀記曰「禹留守北宮，太官朝夕送食，賜闒登具物，除子男盛爲郎」也。

延平元年，遷爲太傅，錄尚書事。鄧太后以殤帝初育，〔一〕欲令重臣居禁內，乃詔禹舍宮中，給帷帳牀褥，太官朝夕進食，五日一歸府。每朝見，特贊，與三公絕席。禹上言：「方諒闇密靜之時，不宜依常有事於苑囿。〔二〕其廣成、上林空地，宜且以假貧民。」太后從之。及安帝卽位，數上疾乞身。詔遣小黃門問疾，賜牛一頭，酒十斛，勸令就第。其錢布、刀劍、衣物，前後累至。

〔一〕育，生也。
〔二〕鄭玄注論語曰：「諒闇謂凶廬也。」尚書曰「帝乃徂落，四海遏密八音」也。

永初元年，以定策功封安鄕侯，食邑千二百戸，與太尉徐防、司空尹勤同日俱封。其秋，以寇賊水雨策免防、勤，而禹不自安，上書乞骸骨，更拜太尉。四年，新野君病，〔一〕皇太后車駕幸其第。禹與司徒夏勤、司空張敏俱上表言：「新野君不安，車駕連日宿止，臣等誠竊惶懼。臣聞王者動設先置，止則交戟，清道而後行，清室而後御，〔二〕離宮不宿，所以重宿衛也。陛下體烝烝之至孝，親省方藥，恩情發中，久處單外，百官露止，議者所不安。宜且還宮，上爲宗廟社稷，下爲萬國子民。」比三上，固爭，乃還宮。後連歲災荒，府臧空虛，禹上疏求入三歲租稅，以助郡國稟假。〔三〕詔許之。五年，以陰陽不和策免。七年，卒于家。使者弔祭。除小子曜爲郎中。長子盛嗣。

〔一〕鄧太后母陰氏。
〔二〕前書曰：「舊典，天子行幸，所至必遣靜室令先案行，清靜殿中，以虞非常。」

〔三〕稟，給也。假，貸也。

徐防字謁卿，沛國銍人也。〔一〕祖父宣，爲講學大夫，以易教授王莽。〔二〕父憲，亦傳宣業。

〔一〕銍故城，今亳州臨渙縣也。

〔二〕王莽置六經祭酒各一人，秩上卿。長安國由爲講易祭酒，宣爲講學大夫，蓋當屬於祭酒也。

防少習父祖學，永平中，舉孝廉，除爲郎。防體貌矜嚴，占對可觀，顯宗異之，特補尚書郎。職典樞機，周密畏愼，奉事二帝，未嘗有過。和帝時，稍遷司隸校尉，出爲魏郡太守。永元十年，遷少府、大司農。防勤曉政事，所在有迹。十四年，拜司空。

防以五經久遠，聖意難明，宜爲章句，以悟後學。上疏曰：「臣聞詩書禮樂，定自孔子；發明章句，始於子夏。〔一〕其後諸家分析，各有異說。〔二〕漢承亂秦，經典廢絕，本文略存，或無章句。收拾缺遺，建立明經，博徵儒術，開置太學。〔三〕孔聖既遠，微旨將絕，故立博士十有四家，〔四〕設甲乙之科，〔五〕以勉勸學者，所以示人好惡，改敝就善者也。伏見太學試博士弟子，皆以意說，不修家法，〔六〕私相容隱，開生姦路。每有策試，輒興諍訟，論議紛錯，互相是非。孔子稱『述而不作』，〔七〕又曰『吾猶及史之闕文』，〔八〕疾史有所不知而不肯闕也。今不依章句，妄生穿鑿，以遵師爲非義，意說爲得理，輕侮道術，寖以成俗，誠非詔書實選本意。改薄從忠，三（世）〔代〕常道，〔九〕專精務本，儒學所先。臣以爲博士及甲乙策試，宜從其家章句，開五十難以試之。解釋多者爲上第，引文明者爲高說；若不依先師，義有相伐，〔一〇〕皆正以爲非。五經各取上第六人，論語不宜射策。雖所失或久，差可矯革。」〔一一〕詔書下公卿，皆從防言。

〔一〕史記，孔子沒，子夏居西河，教弟子三百人，爲魏文侯師。

〔二〕前書：「仲尼沒而微言絕，七十子喪而大義乖，故春秋爲五，詩分爲四，易有數家之傳。」

〔三〕武帝時開學官，置博士弟子員也。

〔四〕漢官曰：「光武中興，恢弘稽古，易有施、孟、梁丘賀、京房，書有歐陽和伯、夏侯勝、建，詩有申公、轅固、韓嬰，春秋有嚴彭祖、顏安樂，禮有戴德、戴聖。凡十四博士。太常差選有聰明威重一人爲祭酒，總領綱紀也。」

〔五〕前書曰：「歲課甲科四十人爲郎中，乙科二十人爲太子舍人，丙科四十人補文學掌故。」

〔六〕諸經爲業，各自名家。

〔七〕但述先聖之言，不自制作。

〔八〕古者史官於書事，有不知則闕，以待能者。孔子言「吾少時猶及見古史官之闕文，今則無之」，疾時多穿鑿也。見論語也。

〔九〕太史公曰：「夏之政忠。忠之敝，小人以野，故殷人承之以敬。敬之敝，小人以鬼，故周人承之以文。文之敝，小人以僿，故救僿莫若以忠。三王之道若循環，周而復始。」僿音西志反，史記「僿」或作「薄」。

〔一〇〕代謂自相攻伐也。

〔一一〕東觀記防上疏曰：「試論語本文章句，但通度，勿以射策。冀令學者務本，有所一心，專精師門，思核經意，事得其實，道得其眞。於此弘廣經術，尊重聖業，有益於化。雖從來久，六經衰微，學問寖淺，誠宜反本，改矯其失。」

十六年，拜爲司徒。延平元年，遷太尉，與太傅張禹參錄尙書事，數受賞賜，甚見優寵。安帝卽位，以定策封龍鄉侯。食邑千一百戶。其年以災異寇賊策免，就國。凡三公以災異策免，始自防也。〔一〕

〔一〕東觀記曰：「郡國被水災，比州湮沒，死者以千數。災異數降。西羌反畔，殺略人吏。京師淫雨，蟊賊傷稼穡。防比上書自陳過咎，遂策免。」

防卒，子衡當嗣，讓封於其弟崇。數歲，不得已，乃出就爵云。

張敏字伯達，河閒鄚人也。〔一〕建初二年，舉孝廉，四遷，五年，爲尙書。

〔一〕鄚，今瀛州縣也。音莫。

建初中，有人侮辱人父者，而其子殺之，肅宗貰其死刑而降宥之，〔二〕自後因以爲比。是時遂定其議，以爲輕侮法。敏駮議曰：「夫輕侮之法，先帝一切之恩，不有成科班之律令也。夫死生之決，宜從上下，猶天之四時，有生有殺。若開相容恕，著爲定法者，則是故設姦萌，生長罪隙。孔子曰：『民可使由之，不可使知之。』〔二〕春秋之義，子不報讎，非子也。〔三〕而法令不爲之減者，以相殺之路不可開故也。今託義者得減，妄殺者有差，使執憲之吏得設巧詐，非所以導『在醜不爭』之義。〔四〕又輕侮之比，寖以繁滋，至有四五百科，轉相顧望，彌復增甚，難以垂之萬載。臣聞師言：『救文莫如質。』故高帝去煩苛之法，爲三章之約。建初詔書，有改於古者，可下三公、廷尉蠲除其敝。」議寢不省。敏復上疏曰：「臣敏蒙恩，特見拔擢，愚心所不曉，迷意所不解，誠不敢苟隨衆議。臣伏見孔子垂經典，皋陶造法律，〔五〕原其本意，皆欲禁民爲非也。未曉輕侮之法將以何禁？必不能使不相輕侮，而更開相殺之路，執憲之吏復容其姦枉。議者或曰：『平法當先論生。』臣愚以爲天地之性，唯人爲貴，殺人者死，三代通制。今欲趣生，反開殺路，一人不死，天下受敝。記曰：『利一害百，人去城郭。』夫春生秋殺，天道之常。春一物枯即爲災，〔六〕秋一物華即爲異。〔七〕王者承天地，順四時，法聖人，從經律。願陛下留意下民，考尋利害，廣令平議，天下幸甚。」和帝從之。

〔一〕貰，寬也，音示夜反。

〔三〕由，從也。言設政教，可但使人從之，若知其本末，愚者或輕而不行。事見論語也。

〔三〕公羊傳曰：「父不受誅，子復讎可也。」注云：「不受誅，罪不當誅也。」

〔四〕導，教也。醜，類也。

〔五〕史游急就篇曰「皋陶造獄法律存」也。

〔六〕禮記月令曰「孟春行夏令，則風雨不時，草木早落」也。

〔七〕月令曰「仲秋行春令，則秋雨不降，草木生榮，國乃有恐」也。

九年，拜司隸校尉。視事二歲，遷汝南太守。清約不煩，用刑平正，有理能名。坐事免。延平元年，拜議郎，再遷潁川太守。〔永初元年〕，徵拜司空，在位奉法而已。視事三歲，以病乞身，不聽。六年春，行大射禮，陪位頓仆，乃策罷之。〔一〕因病篤，卒于家。

〔一〕東觀記載策曰：「今君所苦未瘳，有司奏君年體衰羸，郊廟禮儀仍有曠廢。鼎足之任不可以缺，重以職事留君。其上司空印綬。」

胡廣字伯始，南郡華容人也。〔一〕六世祖剛，清高有志節。平帝時，大司徒馬宮辟之。值王莽居攝，剛解其衣冠，縣府門而去，遂亡命交阯，隱於屠肆之閒。後莽敗，乃歸鄉里。父貢，交阯都尉。

〔一〕華容，縣，故城在今荊州東。

廣少孤貧，親執家苦。〔一〕長大，隨輩入郡爲散吏。太守法雄之子眞，從家來省其父。眞頗知人。會歲終應舉，雄勑眞助〔其〕求〔其〕才。雄因大會諸吏，眞自於牖閒密占察之，乃指廣以白雄，遂察孝廉。既到京師，試以章奏，安帝以廣爲天下第一。〔二〕旬月拜尚書郎，五遷尚書僕射。

〔一〕襄陽耆舊記，廣父名寵，寵妻生廣，早卒，寵更娶江陵黃氏，生康，字仲始。

〔二〕謝承書曰：「廣有雅才，學究五經，古今術藝皆畢覽之。年二十七，舉孝廉。」續漢書曰「故事，孝廉高第，三公尚書輒優（文）〔之〕，特勞來其舉將，於是公府下詔書勞來雄焉。及拜郎，恪勤職事，所掌（辯）〔辨〕護」也。

順帝欲立皇后，而貴人有寵者四人，莫知所建，議欲探籌，以神定選。廣與尚書郭虔、史敞上疏諫曰：「竊見詔書以立后事大，謙不自專，欲假之籌策，決疑靈神。篇籍所記，祖宗典故，未嘗有也。恃神任筮，既不必當賢；就値其人，猶非德選。夫岐嶷形於自然，〔一〕俔天必有異表。〔二〕宜參良家，簡求有德，德同以年，年鈞以貌，稽之典經，斷之聖慮。〔三〕政令猶汗，往而不反。〔四〕詔文一下，形之四方。〔五〕臣職在拾遺，憂深責重，是以焦心，冒昧陳聞。」帝從之，以梁貴人良家子，定立爲皇后。

〔一〕詩云：「克岐克嶷。」鄭玄注云：「岐岐然意有所知也。其貌嶷然，有所識別也。」

〔二〕俔音苦見反。說文曰：「俔，譬諭也。」詩云：「文王嘉止，俔天之妹。」文王聞太姒之賢則美之。言大邦有子女，譬天之有女弟，故求爲配焉。

〔三〕左傳曰「昔先王之命曰：『王后無嫡，則擇立長，年鈞以德，德鈞以卜』」也。

〔四〕易曰：「渙汗其大號，王居無咎。」劉向曰「汗出而不反」者也。

〔五〕形，見也。

時尙書令左雄議改察舉之制，限年四十以上，儒者試經學，文吏試章奏。廣復與敞、虔上書駮之，曰：「臣聞君以兼覽博照爲德，〔一〕臣以獻可替否爲忠。〔二〕書載稽疑，謀及卿士；〔三〕詩美先人，詢于芻蕘。〔四〕國有大政，必議之於前訓，諮之於故老，〔五〕是以慮無失策，舉無過事。竊見尙書令左雄議郡舉孝廉，皆限年四十以上，諸生試章句，文吏試牋奏。〔六〕明詔既許，復令臣等得與相參。竊惟王命之重，載在篇典，〔七〕當令縣於日月，固於金石，遺則百王，施之萬世。詩云：『天難諶斯，不易惟王。』可不愼與！〔八〕蓋選舉因才，無拘定制。六奇之策，不出經學；〔九〕鄭、阿之政，非必章奏。〔一〇〕甘、奇顯用，年乖彊仕；〔一一〕終、賈揚聲，亦在弱冠。〔一二〕漢承周、秦，兼覽殷、夏，祖德師經，參雜霸軌，〔一三〕聖主賢臣，世以致理，貢舉之制，莫或回革。今以一臣之言，剗戾舊章，〔一四〕便利未明，衆心不猒。〔一五〕矯枉變常，政之所重，而不訪台司，不謀卿士。若事下之後，議者剝異，異之則朝失其使，同之則王言已行。臣愚以爲可宣下百官，參其同異，然後覽擇勝否，詳採厥衷。敢以瞽言，冒干天禁，〔一六〕惟陛下納焉。」帝不從。

〔一〕即明四目，達四聰也。

〔二〕左傳曰：「齊晏子曰：『君所謂可而有否焉，臣獻其否，以成其可。君所謂否而有可焉，臣獻其可，以去其否。』」

〔三〕稽，考也。考正疑事，謀及卿士。見尚書。

〔四〕詩大雅曰：「先人有言，詢于芻蕘。」注云：「詢，謀也。芻蕘，薪采者也。言有疑事，當與薪采者謀之也。」

〔五〕國語叔向曰：「國有大事，必順於典刑，而訪於耇老，而後行之。」

〔六〕周成雜字曰：「牋，表也。」漢雜事曰：「凡羣臣之書，通於天子者四品：一曰章，二曰奏，三曰表，四曰駮議。章者需頭，稱『稽首上以聞』，謝恩陳事，詣闕通者也。奏者亦需頭，其京師官但言『稽首言』，下『稽首以聞』，其中有所請，若罪法劾案，公府送御史臺，卿校送謁者臺也。表者不需頭，上言『臣某言』，下言『誠惶誠恐，頓首頓首，死罪死罪』，左方下附曰『某官臣甲乙上』。」

〔七〕禮記曰：「動則左史書之，言則右史書之。」尚書曰：「王言惟作命，弗言，臣下罔由稟令。」又曰：「令出惟行，不惟反。」

〔八〕詩大雅也。諶，信也。斯，詞也。天之意難信矣，不可改易者天子也。

〔九〕前書陳平設六奇策以佐高祖。

〔一〇〕說苑曰：「子產相鄭，內無國中之亂，外無諸侯之患也。子產從政也，擇能而使之。晏子化東阿，三年，景公召而歎之，晏子請改道易行。明年上計，景公迎而賀之，晏子對曰：『臣前之化東阿也，屬託不行，貨賂不至，君反以罪臣。今則反是，而更蒙賀。』景公下席而謝。」

〔一〕史記曰，秦欲與燕共伐趙，以廣河閒之地。甘羅年十二，使於趙，說趙王立割五城，以廣河閒，秦乃封羅爲上卿。說苑曰，子奇年十八，齊君使主東阿，東阿大化。禮記曰：「四十彊而仕。」

〔二〕前書，終軍年十八，爲博士弟子，自請願以長纓必羈南越王而致之闕下。上奇其對，擢爲諫大夫，往說越。越聽命，天子大悅。賈誼年十八，以誦詩屬文稱於郡中，文帝召爲博士。

〔三〕宣帝曰：「漢家自有制度，本以霸王道雜理之。」

〔四〕剗，削也。戾，乖也。

〔五〕猒，服也。

〔六〕瞽，無目者也。不察人君顏色而言，如無目之人也。孔子曰：「未見顏色而言謂之瞽。」干，犯也。

時陳留郡缺職，尚書史敞等薦廣。曰：「臣聞德以旌賢，〔一〕爵以建事，〔二〕『明試以功』，典謨所美，〔三〕『五服五章』，天秩所作，〔四〕是以臣竭其忠，君豐其寵，〔五〕舉不失德，下忘其死。竊見尚書僕射胡廣，體眞履規，謙虛溫雅，博物洽聞，探賾窮理，六經典奧，舊章憲式，無所不覽。柔而不犯，文而有禮，〔六〕忠貞之性，憂公如家。不矜其能，不伐其勞，翼翼周愼，行靡玷漏。密勿夙夜，〔七〕十有餘年，心不外顧，志不苟進。臣等竊以爲廣在尚書，劬勞日久，後母年老，既蒙簡照，宜試職千里，匡寧方國。〔八〕陳留近郡，今太守任缺。廣才略深茂，堪能撥煩，願以參選，紀綱頹俗，使束脩守善，有所勸仰。」

〔一〕旌，明也。書曰「德懋懋官」也。

〔二〕能建立事則與之爵。

〔三〕明白考試之，有功者則授之以官。舜典、咎繇謩皆有此言，故云「典謩所美」也。

〔四〕五服謂天子、諸侯、卿、大夫、士之服也。五者之服必須章明。尚書咎繇謨曰：「天秩有禮，自我五禮有庸哉。天命有德，五服五章哉。」秩，序也。

〔五〕豐，厚也。

〔六〕柔而不犯謂性和柔而不可犯以非義也。

〔七〕密勿，僶勉。

〔八〕詩云：「厥德不回，以受方國。」

廣典機事十年，出爲濟陰太守，以舉吏不實免。復爲汝南太守，入拜大司農。漢安元年，遷司徒。質帝崩，代李固爲太尉，錄尚書事。以定策立桓帝，封育陽安樂鄉侯。以病遜位。又拜司空，告老致仕。尋以特進徵拜太常，遷太尉，以日食免。復爲太常，拜太尉。延熹二年，大將軍梁冀誅，廣與司徒韓縯、司空孫朗坐不衞宮，皆減死一等，奪爵土，免爲庶人。後拜太中大夫、太常。九年，復拜司徒。

靈帝立，與太傅陳蕃參錄尚書事，復封故國。以病自乞。會蕃被誅，代爲太傅，總錄如故。

時年已八十，而心力克壯。〔一〕繼母在堂，朝夕瞻省，傍無几杖，言不稱老。〔二〕及母卒，居喪盡哀，率禮無愆。性溫柔謹素，常遜言恭色。〔三〕達練事體，明解朝章。雖無謇直之風，屢有補闕之益。故京師諺曰：「萬事不理問伯始，天下中庸有胡公。」〔四〕及共李固定策，大議不全，〔五〕又與中常侍丁肅婚姻，以此譏毀於時。

〔一〕盛弘之荊州記曰「菊水出穰縣。芳菊被涯，水極甘香。谷中皆飲此水，上壽百二十，七八十者猶以爲夭。太尉胡廣所患風疾，休沐南歸，恆飲此水，後疾遂瘳，年八十二薨」也。

〔二〕禮記曰：「夫爲人子者，恆言不稱老。」

〔三〕遜，順也。

〔四〕庸，常也。中和可常行之德也。孔子曰：「中庸之爲德，其至矣乎！」

〔五〕質帝崩，固爲太尉，與廣及司空趙戒議欲立清河王蒜。梁冀以蒜年長有德，恐爲後患，盛意立蠡吾侯志。廣、戒等懾憚不能與爭，而固與杜喬堅守本議。

自在公台三十餘年，歷事六帝，〔一〕禮任甚優，每遜位辭病，及免退田里，未嘗滿歲，輒復升進。凡一履司空，再作司徒，三登太尉，又爲太傅。其所辟命，皆天下名士。與故吏陳蕃、李咸並爲三司。〔二〕蕃等每朝會，輒稱疾避廣，時人榮之。年八十二，熹平元年薨。使五官中郎將持節奉策贈太傅、安樂鄉侯印綬，給東園梓器，謁者護喪事，賜冢塋于原陵，謚文恭侯，拜家一人爲郎中。故吏自公、卿、大夫、博士、議郎以下數百人，皆縗絰殯位，自終及葬。漢興以來，人臣之盛，未嘗有也。

〔一〕廣以順帝漢安元年爲司空，至靈帝熹平元年薨，三十一年也。六帝謂安、順、沖、質、桓、靈也。

〔二〕謝承書曰：「咸字元卓，汝南西平人。孤特自立。家貧母老，常躬耕稼以奉養。學魯詩、春秋公羊傳、三禮。三府並辟，司徒胡廣舉茂才，除高密令，政多奇異，青州表其狀。建寧三年，自大鴻臚拜太尉。自在相位，約身率下，常食脫粟飯、醬菜而已。不與州郡交通。刺史、二千石牋記，非公事不發省。以老乞骸骨，見許，悉還所賜物，乘敝牛車，使子男御。晨發京師，百僚追送盈塗，不能得見。家舊貧狹，庇蔭草廬。」

初，楊雄依虞箴作十二州二十五官箴，〔一〕其九箴亡闕，後涿郡崔駰及子瑗又臨邑侯劉騊駼增補十六篇，廣復繼作四篇，文甚典美。乃悉撰次首目，爲之解釋，名曰百官箴，凡四十八篇。其餘所著詩、賦、銘、頌、箴、弔及諸解詁，凡二十二篇。

〔一〕楊雄傳曰：「箴莫大於虞箴，故遂作九州箴。」左傳曰，昔周辛甲之爲太史也，命百官官箴王闕，於虞人之箴曰：「芒芒禹迹，畫爲九州。經啓九道，人有寢廟，獸有茂草，各有攸處，德用不擾。在帝夷羿，冒于原獸，忘其國恤，而思其麀牡。武不可重，用不恢于夏家，獸臣司原，敢告僕夫。」

熹平六年，靈帝思感舊德，乃圖畫廣及太尉黃瓊於省內，詔議郎蔡邕爲其頌云。〔一〕

〔一〕謝承書載其頌曰：「巖巖山岳，配天作輔。降神有周，生申及甫。允茲漢室，誕育二后。曰胡曰黃，方軌齊武。惟道之淵，惟德之藪。股肱元首，代作心膂。天之烝人，有則有類。我胡我黃，鍾厥純懿。巍巍特進，仍踐其位。赫赫三事，七佩其紱。奕奕四牡，沃若六轡。袞職龍章，其文有蔚。參曜乾台，窮寵極貴。功加八荒，羣生以遂。超哉邈乎，莫與爲二！」

論曰：爵任之於人重矣，全喪之於生大矣。懷祿以圖存者，仕子之恆情；審能而就列者，出身之常體。〔一〕夫紆於物則非己，直於志則犯俗，〔二〕辭其艱則乖義，徇其節則失身。〔三〕統之，方軌易因，險塗難御。〔四〕故昔人明慎於所受之分，遲遲於歧路之閒也。〔五〕如令志行無牽於物，臨生不先其存，後世何貶焉？〔六〕古人以宴安爲戒，豈數公之謂乎？〔七〕

〔一〕列，位也。

〔二〕紆，曲也。

〔三〕徇，營也。

〔四〕統者，總論上事也。方軌謂平路也。若履平路，易可因循；如踐險塗，則難免顛覆也。

〔五〕呈材效職，則受之分明矣。遲遲，疑不前之貌也。明其分，則不可妄進。

〔六〕守志直道，視死如歸，則後之人何從而貶責矣。

〔七〕左傳曰：「宴安酖毒，不可懷也。」

贊曰：鄧、張作傳，無咎無譽。敏正疑律，防議章句。胡公庸庸，飾情恭貌。朝章雖理，據正或橈。〔一〕

〔一〕橈，曲也，易曰「棟橈凶」也。

校勘記

一四九五頁一〇行 在所以二千石奉終其身 按：王先謙謂東觀記「在所」作「所在」。

一四九六頁三行 賜爵關(中)〔內〕侯 據汲本改。按：刊誤謂案漢無關中侯，「中」當作「內」。

一四九六頁六行 天子親臨弔臨 殿本考證王會汾云上「臨」字疑衍。今按：上「臨」字訓蒞，下「臨」字讀如「臨于大宮」之「臨」，同字異訓，非衍文也。

一四九七頁五行 王(自)〔白〕上 據汲本、殿本改。

一四九七頁一〇行 當過江行部中土(民)〔人〕皆以江有子胥之神 李慈銘謂「中土民」及下文「民懷喜悅」兩「民」字皆本當作「人」，此類皆宋以後校者妄以爲章懷諱避而誤改之。今據改。

一四九七頁一三行 (民)〔人〕懷喜悅 據殿本改。

一四九八頁六行 食糒飲水而已 按：汲本、殿本「食糒」下有「音備糗也乾飯屑」七字，當原爲小注而混入注中也。聚珍本東觀記亦衍「乾飯屑」三字。

一四九八頁二行　以爲不宜冒險遠　按：李慈銘謂「冒險遠」不成句，「遠」下當有「行」字。

一五〇一頁三行　三（世）〔代〕常道　據汲本改。按：刊誤謂「世」與「代」全別，緣太宗諱，遂更「世」爲「代」。此合作「代」字，乃誤爲「世」，蓋後人知此書中「世」字率皆換「代」，乃欲稍還正之，遂誤爲此字也。

一五〇二頁五行　六經衰微　按：「六」原譌「大」，逕據汲本、殿本改正。

一五〇二頁七行　其年以災異寇賊策免　按：沈家本謂按防之免在永初元年秋，此傳上言延平元年，又言安帝卽位，而不著永初元年，則「其年」云者似卽延平元年，未免稍疏。

一五〇四頁八行　〔永初元年〕徵拜司空　錢大昭謂敏代周章爲司空，本紀在永初元年，「徵拜」上當有「永初元年」四字，下文「六年」二字乃有根，否則下六年竟似延平六年矣，南監本不誤。今據補。

一五〇四頁一二行　六世祖剛　按：集解引惠棟說，謂渚宮故事「剛」作「綱」。

一五〇五頁三行　雄勑眞助〔其〕求（其）才　據汲本、殿本改。

一五〇五頁八行　輒優（文）〔之〕特勞來其舉將　據汲本改。按：校補謂勞來舉將正所以優此孝廉，其舉將，明謂孝廉舉主也，且勞來由公府下詔書，非三公得自以文勞來之，作「文」誤。

一五〇五頁八行　所掌（辯）〔辨〕護也　據汲本、殿本改。

一五〇六頁三行　年鈞以德　按：「鈞」原譌「均」，逕改正。

一五〇六頁一五行　不謀卿士　按：「謀」原譌「博」，逕據汲本、殿本改正。

一五〇七頁一三行　臣下罔由稟令　按：校補引柳從辰說，謂今書說命「由」作「攸」。

一五〇八頁一一行　臣聞德以旌賢　按：集解引蘇輿說，謂「德」疑作「官」。

一五〇八頁一三行　天秩所作　按：「作」原譌「祚」，逕據汲本、殿本改正。

一五〇八頁一三行　探賾窮理　按：「賾」原譌「頤」，逕據汲本、殿本改正。

一五一〇頁五行　大議不全　按：刊誤謂案文「議」當作「義」。

一五一二頁一行　鍾厥純懿　按：「鍾」原譌「鐘」，逕據汲本、殿本改正。

後漢書卷四十五

袁張韓周列傳第三十五

袁安字邵公，汝南汝陽人也。祖父良，習孟氏易，〔一〕平帝時舉明經，爲太子舍人；〔二〕建武初，至成武令。〔三〕

〔一〕孟喜字長卿，東海人。明易，爲丞相掾。見前書。
〔二〕續漢志曰：「太子舍人，秩二百石，無員。」
〔三〕成武，今曹州縣。

安少傳良學。爲人嚴重有威，見敬於州里。初爲縣功曹，〔一〕奉檄詣從事，從事因安致書於令。〔二〕安曰：「公事自有郵驛，私請則非功曹所持。」辭不肯受，從事懼然而止。〔三〕後舉孝廉，〔四〕除陰平長、任城令，〔五〕所在吏人畏而愛之。

〔一〕續漢志曰：「縣功曹史，主選署功勞。」
〔二〕續漢志曰：「每州刺史皆有從事史。」

〔三〕懼音九具反。

〔四〕汝南先賢傳曰「時大雪積地丈餘，洛陽令身出案行，見人家皆除雪出，有乞食者。至袁安門，無有行路。謂安已死，令人除雪入戶，見安僵臥。問何以不出。安曰：『大雪人皆餓，不宜干人。』令以爲賢，舉爲孝廉」也。

〔五〕陰平，縣，故城在今沂州承縣西南。任城，今兗州縣也。

永平十三年，楚王英謀爲逆，事下郡覆考。明年，三府舉安能理劇，拜楚郡太守。是時英辭所連及繫者數千人，顯宗怒甚，吏案之急，迫痛自誣，死者甚衆。安到郡，不入府，先往案獄，理其無明驗者，條上出之。府丞掾史皆叩頭爭，以爲阿附反虜，法與同罪，不可。安曰：「如有不合，太守自當坐之，不以相及也。」遂分別具奏。帝感悟，卽報許，得出者四百餘家。歲餘，徵爲河南尹。政號嚴明，然未曾以臧罪鞠人。常稱曰：「凡學仕者，高則望宰相，下則希牧守。錮人於聖世，尹所不忍爲也。」聞之者皆感激自勵。在職十年，京師肅然，名重朝廷。建初八年，遷太僕。

元和二年，武威太守孟雲上書：「北虜旣已和親，而南部復往抄掠，北單于謂漢欺之，謀欲犯邊。宜還其生口，以安慰之。」詔百官議朝堂。公卿皆言夷狄譎詐，求欲無厭〔一〕，旣得生口，當復妄自誇大，不可開許。安獨曰：「北虜遣使奉獻和親，有得邊生口者，輒以歸漢，此明其畏威，而非先違約也。雲以大臣典邊，不宜負信於戎狄，還之足示中國優貸，而使邊人得安，誠便。」司徒桓虞改議從安。太尉鄭弘、司空第五倫皆恨之。弘因大言激勵虞曰：「諸言當還生口者，皆爲不忠。」虞廷叱之，倫及大鴻臚韋彪各作色變容，司隸校尉舉奏，安等皆上印綬謝。肅宗詔報曰：「久議沈滯，各有所志。蓋事以議從，策由衆定，誾誾衎衎，得禮之容，〔二〕寢嘿抑心，更非朝廷之福。君何尤而深謝？其各冠履。」帝竟從安議。明年，代第五倫爲司空。章和元年，代桓虞爲司徒。

〔一〕譎亦詐也。

〔二〕誾誾，忠正貌。衎衎，和樂貌。

和帝即位，竇太后臨朝，后兄車騎將軍憲北擊匈奴，安與太尉宋由、司空任隗及九卿詣朝堂上書諫，以爲匈奴不犯邊塞，而無故勞師遠涉，損費國用，徼功萬里，非社稷之計。書連上輒寢。宋由懼，遂不敢復署議，而諸卿稍自引止。唯安獨與任隗守正不移，至免冠朝堂固爭者十上。太后不聽，衆皆爲之危懼，安正色自若。竇憲既出，而弟衞尉篤、執金吾景各專威權，公於京師使客遮道奪人財物。景又擅使乘驛施檄緣邊諸郡，發突騎及善騎射有才力者，漁陽、鴈門、上谷三郡各遣吏將送詣景第。有司畏憚，莫敢言者。安乃劾景擅發邊兵，驚惑吏人，二千石不待符信而輒承景檄，當伏顯誅。又奏司隸校尉、河南尹阿附貴戚，無盡節之義，〔一〕請免官案罪。並寢不報。憲、景等日益橫，盡樹其親黨賓客於名都大郡，〔三〕皆賦斂吏人，更相賂遺，其餘州郡，亦復望風從之。安與任隗舉奏諸二千石，又它所連及貶秩免官者四十餘人，竇氏大恨。但安、隗素行高，亦未有以害之。

〔二〕續漢書曰，安奏司隸鄭據、河南尹蔡嵩。

〔三〕袁山松書曰，河南尹王調，漢陽太守朱敞，南陽太守滿殷、高丹等皆其賓客。前書曰「十二萬戶爲大郡」也。

時竇憲復出屯武威。明年，北單于爲耿夔所破，遁走烏孫，塞北地空，餘部不知所屬。憲日矜己功，欲結恩北虜，乃上立降者左鹿蠡王阿佟〔一〕爲北單于，置中郎將領護，如南單于故事。事下公卿議，太尉宋由、太常丁鴻、光祿勳耿秉等十人議可許。安與任隗奏，以爲「光武招懷南虜，非謂可永安內地，正以權時之算，可得扞禦北狄故也。今朔漠既定，宜令南單于反其北庭，并領降衆，無緣復更立阿佟，以增國費」。宗正劉方、大司農尹睦同安議。事奏，未以時定。安懼憲計遂行，乃獨上封事曰：「臣聞功有難圖，不可豫見；事有易斷，較然不疑。伏惟光武皇帝本所以立南單于者，欲安南定北之策也，恩德甚備，故匈奴遂分，邊境無患。孝明皇帝奉承先意，不敢失墜，赫然命將，爰伐塞北。至乎章和之初，降者十餘萬人，議者欲置之濱塞，東至遼東，〔二〕太尉宋由、光祿勳耿秉皆以爲失南單于心，不可，先帝從之。陛下奉承洪業，大開疆宇，大將軍遠師討伐，席卷北庭，此誠宣明祖宗，崇立弘勳者也。宜審其終，以成厥初。伏念南單于屯，先父舉衆歸德，自蒙恩以來，四十餘年。三帝積累，以遺陛下。陛下深宜遵述先志，成就其業。況屯首唱大謀，空盡北虜，輟而弗圖，更立新降，以一朝之計，違三世之規，失信於所養，建立於無功。由、秉實知舊議，而欲背弃先恩。夫言行君子之樞機，〔三〕賞罰理國之綱紀。論語曰：『言忠信，行篤敬，雖蠻貊行焉。』今若失信於一屯，則百蠻不敢復保誓矣。又烏桓、鮮卑新殺北單于，凡人之情，咸畏仇讎，今立其弟，則二虜懷怨。兵、食可廢，信不可去。〔四〕且漢故事，供給南單于費直歲一億九十餘萬，西域歲七千四百八十萬。今北庭彌遠，其費過倍，是乃空盡天下，而非建策之要也。」詔下其議。安又與憲更相難折。憲險急負埶，言辭驕訐，〔五〕至詆毀安，稱光武誅韓歆、戴涉故事，安終不移。〔六〕憲竟立匈奴降者右鹿蠡王於除鞬為單于，〔七〕後遂反叛，卒如安策。

〔一〕徒冬反。

〔二〕濱，邊也。

〔三〕易曰：「言行者，君子之樞機。樞機之發，榮辱之主也。」

〔四〕論語：「孔子曰：『足食足兵，人信之矣。』『必不得已而去，於斯三者何先？』曰：『去兵。』曰：『必不得已而去，於斯二者何先？』曰：『去食。自古皆有死，人無信不立。』」

〔五〕訐謂發揚人之惡。

〔六〕大司徒歆坐非帝讀隗囂書，自殺。大司徒涉坐殺太倉令，下獄死。

〔七〕韃音九言反。

安以天子幼弱，外戚擅權，每朝會進見，及與公卿言國家事，未嘗不噫嗚流涕。〔一〕自天子及大臣皆恃賴之。四年春，薨，朝廷痛惜焉。

〔一〕噫音醫，又乙戒反。嗚音一故反。歎傷之貌也。

後數月，竇氏敗，帝始親萬機，追思前議者邪正之節，乃除安子賞爲郎。策免宋由，以尹睦爲太尉，劉方爲司空。睦，河南人，薨於位。方，平原人，後坐事免歸，自殺。

初，安父沒，母使安訪求葬地，道逢三書生，問安何之，安爲言其故，生乃指一處，云「葬此地，當世爲上公」。須臾不見，安異之。於是遂葬其所占之地，故累世隆盛焉。安子京、敞最知名。

京字仲譽。習孟氏易，作難記三十萬言。初拜郎中，稍遷侍中，出爲蜀郡太守。子彭，字伯楚。少傳父業，歷廣漢、南陽太守。順帝初，爲光祿勳。行至清，爲吏麤袍糲食，終於議郎。尚書胡廣等追表其有清絜之美，比前朝貢禹、第五倫。〔一〕未蒙顯贈，當時皆嗟歎之。

〔一〕貢禹，元帝御史大夫。經明行修，清絜憂國也。

彭弟湯，字仲河，少傳家學，諸儒稱其節，多歷顯位。桓帝初爲司空，以豫議定策封安國亭侯，食邑五百戶。累遷司徒、太尉，以灾異策免。卒，謚曰康侯。〔一〕

〔一〕風俗通曰：「湯時年八十六，有子十二人。」

湯長子成，左中郎〔將〕。早卒，次子逢嗣。

逢字周陽，以累世三公子，寬厚篤信，著稱於時。靈帝立，逢以太僕豫議，增封三百戶。後爲司空，卒於執金吾。朝廷以逢嘗爲三老，特優禮之，賜以珠畫特詔祕器，〔一〕飯含珠玉二十六品，〔二〕使五官中郎將持節奉策，贈以車騎將軍印綬，加號特進，謚曰宣文侯。子基嗣，位至太僕。

〔一〕前書曰，董賢死，以沙畫棺。音義云：「以朱沙畫之也。」「珠」與「朱」同。秘器，棺也。

〔二〕穀梁傳曰：「貝玉曰含。」

逢弟隗，少歷顯官，〔一〕先逢爲三公。時中常侍袁赦，隗之宗也，用事於中。以逢、隗世宰相家，推崇以爲外援。故袁氏貴寵於世，富奢甚，不與它公族同。獻帝初，隗爲太傅。

〔一〕隗字次陽。

成子紹，逢子術，自有傳。董卓忿紹、術背己，遂誅隗及術兄基等男女二十餘人。

敞字叔平，少傳易經教授，以父任爲太子舍人。和帝時，歷位將軍、大夫、侍中，出爲東郡太守，徵拜太僕、光祿勳。元初三年，代劉愷爲司空。明年，坐子與尚書郎張俊交通，漏泄省中語，策免。敞廉勁不阿權貴，失鄧氏旨，遂自殺。

張俊者，蜀郡人，有才能，與兄龕並爲尚書郎，年少勵鋒氣。郎朱濟、丁盛立行不脩，俊欲舉奏之，二人聞，恐，因郎陳重、雷義往請俊，俊不聽，因共私賂侍史，使求俊短，得其私書與敞子，遂封上之，皆下獄，當死。俊自獄中占獄吏上書自訟，〔一〕書奏而俊獄已報。〔二〕廷尉將出穀門，臨行刑，〔三〕鄧太后詔馳騎以減死論。俊假名上書謝曰：「臣孤恩負義，自陷重刑，情斷意訖，無所復望。廷尉鞫遣，歐〔四〕刀在前，棺絮在後，魂魄飛揚，形容已枯。陛下聖澤，以臣嘗在近密，〔五〕識其狀貌，傷其眼目，留心曲慮，特加偏覆。喪車復還，白骨更肉，披棺發槨，起見白日。天地父母能生臣俊，不能使臣俊當死復生。陛下德過天地，恩重父母，誠非臣俊破碎骸骨，舉宗腐爛，所報萬一。臣俊徒也，不得上書；不勝去死就生，驚喜踊躍，觸冒拜章。」當時皆哀其文。

〔一〕占謂口授也，前書曰「陳遵憑几口占書吏」是也。

〔二〕謂奏報論死也。

〔三〕穀門，洛陽城北面中門也。

〔四〕音一口反。

〔五〕謂爲尚書郎。

朝廷由此薄敞罪而隱其死，以三公禮葬之，復其官。子盱。〔一〕

〔一〕況于反。

盱後至光祿勳。時大將軍梁冀擅朝，內外莫不阿附，唯盱與廷尉邯鄲義正身自守。及桓帝誅冀，使盱持節收其印綬，事已具梁冀傳。

閎字夏甫，彭之孫也。少勵操行，苦身脩節。父賀，爲彭城相。〔一〕閎往省謁，變名姓，徒行無旅。既至府門，連日吏不爲通，會阿母出，見閎驚，〔二〕入白夫人，乃密呼見。既而辭去，賀遣車送之，閎稱眩疾不肯乘，反，郡界無知者。及賀卒郡，閎兄弟迎喪，不受賻贈，縗絰扶柩，冒犯寒露，體貌枯毁，手足血流，見者莫不傷之。服闋，累徵聘舉召，皆不應。居處仄陋，以耕學爲業。從父逢、隗並貴盛，數饋之，無所受。

〔一〕風俗通曰：「賀字元服。祖父京，爲侍中。安帝始加元服，百僚會賀，臨莊垂出而孫適生，喜其嘉會，因名字焉。」

〔二〕謝承書曰：「乳母從內出，見在門側，面貌省瘦，爲其垂泣。閎厚丁寧：『此閒不知吾，慎勿宣露也。』」

閎見時方險亂，而家門富盛，常對兄弟歎曰：「吾先公福祚，後世不能以德守之，而競爲驕奢，與亂世爭權，此即晉之三郤矣。」〔一〕延熹末，黨事將作，閎遂散髮絕世，欲投迹深林。以母老不宜遠遁，乃築土室，四周於庭，不爲戶，自牖納飲食而已。旦於室中東向拜母。母思閎，時往就視，母去，便自掩閉，兄弟妻子莫得見也。及母殁，不爲制服設位，時莫能名，或以爲狂生。潛身十八年，黃巾賊起，攻沒郡縣，百姓驚散，閎誦經不移。賊相約語不入其閭，鄉人就閎避難，皆得全免。年五十七，卒於土室。〔二〕二弟忠、弘，節操皆亞於閎。

〔一〕三郤謂郤錡、郤犫、郤至，皆晉卿也。各驕奢，爲厲公所殺。事見左傳。

〔二〕汝南先賢傳曰：「閎臨卒，勑其子曰：『勿設殯棺，但著褌衫疏布單衣幅巾，親尸於板牀之上，以五百墼爲藏。』」

忠字正甫，與同郡范滂爲友，俱證黨事得釋，語在滂傳。初平中，爲沛相，〔一〕乘葦車到官，以清亮稱。及天下大亂，忠弃官客會稽上虞。〔二〕一見太守王朗徒從整飾，心嫌之，遂稱病自絕。〔三〕後孫策破會稽，忠等浮海南投交阯。獻帝都許，徵爲衞尉，未到，卒。

〔一〕沛王琮相也。琮，光武八代孫也。

〔二〕縣名，城在今越州餘姚縣西。

〔三〕王朗字景興，肅之父也，魏志有傳。謝承書曰「忠乘船載笠蓋詣朗，見朗左右僮從皆著靑絳采衣，非其奢麗，卽辭疾發而退」也。

弘字邵甫，恥其門族貴埶，乃變姓名，徒步師門，不應徵辟，終於家。〔一〕

〔一〕謝承書曰：「弘嘗入京師太學，其從父逢爲太尉，呼弘與相見。遇逢宴會作樂，弘伏稱頭痛，不聽（呼）〔音〕聲而退，遂不復往。紹、術兄弟亦不與通。」

忠子祕，爲郡門下議生。黄巾起，祕從太守趙謙擊之，軍敗，祕與功曹封觀等七人以身扞刃，皆死於陳，謙以得免。詔祕等門閭號曰「七賢」。〔一〕

〔一〕謝承書曰「祕字永寧。封觀與主簿陳端、門下督范仲禮、賊曹劉偉德、主記史丁子嗣、記室史張仲然、議生袁祕等七人擢刃突陳，與戰並死」也。

封觀者，有志節，當舉孝廉，以兄名位未顯，恥先受之，遂稱風疾，喑不能言。火起觀屋，徐出避之，忍而不告。後數年，兄得舉，觀乃稱損而仕郡焉。〔一〕

〔一〕謝承書曰：「觀字孝起，南頓人也。」

論曰：陳平多陰謀，而知其後必廢；〔一〕邴吉有陰德，夏侯勝識其當封及子孫。〔二〕終陳掌不侯，而邴昌紹國，雖有不類，未可致詰，其大致歸然矣。袁公竇氏之閒，乃情帝室，〔三〕引義雅正，可謂王臣之烈。〔四〕及其理楚獄，未嘗鞫人於臧罪，其仁心足以覃乎後昆。〔五〕子孫之盛，不亦宜乎？〔六〕

〔一〕丞相陳平爲高祖謀臣，出六奇，歎曰：「我多陰謀，道家之所禁，吾世卽廢，以吾多陰謀禍也。」其後曾孫掌以衞氏親戚貴達，願得續封，而終不得也。

〔二〕武帝末，戾太子巫蠱事起，邴吉爲廷尉監。時宣帝年二歲，坐太子事繫。望氣者言長安獄中有天子氣，於是上遣使者分條中都官詔獄，繫者亡輕重一切皆殺之。內者令郭穰至郡邸獄，吉閉門扞拒曰：「它人無辜猶不可，況親曾孫乎？」穰不得入，還以聞。上曰：「天使之也。」因大赦天下。曾孫賴吉得立。宣帝立，吉爲丞相，未及封而病。上憂吉不起，夏侯勝曰：「此未死也。臣聞有陰德者必饗其樂以及子孫。」後吉病愈，封博陽侯。薨，子顯嗣。甘露中，削爵爲關內侯。至孫昌，復封博陽侯。傳子至孫，王莽敗乃絕。

〔三〕乃情猶竭情也。

〔四〕易曰：「王臣蹇蹇，匪躬之故。」烈，業也。

〔五〕爾雅曰：「覃，延也。」

〔六〕此論並華嶠之詞也。

張酺字孟侯，汝南細陽人，趙王張敖之後也。〔一〕敖子壽，封細陽之池陽鄉，後廢，因家焉。

〔一〕敖父耳，自楚降漢，高祖封爲趙王。敖嗣，後有罪，廢爲宣平侯。

酺少從祖父充受尚書，能傳其業。〔二〕又事太常桓榮。勤力不怠，聚徒以百數。永平九年，顯宗爲四姓小侯開學於南宮，〔三〕置五經師。酺以尚書教授，數講於御前。以論難當意，除爲郎，賜車馬衣裳，遂令入授皇太子。

〔一〕東觀記曰：「充與光武同門學，光武卽位，求問充，充已死。」

〔二〕小侯，解見明紀也。

酺爲人質直，守經義，每侍講閒隙，數有匡正之辭，以嚴見憚。〔一〕及肅宗卽位，擢酺爲侍中、虎賁中郎將。數月，出爲東郡太守。酺自以嘗經親近，未悟見出，意不自得，〔二〕上疏辭曰：「臣愚以經術給事左右，少不更職，不曉文法，猥當剖符典郡，班政千里，必有負恩辱位之咎。臣竊私自分，殊不慮出城闕，冀蒙留恩，託備冗官，羣僚所不安，耳目所聞見，不敢避好醜。」詔報曰：「經云：『身雖在外，乃心不離王室。』〔三〕典城臨民，益所以報效也。好醜必上，不在遠近。〔四〕今賜裝錢三十萬，其亟之官。」酺雖儒者，而性剛斷。下車擢用義勇，搏擊豪彊。長吏有殺盜徒者，酺輒案之，以爲令長受臧，猶不至死，盜徒皆飢寒傭保，何足窮其法乎！

〔一〕東觀記曰：「太子家時爲奢侈物，未嘗不正諫，甚見重焉。」

〔二〕悟，曉也。

〔三〕尚書康王之誥曰「雖爾身在外，乃心罔不在王室」也。

〔四〕好醜謂善惡也。言事之善惡，必以聞上，此卽報效，豈拘外內也。

郡吏王青者，〔一〕祖父翁，與前太守翟義起兵攻王莽，及義敗，餘衆悉降，翁獨守節力戰，莽遂燔燒之。父隆，建武初爲都尉功曹，青爲小史。與父俱從都尉行縣，道遇賊，隆以身衞全都尉，遂死於難；青亦被矢貫咽，音聲流喝。〔二〕前郡守以青身有金夷，竟不能舉。〔三〕酺見之，歎息曰：「豈有一門忠義而爵賞不及乎？」遂擢用極右曹，〔四〕乃上疏薦青三世死節，宜蒙顯異。奏下三公，由此爲司空所辟。〔五〕

〔一〕謝承書曰：「青字公然，東郡聊城人也。」

〔二〕「流」或作「嘶」。喝音一介反。廣蒼曰：「聲之幽也。」

〔三〕夷，傷也。

〔四〕漢官儀曰：「督郵、功曹，郡之極位。」

〔五〕東觀記曰「青從此除步兵司馬。酺傷青不遂，復舉其子孝廉」也。

自酺出後，帝每見諸王師傅，常言：「張酺前入侍講，屢有諫正，誾誾惻惻，出於誠心，可謂有史魚之風矣。」〔一〕元和二年，東巡狩，幸東郡，引酺及門生並郡縣掾史並會庭中。帝先備弟子之儀，使酺講尚書一篇，然後脩君臣之禮。〔二〕賞賜殊特，莫不沾洽。

〔一〕誾誾，忠正也。惻惻，懇切也。史魚，衞大夫，名鰌，字子魚。孔子曰「直哉史魚，邦有道如矢，邦無道如矢」也。

〔二〕東觀記曰：「時使尚書令王鮪與酺相難，上甚欣悅。」

酺視事十五年，和帝初，遷魏郡太守。郡人鄭據時爲司隸校尉，奏免執金吾竇景。景後復位，遣掾夏猛私謝酺曰：「鄭據小人，爲所侵冤。聞其兒爲吏，放縱狼藉。取是曹子一人，足以驚百。」酺大怒，卽收猛繫獄，檄言執金吾府，疑猛與據子不平，矯稱卿意，以報私讎。會有贖罪令，猛乃得出。〔一〕頃之，徵入爲河南尹。竇景家人復擊傷市卒，吏捕得之，景怒，遣緹騎侯海等五百人歐傷市丞。〔二〕酺部吏楊章等窮究，正海罪，徙朔方。景忿怨，乃移書辟章等六人爲執金吾吏，欲因報之。章等惶恐，入白酺，願自引臧罪，以辭景命。酺卽上言其狀。竇太后詔報：「自今執金吾辟吏，皆勿遣。」

〔一〕東觀記曰「據字平卿，黎陽人也。爲侍御史，轉司隸校尉」也。

〔二〕說文曰：「緹，帛丹黃色也。」漢官儀曰，執金吾有緹騎。

及竇氏敗，酺乃上疏曰：「臣實愚惷，不及大體，〔一〕以爲竇氏雖伏厥辜，而罪刑未著，後世不見其事，但聞其誅，非所以垂示國典，貽之將來。宜下理官，與天下平之。〔二〕方憲等寵貴，羣臣阿附唯恐不及，皆言憲受顧命之託，懷伊、呂之忠，〔三〕至乃復比鄧夫人於文母。〔四〕今嚴威既行，皆言當死，不復顧其前後，考折厥衷。臣伏見夏陽侯瓌，每存忠善，前與臣言，常有盡節之心，檢敕賓客，未嘗犯法。臣聞王政骨肉之刑，有三宥之義，過厚不過薄。〔五〕今議者爲瓌選嚴能相，恐其迫切，必不完免，宜裁加貸宥，以崇厚德。」和帝感酺言，徙瓌封，就國而已。

〔一〕鄭玄注周禮云：「惷愚，癡騃也。」惷音陟降反。

〔二〕平之謂平論其罪也。

〔三〕臨終之命曰顧命。

〔四〕臣賢案：鄧夫人卽穰侯鄧疊母元也。元出入宮掖，共竇憲女壻郭舉父子同謀殺害，與竇氏同誅，語見憲傳，故張酺論憲兼及其黨。稱鄧夫人者，猶如前書霍光妻稱霍顯，祁太伯母號祁夫人之類也。文母，文王之妻也。詩曰：「既有烈考，亦有文母。」

〔五〕禮記曰「公族有罪，獄成，有司讞於公曰：『某之罪在大辟。』公曰：『宥之。』有司又曰：『在大辟。』公又曰：『宥之。』有司又曰：『在大辟。』公又曰：『宥之。』及三宥不對，走出，致刑于甸人。公又使人追之，曰：『雖然，必宥之。』有司曰：『無及也。』反命於公，公素服如其倫之喪」也。

永元五年，遷酺爲太僕。數月，代尹睦爲太尉。〔一〕數上疏以疾乞身，薦魏郡太守徐防自代。帝不許，使中黃門問病，加以珍羞，賜錢三十萬。酺遂稱篤。時子蕃以郎侍講，帝因令小黃門勑蕃曰：「陰陽不和，萬人失所，朝廷望公思惟得失，與國同心，而託病自絜，求去重任，誰當與吾同憂責者？非有望於斷金也。〔二〕司徒固疾，司空年老，〔三〕公其僶俛，勿露所勑。」〔四〕酺惶恐詣闕謝，還復視事。酺雖在公位，而父常居田里，酺每有遷職，輒一詣京師。嘗來候酺，適會歲節，公卿罷朝，俱詣酺府奉酒上壽，極歡卒日，衆人皆慶羡之。及父卒，既葬，詔遣使齎牛酒爲釋服。

〔一〕漢官儀曰：「睦字伯師，河南鞏人也。」
〔二〕斷金，解在皇后紀。
〔三〕時司徒劉方，司空張奮也。
〔四〕傴僂言恭敬從命也。左氏傳曰：「一命而僂，再命而傴，三命而俯。」

後以事與司隸校尉晏稱會於朝堂，酺從容謂稱曰：「三府辟吏，多非其人。」稱歸，即奏令三府各實其掾史。酺本以私言，不意稱奏之，甚懷恨。會復共謝闕下，酺因責讓於稱。稱辭語不順，酺怒，遂廷叱之，稱乃劾奏酺有怨言。天子以酺先帝師，有詔公卿、博士、朝臣會議。司徒呂蓋奏酺位居三司，知公門有儀，不屏氣鞠躬以須詔命，反作色大言，怨讓使臣，不可以示四遠。〔一〕於是策免。

〔一〕司隸校尉督大姦猾，無所不察，故曰使臣也。

酺歸里舍，謝遣諸生，閉門不通賓客。左中郎將何敞及言事者多訟酺公忠，帝亦雅重之。十〔五〕〔六〕年，復拜爲光祿勳。數月，代魯恭爲司徒。月餘薨。乘輿縞素臨弔，賜冢塋地，賵贈恩寵異於它相。酺病臨危，敕其子曰：「顯節陵埽地露祭，欲率天下以儉。〔一〕吾爲三公，既不能宣揚王化，令吏人從制，豈可不務節約乎？其無起祠堂，可作稾蓋廡，施祭

其下而已。」〔二〕

〔一〕顯節，明帝陵也。明帝遺詔無起寢廟，故言埽地而祭也，故龤遵奉之。

〔二〕廡，屋也。

曾孫濟，好儒學，〔一〕光和中至司空，病罷。及卒，靈帝以舊恩贈車騎將軍、關內侯印綬。其年，追濟侍講有勞，封子根爲蔡陽鄉侯。

〔一〕華嶠書曰：「蕃生磐，磐生濟。濟字元江。靈帝初，楊賜薦濟明習典訓，爲侍講。」

濟弟喜，初平中爲司空。

韓棱字伯師，潁川舞陽人，弓高侯穨當之後也。〔一〕世爲鄉里著姓。父尋，建武中爲隴西太守。

〔一〕穨當，韓王信之子。見前書。

棱四歲而孤，養母弟以孝友稱。及壯，推先父餘財數百萬與從昆弟，鄉里益高之。初爲郡功曹，太守葛興中風，病不能聽政，棱陰代興視事，出入二年，令無違者。興子嘗發教欲署吏，棱拒執不從，因令怨者章之。〔一〕事下案驗，吏以棱掩蔽興病，專典郡職，遂致禁錮。

顯宗知其忠，後詔特原之。由是徵辟，五遷爲尚書令，與僕射郅壽、尚書陳寵，同時俱以才能稱。肅宗嘗賜諸尚書劒，唯此三人特以寶劒，自手署其名曰：「韓稜楚龍淵，〔二〕郅壽蜀漢文，陳寵濟南椎成。」〔三〕時論者爲之說：以稜淵深有謀，故得龍淵；壽明達有文章，故得漢文；寵敦朴，善不見外，故得椎成。

〔一〕章謂令上章告言之。

〔二〕晉大康記曰：「汝南西平縣有龍泉水，可淬刀劍，特堅利。」汝南即楚分野。

〔三〕椎音直追反。漢官儀「椎成」作「鍛成」。

和帝即位，侍中竇憲使人刺殺齊殤王子都鄉侯暢於上東門，有司畏憲，咸委疑於暢兄弟。詔遣侍御史之齊案其事。稜上疏以爲賊在京師，不宜捨近問遠，恐爲姦臣所笑。竇太后怒，以切責稜，稜固執其議。及事發，果如所言。憲惶恐，白太后求出擊北匈奴以贖罪。稜復上疏諫，太后不從。及憲有功，還爲大將軍，威震天下，復出屯武威。會帝西祠園陵，詔憲與車駕會長安。及憲至，尚書以下議欲拜之，伏稱萬歲。稜正色曰：「夫上交不諂，下交不黷，〔一〕禮無人臣稱萬歲之制。」議者皆慙而止。尚書左丞王龍私奏記上牛酒於憲，稜舉奏龍，論爲城旦。〔二〕稜在朝數薦舉良吏應順、呂章、周紆等，皆有名當時。及竇氏敗，稜典案其事，深竟黨與，數月不休沐。帝以爲憂國忘家，賜布三百匹。

〔一〕易下繫之辭也。

〔三〕前書音義曰：「城旦，輕刑之名也。晝日司寇虜，夜暮築長城，故曰城旦。」

遷南陽太守，特聽稜得過家上冢，鄉里以爲榮。稜發擿姦盜，郡中震慄，政號嚴平。數歲，徵入爲太僕。九年冬，代張奮爲司空。明年薨。

子輔，安帝時至趙相。〔一〕

〔一〕趙王良孫商之相也。

稜孫演，順帝時爲丹陽太守，政有能名。桓帝時爲司徒。〔一〕大將軍梁冀被誅，演坐阿黨抵罪，以減死論，遣歸本郡。〔二〕後復徵拜司隸校尉。

〔一〕演字伯南。

〔二〕華嶠書曰「梁皇后崩，梁貴人大幸，將立，大將軍冀欲分其寵，謀冒姓爲貴人父，演陰許諾，及冀誅事發，演坐抵罪」也。

周榮字平孫，廬江舒人也。肅宗時，舉明經，辟司徒袁安府。安數與論議，甚器之。及安舉奏竇景及與竇憲爭立北單于事，皆榮所具草。竇氏客太尉掾徐齮深惡之，脅榮曰：「子爲袁公腹心之謀，排奏竇氏，竇氏悍士刺客滿城中，謹備之矣！」榮曰：「榮江淮孤生，蒙先帝大恩，以歷宰二城。今復得備宰士，〔一〕縱爲竇氏所害，誠所甘心。」故常勑妻子，若卒遇飛禍，無得殯斂，〔二〕冀以區區腐身覺悟朝廷。及竇氏敗，榮由此顯名。自鄮令擢爲尚書令。出爲潁川太守，坐法，當下獄，和帝思榮忠節，左轉共令。〔三〕歲餘，復以爲山陽太守。所歷郡縣，皆見稱紀。以老病乞身，卒于家，詔特賜錢二十萬，除子男興爲郎中。

〔一〕榮辟司徒府，故稱宰士。

〔二〕飛禍言倉卒而死也。

〔三〕共，縣名，屬河內郡，故城在今衞州共城縣東，卽古共國也。

興少有名譽，永寧中，尚書陳忠上疏薦興曰：「臣伏惟古者帝王有所號令，言必弘雅，辭必溫麗，垂於後世，列於典經。故仲尼嘉唐虞之文章，從周室之郁郁。〔一〕臣竊見光祿郎周興，〔二〕孝友之行，著於閨門，淸厲之志，聞於州里。蘊匵古今，博物多聞，〔三〕三墳之篇，五典之策，無所不覽。〔四〕屬文著辭，有可觀採。尚書出納帝命，爲王喉舌。〔五〕臣等旣愚闇，而諸郎多文俗吏，鮮有雅才，每爲詔文，宣示內外，轉相求請，或以不能而專己自由，辭多鄙固。興抱奇懷能，隨輩棲遲，誠可歎惜。」詔乃拜興爲尚書郎。卒。興子景。

〔一〕論語孔子曰：「大哉堯之爲君也，煥乎其有文章。」又曰：「周監於二代，郁郁乎文哉。吾從周。」

〔二〕光祿主郎，故曰光祿郎。
〔三〕蘊，藏也。匵，匱也。
〔四〕伏羲、神農、黄帝之書曰三墳；少昊、顓頊、高辛、唐、虞之書曰五典也。
〔五〕尚書爲王之喉舌官也。李固對策曰：「今陛下有尚書，猶天之有北斗也。北斗爲天之喉舌，尚書亦爲陛下之喉舌也。」

景字仲饗。辟大將軍梁冀府，稍遷豫州刺史、河內太守。好賢愛士，其拔才薦善，常恐不及。每至歲時，延請舉吏入上後堂，與共宴會，如此數四，乃遣之。贈送什物，無不充備。既而選其父兄子弟，事相優異。常稱曰：「臣子同貫，若之何不厚！」先是司徒韓演在河內，志在無私，舉吏當行，一辭而已，恩亦不及其家。曰：「我舉若可矣，豈可令偏積一門！」故當時論者議此二人。

景後徵入爲將作大匠。及梁冀誅，景以故吏免官禁錮。朝廷以景素著忠正，頃之，復引拜尚書令。〔一〕遷太僕、衞尉。六年，代劉寵爲司空。是時宦官任人及子弟充塞列位。景初視事，與太尉楊秉舉奏諸姦猾，自將軍牧守以下，免者五十餘人。遂連及中常侍防東侯覽、東武陽侯具瑗，皆坐黜。朝廷莫不稱之。視事二年，以地震策免。歲餘，復代陳蕃爲太尉。建寧元年薨。以豫議定策立靈帝，追封安陽鄉侯。

〔一〕蔡質漢儀曰：「延熹中，京師游俠有盜發順帝陵，賣御物於市，市長追捕不得。周景以尺一詔召司隸校尉左雄詣臺對詰，雄伏於廷荅對，景使虎賁左駿頓頭，血出覆面，與三日期，賊便擒也。」

長子崇嗣，至甘陵相。〔一〕

〔一〕甘陵王理相也。理即章帝曾孫。

中子忠，少歷列位，累遷大司農。〔一〕忠子暉，前爲洛陽令，去官歸。兄弟好賓客，雄江淮閒，出入從車常百餘乘。及帝崩，暉聞京師不安，來候忠，董卓聞而惡之，使兵劫殺其兄弟。忠後代皇甫嵩爲太尉，錄尚書事，以災異免。復爲衞尉，從獻帝東歸洛陽。

〔一〕吳書曰，忠字嘉謀，與朱儁共敗李傕於曹陽也。

贊曰：袁公持重，誠單所奉。〔一〕惟德不忘，延世承寵。孟侯經博，侍言帝幙。稜、榮事君，志同鸇雀。〔二〕

〔一〕單，盡也。

〔二〕左傳曰：「見無禮於其君者誅之，如鷹鸇之逐鳥雀也。」

校勘記

一五一七頁三行　汝南汝陽人也　按：集解引惠棟說，謂袁紀作「汝南宛人」。

一五一八頁二行　洛陽令身出案行　按：殿本考證引孫鑛說，謂「洛陽」當作「汝陽」。又按：汲本、殿本「身」作「自」。

一五二〇頁四行　南陽太守滿殷　按：汲本「滿」作「蒲」。

一五二〇頁六行　左鹿蠡王阿佟　按：集解引惠棟說，謂袁紀「阿佟」作「阿修」。又引錢大昭說，謂疑即於除鞬也。「左」當作「右」。

一五二〇頁二三行　至乎章和之初降者十餘萬人　按：汲本「乎」作「於」。汲本、殿本「十餘萬人」作「十萬餘人」。

一五二三頁一行　未蒙顯贈　按：「未」原譌「求」，逕據汲本、殿本改正。

一五二三頁四行　左中郎〔將〕　集解引何焯說，謂「左中郎」下當有「將」字。又校補引柳從辰說，謂袁紀亦作「左中郎將」，與華嶠書同。今據補。

一五二三頁一一行　中常侍袁赦　按：集解引惠棟說，謂袁紀作「袁朗」，案梁冀傳當作「赦」。

一五二三頁一四行　遂誅隗及術兄基等男女二十餘人　按：沈家本謂袁紹傳注引獻帝春秋曰：「卓使司隸宣璠盡口收之，母及姊妹嬰孩以上五十餘人下獄死。」獻紀注引亦同。此傳云二十餘人，恐「二」字誤也。

一五二四頁九行　識其狀貌傷其眼目　按：汲本、殿本二「其」字皆作「臣」。

一五二六頁一五行　徒步師門　按：汲本「師門」下有「從師」二字。殿本無「從師」二字，考證云從宋本删。

一五二七頁一行　其從父逢爲太尉　按：張森楷校勘記謂案袁逢以太僕爲司空，未嘗爲太尉，「尉」字疑誤，否則竟謝承謬也。

一五二七頁一行　不聽(呼)〔音〕聲而退　據汲本、殿本改。

一五二七頁四行　詔祕等門閭號曰七賢　按：御覽一五七引作「詔復祕等閭號曰七賢閭」。

一五二八頁三行　曾孫賴吉得立　按：刊誤謂案前書「立」當作「全」。

一五三二頁三行　足以驚百　按：汲本「驚」作「警」。

一五三二頁九行　公又曰宥之及三宥不對走出　按：刊誤謂案今禮記文，注多下「公又曰宥之」五字。

一五三三頁一三行　十(五)〔六〕年復拜爲光祿勳數月代魯恭爲司徒　按：和帝紀永元十六年秋七月庚午，光祿勳張酺爲司徒，八月己酉，司徒張酺薨。今據改。

一五三六頁七行　棱孫演　按：桓帝紀「演」作「縯」。沈欽韓謂胡廣傳作「縯」。李慈銘謂吳志周瑜傳注引張璠漢紀作「縯」，與桓紀同。

一五三八頁九行　豈可令徧積一門　按：「徧」原作「偏」，逕據汲本、殿本改。

一五三八頁一三行　中常侍防東侯覽　宸翰樓覆宋本東漢書刊誤云：「案覽本傳，覽防東人，封高鄉侯。今此載其侯爵，當云高鄉侯，若載其本縣名，則非例也。蓋脫一『侯』字，誤二『高鄉』字。」今按劉氏之意，蓋謂「防東」二字乃「高鄉」之誤，其下又脫一「侯」字。是劉氏所見本，亦作「中常侍防東侯覽」也。殿本正文作「中常侍防東陽侯侯覽」（汲本同），而引劉攽刊誤，則刪去「脫一侯字」四字，遂使讀者不知劉氏所言謂何，當時校勘之粗疏如是。又集解引錢大昕說，謂劉據覽傳證此文當爲「高鄉」之誤，是矣。予又疑高鄉即防東之鄉，故傳稱防東鄉侯，因下文有「東武陽」字，又誤「鄉」爲「陽」也。今按錢氏之意，蓋謂疑當作「中常侍防東鄉侯侯覽」也。

後漢書卷四十六

郭陳列傳第三十六　郭躬弟子鎭　陳寵子忠

郭躬字仲孫，潁川陽翟人也。家世衣冠。父弘，習小杜律。〔一〕太守寇恂以弘爲決曹掾，斷獄至三十年，用法平。諸爲弘所決者，退無怨情，郡內比之東海于公。年九十五卒。〔二〕

〔一〕前書，杜周武帝時爲廷尉、御史大夫，斷獄深刻。少子延年亦明法律，宣帝時又爲御史大夫。對父故言小。

〔二〕于公，東海人，丞相于定國父也。爲郡決曹，決獄平，羅文法者，于公所決皆不恨。見前書也。

躬少傳父業，講授徒衆常數百人。後爲郡吏，辟公府。永平中，奉車都尉竇固出擊匈奴，騎都尉秦彭爲副。彭在別屯而輒以法斬人，固奏彭專擅，請誅之。顯宗乃引公卿朝臣平其罪科。躬以明法律，召入議。議者皆然固奏，躬獨曰：「於法，彭得斬之。」帝曰：「軍征，校尉一統於督。〔一〕彭既無斧鉞，可得專殺人乎？」躬對曰：「一統於督者，謂在部曲也。〔二〕今彭專軍別將，有異於此。兵事呼吸，不容先關督帥。且漢制棨戟卽爲斧鉞，於法不合罪。」〔三〕帝從躬議。又有兄弟共殺人者，而罪未有所歸。帝以兄不訓弟，故報兄重而減弟死。中常侍孫章宣詔，誤言兩報重，尚書奏章矯制，罪當腰斬。帝復召躬問之，躬對「章應罰金」。帝曰：「章矯詔殺人，何謂罰金？」躬曰：「法令有故、誤，章傳命之謬，於事爲誤，誤者其文則輕。」帝曰：「章與囚同縣，疑其故也。」躬曰：「『周道如砥，其直如矢。』〔四〕『君子不逆詐。』〔五〕君王法天，刑不可以委曲生意。」帝曰：「善。」遷躬廷尉正，坐法免。

〔一〕督謂大將。

〔二〕前書音義曰「大將軍行有五部，部有曲」也。

〔三〕有衣之戟曰棨。

〔四〕詩小雅也。如砥，貢賦平。如矢，賞罰中。

〔五〕論語孔子之言。

後三遷，元和三年，拜爲廷尉。躬家世掌法，務在寬平，及典理官，決獄斷刑，多依矜恕，乃條諸重文可從輕者四十一事奏之，事皆施行，著于令。章和元年，赦天下繫囚在四月丙子以前減死罪一等，勿笞，詣金城，而文不及亡命未發覺者。躬上封事曰：「聖恩所以減死罪使戍邊者，重人命也。今死罪亡命無慮萬人，〔一〕又自赦以來，捕得甚衆，而詔令不及，皆當重論。伏惟天恩莫不蕩宥，死罪已下並蒙更生，而亡命捕得獨不沾澤。臣以爲赦前犯死罪而繫在赦後者，可皆勿笞詣金城，以全人命，有益於邊。」肅宗善之，即下詔赦焉。躬奏讞法科，多所生全。永元六年，卒官。中子晊，亦明法律，〔三〕至南陽太守，政有名迹。弟子鎮。

〔一〕廣雅曰：「無慮，都凡也。」

〔三〕晊音質。

鎮字桓鍾，少修家業。辟太尉府，再遷，延光中爲尚書。及中黃門孫程誅中常侍江京等而立濟陰王，鎮率羽林士擊殺衞尉閻景，以成大功，事在宦者傳。再遷尚書令。太傅、三公奏鎮冒犯白刃，手劍賊臣，姦黨殄滅，宗廟以寧，功比劉章，〔一〕宜顯爵土，以勵忠貞。乃封鎮爲定潁侯，食邑二千戶。拜河南尹，轉廷尉，免。永建四年，卒於家。詔賜冢塋地。

〔一〕章，齊王肥子也，高帝孫，誅諸呂有功，封朱虛侯也。

長子賀當嗣爵，讓與小弟時而逃去。積數年，詔大鴻臚下州郡追之，賀不得已，乃出受封。累遷，復至廷尉。及賀卒，順帝追思鎮功，下詔賜鎮謚曰昭武侯，賀曰成侯。

賀弟禎，亦以能法律至廷尉。

鎮弟子禧，〔一〕少明習家業，兼好儒學，有名譽，延熹中亦爲廷尉。建寧二年，代劉寵爲太尉。禧子鴻，至司隸校尉，封城安鄉侯。

〔一〕許其反。

郭氏自弘後，數世皆傳法律，子孫至公者一人，廷尉七人，侯者三人，刺史、二千石、侍中、中郎將者二十餘人，侍御史、正、監、平者甚衆。

順帝時，廷尉河南吳雄季高，以明法律，斷獄平，起自孤宦，致位司徒。雄少時家貧，喪母，營人所不封土者，擇葬其中。喪事趣辦，不問時日，（醫）巫皆言當族滅，而雄不顧。及子訢孫恭，三世廷尉，爲法名家。〔一〕

〔一〕名爲明法之家。

初，肅宗時，司隸校尉下邳趙興亦不䘏諱忌，〔一〕每入官舍，輒更繕修館宇，移穿改築，故犯妖禁，而家人爵祿，益用豐熾，官至潁川太守。子峻，太傅，以才器稱。孫安世，魯相。三葉皆爲司隸，時稱其盛。

〔一〕䘏，憂也。

桓帝時，汝南有陳伯敬者，行必矩步，坐必端膝，呵叱狗馬，終不言死，目有所見，不食其肉，行路聞凶，便解駕留止，還觸歸忌，則寄宿鄉亭。〔一〕年老寢滯，不過舉孝廉。後坐女壻亡吏，太守邵夔怒而殺之。時人罔忌禁者，多談爲證焉。〔二〕

〔一〕陰陽書歷法曰：「歸忌日，四孟在丑，四仲在寅，四季在子，其日不可遠行歸家及徙也。」

〔二〕罔，無也。

論曰：曾子云：「上失其道，民散久矣。如得其情，則哀矜而勿喜。」〔一〕夫不喜於得情則恕心用，恕心用則可寄枉直矣。夫賢人君子斷獄，其必主於此乎？郭躬起自佐史，小大之獄必察焉。〔二〕原其平刑審斷，庶於勿喜者乎？若乃推己以議物，捨狀以貪情，〔三〕法家之能慶延于世，蓋由此也！

〔一〕言人離散犯法，乃自上之所爲，非下之過，當哀矜之，勿以得情爲喜也。見論語也。

〔二〕左傳曰：「小大之獄，雖不能察，必以情。」

〔三〕秦彭、孫章不死爲推己，亡命得減爲貪情也。貪與探同也。

陳寵字昭公，沛國洨人也。〔一〕曾祖父咸，成哀閒以律令爲尚書。平帝時，王莽輔政，多改漢制，咸心非之。及莽因呂寬事誅不附己者何武、鮑宣等，〔二〕咸乃歎曰：「易稱『君子見幾而作，不俟終日』，吾可以逝矣！」〔三〕即乞骸骨去職。及莽篡位，召咸以爲掌寇大夫，謝病不肯應。時三子參、豐、欽皆在位，乃悉令解官，父子相與歸鄉里，閉門不出入，猶用漢家祖臘。〔四〕人問其故，咸曰：「我先人豈知王氏臘乎？」其後莽復徵咸，遂稱病篤。於是乃收斂其家律令書文，皆壁藏之。咸性仁恕，常戒子孫曰：「爲人議法，當依於輕，雖有百金之利，慎無與人重比。」

〔一〕洨，縣名，故城在今泗州虹縣西南。洨音戶交反。

〔二〕平帝時，王莽輔政，隔絕平帝外家，不得至京師。莽子宇，恐帝長大後見怨，欲帝舅衞寶令帝母上書求入，莽不許。宇與婦兄呂寬謀，以爲莽不可說而好鬼神，乃夜以血灑莽第門，以驚懼之，事覺，並誅死。何武爲前將軍，王莽先從武求舉，武不敢。鮑宣爲司隸，免，徙之上黨。呂寬事起，莽案鞠，並誅不附己者，武與宣在見誣中，皆被誅。並見前書。

〔三〕幾者事之微，吉凶之先見者。逝，往也。

〔四〕應劭風俗通曰，共工之子好遠遊，死爲祖神。漢家火行盛於午，故以午日爲祖也。臘者，歲終祭衆神之名。臘，接也，新故交接，故大祭以報功也。漢火行，衰於戌，故臘用戌日也。

建武初，欽子躬爲廷尉左監，早卒。

躬生寵，明習家業，少爲州郡吏，辟司徒鮑昱府。是時三府掾屬專尚交遊，以不肯視事爲高。寵常非之，獨勤心物務，數爲昱陳當世便宜。昱高其能，轉爲辭曹，掌天下獄訟。〔一〕其所平決，無不厭服衆心。時司徒辭訟，久者數十年，事類溷錯，易爲輕重，不良吏得生因緣。〔三〕寵爲昱撰辭訟比七卷，決事科條，皆以事類相從。昱奏上之，其後公府奉以爲法。

〔二〕續漢志曰「三公掾屬二十四人，有辭曹，主訟事」也。

〔三〕因緣謂依附以生輕重也。

三遷，肅宗初，爲尚書。是時承永平故事，吏政尚嚴切，尚書決事率近於重。寵以帝新即位，宜改前世苛俗。乃上疏曰：「臣聞先王之政，賞不僭，刑不濫，與其不得已，寧僭不濫。〔一〕故唐堯著典，『眚災肆赦』；〔二〕周公作戒，『勿誤庶獄』；〔三〕伯夷之典，『惟敬五刑，以成三德』。〔四〕由此言之，聖賢之政，以刑罰爲首。往者斷獄嚴明，所以威懲姦慝，姦慝既平，必宜濟之以寬。〔五〕陛下即位，率由此義，數詔羣僚，弘崇晏晏。〔六〕而有司執事，未悉奉承，典刑用法，猶尚深刻。斷獄者急於篣格酷烈之痛，〔七〕執憲者煩於詆欺放濫之文，或因公行私，逞縱威福。夫爲政猶張琴瑟，大弦急者小弦絕。故子貢非臧孫之猛法，而美鄭喬之仁政。〔八〕詩云：『不剛不柔，布政優優。』〔九〕方今聖德充塞，假于上下，〔一〇〕宜隆先王之道，蕩滌煩苛之法。輕薄箠楚，以濟羣生；全廣至德，以奉天心。」帝敬納寵言，每事務於寬厚。其後遂詔有司，絕鉆鑽諸慘酷之科，〔一一〕解妖惡之禁，除文致之請讞五十餘事，定著于令。〔一二〕是後人俗和平，屢有嘉瑞。

〔一〕事見左傳蔡大夫聲子辭。

〔二〕尚書舜典之辭也。眚，過也。灾，害也。肆，緩也。言過誤有害，當緩赦也。

〔三〕尚書立政之辭也。言文子文孫，從今以往，惟以正道理衆獄勿誤也。

〔四〕三德，剛、柔、正直。尚書呂刑曰：「伯夷降典，折民惟刑，惟敬五刑，以成三德。」

〔五〕濟，益也。

〔六〕晏晏，溫和也。尚書考靈耀曰：「堯聰明文塞晏晏。」

〔七〕簜卽榜也，古字通用。聲類曰：「笞也。」說文曰：「格，擊也。」

〔八〕臧孫，魯大夫，行猛政。子貢非之曰：「夫政猶張琴瑟也，大弦急則小弦絕矣。故曰：『罰得則姦邪止，賞得則下歡悅。』子之賊心見矣。獨不聞子產之相鄭乎？推賢舉能，抑惡揚善，有大略者不問其短，有厚德者不非小疵，家給人足，囹圄空虛。子產卒，國人皆叩心流涕，三月不聞竽琴之音。其生也見愛，死也可悲。故曰：『德莫大於仁，禍莫大於刻。』今子病而人賀，子愈而人相懼，曰：『嗟乎！何命之不善，臧孫子又不死？』」臧孫慚而避位，終身不出。見新序。

〔九〕優優，和也。

〔10〕假，至也，音格。上下，天地也。

〔11〕蒼頡篇曰：「鉆，持也。」說文曰：「鉆，鐵銸也。」其炎反。銸音陟葉反。鑽，臏刑，謂鑽去其髕骨也。鑽音作喚反。

〔12〕文致謂前人無罪，文飾致於法中也。

漢舊事斷獄報重，常盡三冬之月，〔一〕是時帝始改用冬初十月而已。元和二年，旱，長水校尉賈宗等上言，以爲斷獄不盡三冬，故陰氣微弱，陽氣發泄，招致灾旱，事在於此。帝以其言下公卿議，寵奏曰：「夫冬至之節，陽氣始萌，故十一月有蘭、射干、芸、荔之應。〔二〕時令曰：『諸生蕩，安形體。』〔三〕天以爲正，周以爲春。〔四〕十二月陽氣上通，雉雊雞乳，地以爲正，殷以爲春。〔五〕十三月陽氣已至，天地已交，萬物皆出，蟄蟲始振，人以爲正，夏以爲春。〔六〕三微成著，以通三統。〔七〕周以天元，殷以地元，夏以人元。若以此時行刑，則殷、周歲首皆當流血，不合人心，不稽天意。月令曰：『孟冬之月，趣獄刑，無留罪。』〔八〕明大刑畢在立冬也。又：『（孟）〔仲〕冬之月，身欲寧，事欲靜。』〔九〕若以降威怒，不可謂寧；若以行大刑，不可謂靜。議者咸曰：『旱之所由，咎在改律。』臣以爲殷、周斷獄不以三微，而化致康平，無有災害。自元和以前，皆用三冬，而水旱之異，往往爲患。由此言之，災害自爲它應，不以改律。秦爲虐政，四時行刑，聖漢初興，改從簡易。蕭何草律，季秋論囚，俱避立春之月，〔一〇〕而不計天地之正，二王之春，實頗有違。〔一一〕陛下探幽析微，允執其中，〔一二〕革百載之失，建永年之功，〔一三〕上有迎承之敬，下有奉微之惠，〔一四〕稽春秋之文，當月令之意，〔一五〕聖功美業，不宜中疑。」書奏，帝納之，遂不復改。

〔一〕報，論也。重，死刑也。

〔二〕易通卦驗曰：「十一月廣莫風至，則蘭、夜干生。」月令：「仲冬日短至，陰陽爭，諸生蕩，芸始生，荔挺出。」射音夜，卽今之烏扇也。芸，香草。荔，馬薤。

〔三〕時令，月令也。蕩，動也。仲冬一陽爻生，草木皆欲萌動也。禮記月令「仲冬諸生蕩，君子齋戒，安形性」也。

〔四〕正，春，皆始也。十一月萬物微而未著，天以爲正，而周以爲歲首。

〔五〕十二月二陽爻生，鴈北鄉，陽氣上通，諸生皆動，始萌牙，地以爲正，殷以爲歲首也。月令「季冬，雉雊雞乳」也。

〔六〕十三月今正月也，天子迎春東郊，陰陽交合，萬物皆出於地，人始初見，故曰「人以爲正，夏以爲歲首」也。月令「孟春天氣下降，地氣上騰，天地和同，草木萌動，東風解凍，蟄蟲始振」也。

〔七〕統者，統一歲之事。王者三正遞用，周環無窮，故曰通三統。三禮義宗曰：「三微，三正也。言十一月陽氣始施，萬物動於黃泉之下，微而未著，其色皆赤，赤者陽氣。故周以天正爲歲，色尚赤，夜半爲朔。十二月萬物始牙，色白，白者陰氣。故殷以地正爲歲，色尚白，雞鳴爲朔。十三月萬物始達，其色皆黑，人得加功以展其業。夏以人正爲歲，色尚黑，平旦爲朔。故曰三微。王者奉而成之，各法其一以改正朔也。」易乾鑿度曰：「三微而成著，三著而體成。」當此之時，天地交，萬物通也。

〔八〕臣賢案：月令及淮南子皆言季秋趣獄刑，無留罪，今言孟冬，未詳其故。

〔九〕月令「仲冬，君子齋戒，身欲寧，事欲靜，以待陰陽之所定」也。

〔一〇〕草謂創造之也。論，決也。

〔一一〕言蕭何不論天地之正及殷、周之春，實乖正道。

〔一二〕允，信也。中，正也。言信執中正之道。語見尚書。

〔一三〕尚書曰：「立功立事，可以永年。」

〔一四〕三正之月，不用斷獄，敬承天意，奉順三微也。

〔五〕春秋於春每月書王，所以通三統也。何休注云：「二月三月皆有王者，二月殷正月，三月夏正月也。」

寵性周密，常稱人臣之義，苦不畏愼。自在樞機，謝遣門人，拒絕知友，唯在公家而已。朝廷器之。〔一〕

〔一〕器，重也。

皇后弟侍中竇憲，〔一〕薦眞定令張林爲尚書，帝以問寵，寵對「林雖有才能，而素行貪濁」，憲以此深恨寵。林卒被用，而以臧汙抵罪。及帝崩，憲等秉權，常銜寵，乃白太后，令典喪事，欲因過中之。黄門侍郎鮑德素敬寵，說憲弟夏陽侯瓌曰：「陳寵奉事先帝，深見納任，故久留臺閣，賞賜有殊。今不蒙忠能之賞，而計幾微之故，〔二〕誠傷輔政容貸之德。」瓌亦好士，深然之，故得出爲太山太守。

〔一〕臣賢案：竇后紀及憲傳並云憲竇后兄，今諸本皆言弟，蓋誤也。

〔二〕幾微言微細也。

後轉廣漢太守。西州豪右幷兼，吏多姦貪，訴訟日百數。寵到，顯用良吏王渙、鐔顯等，以爲腹心，〔一〕訟者日減，郡中清肅。先是（洛）〔雒〕縣城南，〔二〕每陰雨，常有哭聲聞於府中，積數十年。寵聞而疑其故，使吏案行。還言：「世衰亂時，此下多死亡者，而骸骨不得葬，儻在於是？」寵愴然矜歎，即勑縣盡收斂葬之。自是哭聲遂絕。

〔一〕鐔音徒南反。

〔二〕（洛）〔雒〕，縣名，故城在今益州雒縣南也。

及竇憲爲大將軍征匈奴，公卿以下及郡國無不遣吏子弟奉獻遺者，而寵與中山相汝南張郴、〔一〕東平相應順〔二〕守正不阿。後和帝聞之，擢寵爲大司農，郴太僕，順左馮翊。

〔一〕光武子中山王焉相也。

〔二〕東平王蒼孫敞之相也。

永元六年，寵代郭躬爲廷尉。性仁矜。及爲理官，數議疑獄，常親自爲奏，每附經典，務從寬恕，帝輒從之，濟活者甚衆。其深文刻敝，於此少衰。寵又鉤校律令條法，溢於甫刑者除之。〔一〕曰：「臣聞禮經三百，威儀三千，〔二〕故甫刑大辟二百，五刑之屬三千。禮之所去，刑之所取，〔三〕失禮則入刑，相爲表裏者也。今律令死刑六百一十，耐罪千六百九十八，〔四〕贖罪以下二千六百八十一，溢於甫刑者千九百八十九，其四百一十大辟，千五百耐罪，七十九贖罪。春秋保乾圖曰：『王者三百年一蠲法。』漢興以來，三百二年，憲令稍增，科條無限。又律有三家，其說各異。宜令三公、廷尉平定律令，應經合義者，可使大辟二百，而耐罪、贖罪二千八百，并爲三千，悉刪除其餘令，與禮相應，以易萬人視聽，以致刑措之美，傳之無窮。」未及施行，會坐詔獄吏與囚交通抵罪。詔特免刑，拜爲尚書。遷大鴻臚。

〔一〕鉤猶動也。前書曰：「鉤校得其姦賊。」鉤音工候反。溢，出也。孔安國注尚書曰：「呂侯後爲甫侯，故或稱甫刑也。」

〔二〕禮記曰：「禮經三百，曲禮三千。」鄭玄注云：「禮篇多亡，本數未聞，其中事儀有三千也。」

〔三〕去禮之人，刑以加之，故曰取也。

〔四〕耐者，輕刑之名也。

寵歷二郡三卿，所在有迹，見稱當時。十六年，代徐防爲司空。寵雖傳法律，而兼通經書，奏議溫粹，號爲任職相。在位三年薨。以太常南陽尹勤代爲司空。

勤字叔梁，篤性好學，屛居人外，荆棘生門，時人重其節。後以定策立安帝，封福亭侯，五百戶。永初元年，以雨水傷稼，策免就國。病卒，無子，國除。

寵子忠。

忠字伯始，永初中辟司徒府，三遷廷尉正，〔一〕以才能有聲稱。司徒劉愷舉忠明習法律，宜備機密，於是擢拜尚書，使居三公曹。〔二〕忠自以世典刑法，用心務在寬詳。初，父寵在廷尉，上除漢法溢於甫刑者，未施行，〔三〕及寵免後遂寢。而苛法稍繁，人不堪之。忠略依寵意，奏上二十三條，爲決事比，〔四〕以省請讞之敝。又上除蠶室刑；〔五〕解臧吏三世禁錮；狂易殺人，得減重論；〔六〕母子兄弟相代死，聽，赦所代者。事皆施行。

〔一〕正，廷尉屬官也，秩千石也。

〔二〕成帝置五尙書，三公曹尙書主知斷獄也。

〔三〕上音時掌反。

〔四〕比，例也，必寐反。

〔五〕蠶室，宮刑名也，或云犗刑也。音奇敗反。作窨室畜火如蠶室。說文曰：「犗，騬牛也。」騬音繩。漢舊儀注曰「少府若盧獄有蠶室」也。

〔六〕狂易謂狂而易性也。

及鄧太后崩，安帝始親朝事。忠以爲臨政之初，宜徵聘賢才，以宣助風化，數上薦隱逸及直道之士馮良、周燮、杜根、成翊世之徒。於是公車禮聘良、燮等。後連有災異，詔舉有道，公卿百僚各上封事。忠以詔書既開諫爭，慮言事者必多激切，或致不能容，乃上疏豫通廣帝意。曰：「臣聞仁君廣山藪之大，納切直之謀；〔一〕忠臣盡謇諤之節，不畏逆耳之害。〔二〕是以高祖舍周昌桀紂之譬，〔三〕孝文嘉爰盎人豕之譏，〔四〕武帝納東方朔宣室之正，〔五〕元帝容薛廣德自刎之切。〔六〕昔晉平公問於叔向曰：『國家之患孰爲大？』對曰：『大臣重祿不極諫，小臣畏罪不敢言，下情不上通，此患之大者。』公曰：『善。』於是下令曰：『吾欲進善，有謁而不通者，罪至死。』〔七〕今明詔崇高宗之德，〔八〕推宋景之誠，〔九〕引咎克躬，諮訪羣吏。言事者見杜根、成翊世等新蒙表錄，顯列二臺，〔一〇〕必承風響應，爭爲切直。若嘉謀異策，宜輒納用。如其管穴，妄有譏刺，〔一一〕雖苦口逆耳，不得事實，且優遊寬容，以示聖朝無諱之美。若有道之士，對問高者，宜垂省覽，特遷一等，以廣直言之路。」書御，有詔拜有道高第士沛國施延爲侍中，延後位至太尉。〔一二〕

〔一〕左氏傳曰：「川澤納汙，山藪藏疾，瑾瑜匿瑕，國君含垢，天之道也。」

〔二〕史記曰，趙簡子有臣周舍好直諫。周舍死，簡子曰：「吾聞千羊之皮，不如一狐之腋；衆人之唯唯，不如周舍之諤諤。」家語孔子曰「忠言逆耳而利於行」也。

〔三〕周昌爲御史大夫，嘗燕入奏事，高帝方擁戚姬，昌走出，高帝逐得，騎昌項問曰：「我何如主也？」昌仰曰：「陛下桀紂之主也。」上笑，不之罪也。

〔四〕文帝幸慎夫人，常與皇后同坐。後幸上林，慎夫人從，盎爲中郎將，卻慎夫人坐。慎夫人怒，不坐，帝亦起。盎前說曰：「陛下爲慎夫人，適所以禍之也。獨不見人豕乎？」上大悅。人豕，解見皇后紀也。

〔五〕武帝爲館陶公主私人董偃置酒宣室，東方朔爲太中大夫，諫曰：「不可。夫宣室者，先帝之正處也，非法度之正不得入焉。」上曰：「善。」更置酒北宮也。

〔六〕元帝酎祭宗廟，出便門，欲御樓船。御史大夫薛廣德當車免冠諫曰：「宜從橋。」詔曰：「大夫冠。」廣德曰：「陛下不聽臣，臣自刎，以血汙車輪。」帝乃從橋。

〔七〕此已上皆見新序。

〔八〕高宗，殷王武丁也。有雉登鼎耳而雊，懼而脩德，位以永年。

〔九〕史記曰，宋景公時熒惑守心星，太史子韋請移之大臣、國人與歲，公皆不聽，天感其誠，熒惑爲之退三舍也。

〔10〕謂杜根爲侍御史，成翊世爲尙書郎也。

〔11〕管穴言小也。史記扁鵲曰：「若以管窺天，以隙視文。」隙卽穴也。

〔12〕謝承書曰：「延字君子，蘄縣人也。少爲諸生，明於五經，星官風角，靡有不綜。家貧母老，周流傭賃。常避地於廬江臨湖縣種瓜，後到吳郡海鹽，取卒月直，賃作半路亭父以養其母。是時吳會未分，山陰馮敷爲督郵，到縣，延持箒往，敷知其賢者，下車謝，使入亭，請與飲食，脫衣與之，餉餞不受。順帝徵拜太尉，年七十六薨。」

常侍江京、李閏等皆爲列侯，共秉權任。帝又愛信阿母王聖，封爲野王君。忠內懷懼懣而未敢陳諫，乃作搢紳先生論以諷，文多故不載。〔一〕

〔一〕搢，插也。紳，大帶也。

自帝卽位以後，頻遭元二之戹，〔一〕百姓流亡，盜賊並起，郡縣更相飾匿，莫肯糾發。〔二〕忠獨以爲憂，上疏曰：「臣聞輕者重之端，小者大之源，故隄潰蟻孔，氣洩鍼芒。〔三〕是以明者愼微，智者識幾。書曰：『小不可不殺。』〔四〕詩云：『無縱詭隨，以謹無良。』〔五〕蓋所以崇本絕末，鉤深之慮也。臣竊見元年以來，盜賊連發，攻亭劫掠，多所傷殺。夫穿窬不禁，則致彊盜；〔六〕彊盜不斷，則爲攻盜；攻盜成羣，必生大姦。故亡逃之科，憲令所急，至於通行飲食，罪致大辟。〔七〕而頃者以來，莫以爲憂。州郡督錄怠慢，長吏防禦不肅，皆欲採獲虛名，諱以盜賊爲負。雖有發覺，不務淸澄。至有逞威濫怒，無辜僵仆。或有跼蹐比伍，轉相賦斂。〔八〕或隨吏追赴，周章道路。是以盜發之家，不敢申告，鄰舍比里，共相壓迮，〔九〕或出私財，以償所亡。其大章著不可掩者，乃肯發露。陵遲之漸，遂且成俗。寇攘誅咎，皆由於此。〔一〇〕前年勃海張伯路，可爲至戒。覆車之軌，其迹不遠。蓋失之末流，求之本源。宜糾增舊科，以防來事。自今彊盜爲上官若它郡縣所糾覺，一發，部吏皆正法，〔一一〕尉貶秩一等，令長三月奉贖罪；二發，尉免官，令長貶秩一等；三發以上，令長免官。便可撰立科條，處爲詔文，切勑刺史，嚴加糾罰。冀以猛濟寬，驚懼姦慝。頃季夏大暑，而消息不協，〔一二〕寒氣錯時，水涌爲變。天之降異，必有其故。所舉有道之士，可策問國典所務，王事過差，令處煖氣不效之意。庶有讜言，以承天誡。」

〔一〕元二，解見鄧騭傳。

〔二〕更相文飾，隱匿盜賊也。

〔三〕韓子曰：「千丈之隄，以螻蟻之穴而潰。」黃帝素問曰：「針頭如芒，氣出如筐」也。

〔四〕尚書康誥曰：「有厥罪，小乃不可不殺。」

〔五〕詩大雅也。言詭隨之人不可縱，宜即罪之，用謹勑不善之人也。

〔六〕論語孔子曰：「色厲而內荏，其猶穿窬之盜乎？」

〔七〕通行飲食，猶今律云過致資給，與同罪也。飲音蔭。食音寺。

〔八〕說文曰：「蹐，小步也。」言跼身小步，畏吏之甚也。

〔九〕迮，迫也。

〔一〇〕寇，盜；攘，竊也。尚書曰「無敢寇攘」也。

〔一一〕上官謂郡府也。若，及也。部吏謂督郵、游徼也。正法，依法也。

〔一二〕前書音義曰：「息卦曰太陽，消卦曰太陰，其餘雜卦曰少陰、少陽」也。

元初三年有詔，大臣得行三年喪，服闋還職。忠因此上言：「孝宣皇帝舊令，人從軍屯及給事縣官者，大父母死未滿三月，皆勿徭，令得葬送。請依此制。」太后從之。至建光中，尚書令祝諷、〔一〕尚書孟布等奏，以為「孝文皇帝定約禮之制，〔二〕光武皇帝絕告寧之典，〔三〕貽則萬世，誠不可改。宜復建武故事」。忠上疏曰：「臣聞之孝經，始於愛親，終於哀戚。上自天子，下至庶人，尊卑貴賤，其義一也。夫父母於子，同氣異息，一體而分，三年乃免於懷抱。先聖緣人情而著其節，制服二十五月，是以春秋臣有大喪，君三年不呼其門，閔子雖要絰服事，以赴公難，退而致位，以究私恩，故稱『君使之非也，臣行之禮也』。〔四〕周室陵遲，禮制不序，蓼莪之人作詩自傷曰：『缾之罄矣，惟罍之恥。』〔五〕言己不得終竟子道者，亦上之恥也。高祖受命，蕭何創制，大臣有寧告之科，合於致憂之義。〔六〕建武之初，新承大亂，凡諸國政，多趣簡易，大臣既不得告寧，而羣司營祿念私，鮮循三年之喪，以報顧復之恩者。禮義之方，實爲彫損。大漢之興，雖承衰敝，而先王之制，稍以施行。故藉田之耕，起於孝文；〔七〕孝廉之貢，發於孝武；〔八〕郊祀之禮，定於元、成；〔九〕三雍之序，備於顯宗；〔一〇〕大臣終喪，成乎陛下。〔一一〕聖功美業，靡以尚茲。孟子有言：『老吾老以及人之老，幼吾幼以及人之幼，天下可運於掌。』〔一二〕臣願陛下登高北望，以甘陵之思，揆度臣子之心，則海內咸得其所。」〔一三〕宦豎不便之，竟寢忠奏而從諷、布議，遂著于令。

〔一〕「祝」或作「祋」。

〔二〕約，儉也。孝文帝崩，遺詔薄葬，以日易月，凡三十六日釋服，後以爲故事。

〔三〕前書音義曰：「告寧，休謁之名。吉曰告，凶曰寧。古者名吏休假曰告，吏二千石有予告、賜告。予告，在官有功，法所當得也。賜告，病三月當免，天子優賜其告，使帶印綬，將官屬歸家養疾也。」

〔四〕自此已上至「臣有大喪」，並公羊傳之文也。閔子騫，孔子弟子也，遭喪，君使之從軍，騫乃要絰而服，以從軍役，事了退家，致位喪次，極盡私恩。故君使之雖非，臣從君命有禮也。

〔五〕小雅蓼莪之詩也。蓼蓼，長大皃也。莪，蘿也。言孝子憂思，中心不精，不識莪蘿，誤以爲蒿也。其詩曰：「蓼蓼者莪，匪莪伊蒿。哀哀父母，生我劬勞。瓶之罄矣，惟罍之恥。」注云：「瓶小而罍大也。罄，盡也。瓶小而盡，罍大而盈。言爲罍恥者，刺幽王不使富分貧，衆恤寡也。」

〔六〕論語曾子曰：「吾聞夫子，人未有自致者也，必也親喪乎？」

〔七〕文帝二年，詔曰「農，天下之本也，其開藉田」也。

〔八〕武帝元光元年，初令郡國舉孝廉。

〔九〕元帝、成帝時，匡衡、韋玄成定迭毀郊祀之禮也。

〔一〇〕三雍，明堂、辟雍、靈臺也。雍，和也。解具明紀也。

〔一一〕謂安帝詔大臣得行三年喪也。

〔一二〕言敬吾老亦敬人之老，愛吾幼亦愛人之幼，有敬愛之心，則天下歸順之也。運掌言易也。

〔一三〕甘陵，安帝母陵。陵在清河，故言北望也。

忠以久次，轉爲僕射。時帝數遣黃門常侍及中使伯榮往來甘陵，〔一〕而伯榮負寵驕蹇，所經郡國莫不迎爲禮謁。又霖雨積時，河水涌溢，百姓騷動。忠上疏曰：「臣聞位非其人，則庶事不敍；庶事不敍，則政有得失；政有得失，則感動陰陽，妖變爲應。陛下每引災自厚，不責臣司，臣司狃恩，莫以爲負。〔二〕故天心未得，隔并屢臻，〔三〕青、冀之域淫雨漏河，〔四〕徐、岱之濱海水盆溢，兗、豫蝗蝝滋生，〔五〕荆、楊稻收儉薄，并涼二州羌戎叛戾。加以百姓不足，府帑虛匱，自西徂東，杼柚將空。〔六〕臣聞洪範五事，一曰貌，貌以恭，恭作肅，貌傷則狂，而致常雨。〔七〕春秋大水，皆爲君上威儀不穆，臨莅不嚴，臣下輕慢，貴倖擅權，陰氣盛彊，陽不能禁，故爲淫雨。陛下以不得親奉孝德皇園廟，〔八〕比遣中使致敬甘陵，朱軒軿馬，相望道路，可謂孝至矣。〔九〕然臣竊聞使者所過，威權翕赫，震動郡縣，王侯二千石至爲伯榮獨拜車下，儀體上僭，侔於人主。長吏惶怖譴責，或邪諂自媚，發人修道，繕理亭傳，多設儲跱，徵役無度，〔一〇〕老弱相隨，動有萬計，賂遺僕從，人數百匹，頓踣呼嗟，莫不叩心。河閒託叔父之屬，〔一一〕清河有陵廟之尊，〔一二〕及剖符大臣，皆猥爲伯榮屈節車下。陛下不問，必以陛下欲其然也。伯榮之威重於陛下，陛下之柄在於臣妾。水災之發，必起於此。昔韓嫣託副車之乘，受馳視之使；江都誤爲一拜，而嫣受歐刀之誅。〔一三〕臣願明主嚴天元之尊，正乾剛之位，〔一四〕職事巨細，皆任賢能，不宜復令女使干錯萬機。重察左右，得無石顯泄漏之姦；〔一五〕尚書納言，得無趙昌譖崇之詐；〔一六〕公卿大臣，得無朱博阿傅之援；〔一七〕外屬近戚，得無王鳳害商之謀。〔一八〕若國政一由帝命，王事每決於己，則下不得偪上，臣不得干君，常雨大水必當霽止，〔一九〕四方衆異不能爲害。」書奏不省。

〔一〕伯榮，帝乳母王聖女也。

〔二〕狃音女九反。詩曰：「將叔無狃。」注云：「狃，習也。」言屢被恩貸，不以災變爲憂負也。

〔三〕隔幷謂水旱不節也。尚書曰：「一極備凶，一極亡凶。」幷音必姓反。

〔四〕漏，溢也。

〔五〕蝝，螽子也。

〔六〕杼柚謂機也。小雅大東詩曰「小東大東，杼柚其空」也。

〔七〕洪範五行傳辭。

〔八〕孝德皇，安帝父清河王慶也。

〔九〕朱軒車，使者所乘。軿，並也。

〔一0〕儲，積也。跱，具也。

〔一一〕河閒王開，安帝叔也。

〔一二〕清河王延平也。陵廟所在，故曰尊。

〔一三〕韓嫣，弓高侯之孫也。得幸於武帝。武帝獵上林中，先使嫣乘副車從數十百騎馳視獸，江都王望見以爲天子，伏謁道傍。嫣驅不見，王怒，爲皇太后泣言，太后銜之。後嫣出入永巷以姦聞，太后賜嫣死也。

〔一四〕天元猶乾元也。易曰「大哉乾元」也。

〔一五〕石顯字君房，少時坐法腐刑，爲中書令，元帝委以政事，公卿畏之，重足一迹。顯恐天子一旦納用左右閒己，乃取一言爲驗。上嘗使至諸宮徵發，先白上，恐漏盡宮門閉，請詔開門，上許之。顯故投夜還，詔開宮門，後果有上書告顯矯詔開宮門，天子聞之笑。顯泣曰：「陛下過私小臣，屬任以事，羣下無不嫉妬欲陷害者，唯明主能知之。」上以爲然而憐之。

〔一六〕鄭崇，哀帝時爲尚書僕射，數諫爭，帝不許。尚書令趙昌佞諂，因奏崇與宗族通，疑有姦。上怒，下崇獄，死獄中也。

〔一七〕哀帝時博爲丞相，承傅太后指，奏免大司馬傅喜，哀帝怒，下博獄，自殺也。

〔八〕成帝舅王鳳爲大將軍，專權驕僭，王商爲丞相，論議不能平，鳳（鳳）陰求商短，使人上書告商閨門內事，商坐免。王商，宣帝舅樂昌侯王武之子，非成帝舅成都侯也。

〔九〕霽亦止也。

時三府任輕，機事專委尚書，而灾眚變咎，輒切免公台。〔一〕忠以爲非國舊體，上疏諫曰：「臣聞『君使臣以禮，臣事君以忠』。〔二〕故三公稱曰冢宰，王者待以殊敬，在輿爲下，御坐爲起，〔三〕入則參對而議政事，出則監察而董是非。〔四〕漢典舊事，丞相所請，靡有不聽。今之三公，雖當其名而無其實，選舉誅賞，一由尚書，尚書見任，重於三公，陵遲以來，其漸久矣。臣忠心常獨不安，是故臨事戰懼，不敢穴見有所興造，〔五〕又不敢希意同僚，以謬平典，而謗讟日聞，罪足萬死。近以地震策免司空陳褒，〔六〕今者灾異，復欲切讓三公。昔孝成皇帝以妖星守心，移咎丞相，使賁麗納說方進，方進自引，卒不蒙上天之福，〔七〕徒乖宋景之誠。〔八〕故知是非之分，較然有歸矣。又尚書決事，多違故典，罪法無例，詆欺爲先，文慘言醜，有乖章憲。宜責求其意，割而勿聽。上順國典，下防威福，置方員於規矩，審輕重於衡石，〔九〕誠國家之典，萬世之法也。」

〔一〕切，責也。

〔二〕論語孔子對魯定公之辭也。

〔三〕漢舊儀云：「皇帝見丞相起，謁者贊稱曰『皇帝爲丞相起立』，乃坐。皇帝在道，丞相迎，謁者贊稱曰『皇帝爲丞相下輿立』，乃升車。」

〔四〕董，督也。

〔五〕穴見言不廣也。

〔六〕褒字伯仁，廬江人也。

〔七〕成帝時，熒惑守心，議郎李尋奏記丞相翟方進曰：「唯君侯盡節轉凶。」方進憂，不知所出。有郎賁麗善爲星，言大臣宜當之。上乃召見方進，賜養牛、上尊酒，令審處焉。方進即日自殺。賁音肥。

〔八〕解見前文。言景公有災，身自引咎，成帝不然，故曰徒也。

〔九〕衡，秤衡也。三十斤爲鈞，四鈞爲石也。

忠意常在褒崇大臣，待下以禮。其九卿有疾，使者臨問，加賜錢布，皆忠所建奏。頃之，遷尚書令。延光三年，拜司隸校尉。糾正中官外戚賓客，近倖憚之，不欲忠在內。明年，出爲江夏太守，復留拜尚書令，會疾卒。

初，太尉張禹、司徒徐防欲與忠父寵共奏追封和熹皇后父護羌校尉鄧訓，寵以先世無奏請故事，爭之連日不能奪，乃從二府議。及訓追加封謚，禹、防復約寵俱遣子奉禮於虎賁中郎將鄧騭，寵不從，騭心不平之，故忠不得志于鄧氏。及騭等敗，衆庶多怨之，而忠數上疏陷成其惡，遂詆劾大司農朱寵。順帝之爲太子廢也，諸名臣來歷、祝諷等守闕固爭，時忠爲尚書令，與諸尚書復共劾奏之。及帝立，司隸校尉虞詡追奏忠等罪過，當世以此譏焉。

論曰：陳公居理官則議獄緩死，相幼主則正不僭寵，可謂有宰相之器矣。忠能承風，亦庶乎明愼用刑而不留獄。然其聽狂易殺人，開父子兄弟得相代死，斯大謬矣。是則不善人多幸，而善人常代其禍，進退無所措也。

贊曰：陳、郭主刑，人賴其平。寵矜枯胔，躬斷以情。忠用詳密，損益有程。〔一〕施于孫子，且公且卿。〔二〕

〔一〕程，品式也。謂彊盜發，貶黜令長，各有科條，故曰程也。

〔二〕施，延也。音羊跂反。

校勘記

一五四四頁七行 大將軍行有五部　汲本、殿本「五」作「伍」。按：五伍通。

一五四六頁六行 （醫）巫皆言當族滅　據刊誤刪。

一五四六頁七行 爲法名家　按：王先謙謂初學記十二引華嶠書云「以法爲名家」。

一五四九頁九行　斷獄者急於篣格酷烈之痛　按：張森楷校勘記謂今說文木部格下云「長木皃」，無擊義，惟手部挌下云「擊也」，與注引說文合，疑此「格」字及注文「格」字並是「挌」字之誤。

一五四九頁一三行　絕鉆鑽諸慘酷之科　按：「鉆」原譌「鈷」，注同，逕改正。

一五五〇頁一五行　文致謂前人無罪文飾致於法中也　按：校補引柳從辰說，謂「前」字疑「其」字之誤。

一五五二頁六行　(孟)〔仲〕冬之月　刊誤謂案文并注意，「孟」當作「仲」。今據改。

一五五二頁一四行　廣莫風至則蘭夜干生　殿本、集解本「夜」作「射」。按：校補謂射夜古本通作，故注射即音夜。

一五五三頁一三行　先是(洛)〔雒〕縣城南　集解引錢大昕說，謂「洛」當作「雒」，廣漢郡治所。今據改。注同。

一五五六頁一行　奏上二十三條　錢大昭謂晉書刑法志引作「三十三」。

一五五八頁九行　餉餞不受　按：王先謙謂「餞」當作「錢」。

一五六〇頁九行　人從軍屯　刊誤謂「屯」當作「役」，說詳下。按：校補謂漢時有卒更、踐更、過更之律，天下人民皆應戍邊三日，謂之繇戍。既云「未滿三月皆勿繇」，自係言軍役，非言軍屯，且屯墾者，亦不得歸家送葬也。

一五六〇頁一二行　尚書令祝諷　殿本此下引刊誤謂「案文祝當作役」，宸翰樓覆宋本東漢書刊誤作「案文祝當作殺」。今按：劉攽此條刊誤，乃刊上文「人從軍屯」之誤，原文當作「案文屯當作役」，覆宋本東漢書刊誤謂「屯」爲「祝」，謂「役」爲「祋」，而殿本引刊誤則謂「屯」爲「祝」，且皆誤列於「祝諷」之下，遂扞格不可通矣。又按：「祝諷」來歷傳、鄧騭傳並作「祋諷」。

一五六五頁一行　鳳（鳳）陰求商短　據汲本、殿本删。

一五六六頁一五行　衆庶多怨之　集解引何焯說，謂「怨」當作「冤」。今按：怨冤通。

後漢書卷四十七

班梁列傳第三十七

班超字仲升，扶風平陵人，徐令彪之少子也。爲人有大志，不修細節。然內孝謹，居家常執勤苦，不恥勞辱。有口辯，而涉獵書傳。〔一〕永平五年，兄固被召詣校書郎，〔二〕超與母隨至洛陽。家貧，常爲官傭書以供養。久勞苦，嘗輟業投筆歎曰：「大丈夫無它志略，猶當效傅介子、張騫立功異域，以取封侯，安能久事筆研閒乎？」〔三〕左右皆笑之。超曰：「小子安知壯士志哉！」其後行詣相者，曰：「祭酒，布衣諸生耳，〔四〕而當封侯萬里之外。」超問其狀。相者指曰：「生燕頷虎頸，飛而食肉，此萬里侯相也。」久之，顯宗問固「卿弟安在」，固對「爲官寫書，受直以養老母」。帝乃除超爲蘭臺令史。〔五〕後坐事免官。

〔一〕涉如涉水，獵如獵獸。言不能周悉，粗窺覽之也。東觀記曰：「超持公羊春秋，多所窺覽。」

〔二〕校書郎，解見班固傳。

〔三〕傅介子，北地人。昭帝時使西域，刺殺樓蘭王，封義陽侯。張騫，漢中人，武帝時鑿空開西域，封博望侯。續漢書作「久弄筆研乎」。華嶠書作「久事筆耕乎」。研音硯。

〔四〕一坐所尊，則先祭酒。今稱祭酒，相尊敬之詞也。

〔五〕續漢志曰：「蘭臺令史六人，秩百石，掌書劾奏及印主文書。」

十六年，奉車都尉竇固出擊匈奴，以超爲假司馬，將兵別擊伊吾，戰於蒲類海，多斬首虜而還。〔一〕固以爲能，遣與從事郭恂俱使西域。

〔一〕伊吾，匈奴中地名，在今伊州納職縣界。前書音義曰「蒲類，匈奴中海名，在敦煌北」也。

超到鄯善，〔一〕鄯善王廣奉超禮敬甚備，後忽更疏懈。超謂其官屬曰：「寧覺廣禮意薄乎？此必有北虜使來，狐疑未知所從故也。明者睹未萌，況已著邪。」乃召侍胡詐之曰：「匈奴使來數日，今安在乎？」侍胡惶恐，具服其狀。超乃閉侍胡，悉會其吏士三十六人，與共飲，酒酣，因激怒之曰：「卿曹與我俱在絕域，〔二〕欲立大功，以求富貴。今虜使到裁數日，而王廣禮敬即廢；如令鄯善收吾屬送匈奴，骸骨長爲豺狼食矣。爲之柰何？」官屬皆曰：「今在危亡之地，死生從司馬。」超曰：「不入虎穴，不得虎子。當今之計，獨有因夜以火攻虜，使彼不知我多少，必大震怖，可殄盡也。滅此虜，則鄯善破膽，功成事立矣。」衆曰：「當與從事議之。」超怒曰：「吉凶決於今日。從事文俗吏，聞此必恐而謀泄，死無所名，非壯士也！」衆曰：「善。」初夜，遂將吏士往奔虜營。會天大風，超令十人持鼓藏虜舍後，約曰：「見火然，皆當鳴鼓大呼。」餘人悉持兵弩夾門而伏。超乃順風縱火，前後鼓譟。虜衆驚亂，超手格殺三人，吏兵斬其使及從士三十餘級，餘衆百許人悉燒死。〔三〕明日乃還告郭恂，恂大驚，既而色動。超知其意，舉手曰：「掾雖不行，班超何心獨擅之乎？」恂乃悅。超於是召鄯善王廣，以虜使首示之，一國震怖。超曉告撫慰，遂納子爲質。還奏於竇固，固大喜，具上超功效，并求更選使使西域。帝壯超節，詔固曰：「吏如班超，何故不遣而更選乎？今以超爲軍司馬，令遂前功。」超復受使，固欲益其兵，超曰：「願將本所從三十餘人足矣。如有不虞，多益爲累。」

〔一〕鄯善本西域樓蘭國也，昭帝元鳳四年改爲鄯善。去陽關一千六百里，去長安六千一百里也。

〔二〕曹，輩也。

〔三〕東觀記曰「斬得匈奴節使屋賴帶、副使比離支首及節」也。

是時于窴王廣德新攻破莎車，遂雄張南道，〔一〕而匈奴遣使監護其國。超既西，先至于窴。廣德禮意甚疏。且其俗信巫。巫言：「神怒何故欲向漢？漢使有騧馬，急求取以祠我。」廣德乃遣使就超請馬。〔二〕超密知其狀，報許之，而令巫自來取馬。有頃，巫至，超即斬其首以送廣德，因辭讓之。廣德素聞超在鄯善誅滅虜使，大惶恐，即攻殺匈奴使者而降超。超重賜其王以下，因鎮撫焉。

〔一〕于窴國去長安九千六百七十里，南與婼羌，西與姑墨接。莎車國去長安九千九百五十里。西域南北有大山，中央有河，東西六千餘里。東至玉門、陽關有兩道，從鄯善傍南山北波河西行，至莎車，爲南道。雄張猶熾盛也。張音丁亮反。波，傍也。波音詖。

〔二〕續漢及華嶠書「騧」字並作「騩」。說文：「馬淺黑色也。」音京媚反。

時龜茲王建爲匈奴所立，倚恃虜威，據有北道，攻破疏勒，殺其王，〔一〕而立龜茲人兜題爲疏勒王。明年春，超從閒道至疏勒。去兜題所居槃橐城九十里，逆遣吏田慮先往降之。敕慮曰：「兜題本非疏勒種，國人必不用命。若不卽降，便可執之。」慮既到，兜題見慮輕弱，殊無降意。慮因其無備，遂前劫縛兜題。左右出其不意，皆驚懼奔走。慮馳報超，超卽赴之，悉召疏勒將吏，說以龜茲無道之狀，因立其故王兄子忠爲王，〔二〕國人大悅。忠及官屬皆請殺兜題，超不聽，欲示以威信，釋而遣之。疏勒由是與龜茲結怨。

〔一〕龜茲國居居延城，去長安七千四百八十里，南與精絕，東與且末，北與烏孫，西與姑墨接。前書音義龜茲音丘慈。今龜音丘勿反，茲音沮惟反，蓋急言耳。自車師前王庭隨北山波河西行，至疏勒，爲北道。疏勒國居疏勒城，去長安九千三百五十里也。

〔二〕續漢書曰「求得故王兄子榆勒立之，更名曰忠」也。

十八年，帝崩。焉耆以中國大喪，〔一〕遂攻沒都護陳睦。超孤立無援，而龜茲、姑墨數發兵攻疏勒。〔二〕超守盤槖城，與忠爲首尾，士吏單少，拒守歲餘。肅宗初卽位，以陳睦新沒，恐超單危不能自立，下詔徵超。超發還，疏勒舉國憂恐。其都尉黎弇曰：「漢使弃我，我必復爲龜茲所滅耳。誠不忍見漢使去。」因以刀自剄。超還至于窴，王侯以下皆號泣曰：「依漢使如父母，誠不可去。」互抱超馬脚，不得行。超恐于窴終不聽其東，又欲遂本志，乃更還疏勒。疏勒兩城自超去後，復降龜茲，而與尉頭連兵。〔三〕超捕斬反者，擊破尉頭，殺六百餘人，疏勒復安。

〔一〕焉耆國居員渠城，去長安七千三百里，北與烏孫接。

〔二〕姑墨國王居南城，去長安八千一百五十里。

〔三〕尉頭國居尉頭谷，去長安八千六百五十里，南與疏勒接。衣服類烏孫也。

建初三年，超率疏勒、康居、于窴、拘彌兵一萬人攻姑墨石城，破之，〔一〕斬首七百級。超欲因此叵平諸國，〔二〕乃上疏請兵。曰：「臣竊見先帝欲開西域，故北擊匈奴，西使外國，鄯善、于窴卽時向化。今拘彌、莎車、疏勒、月氏、烏孫、康居復願歸附，欲共并力破滅龜茲，平通漢道。若得龜茲，則西域未服者百分之一耳。臣伏自惟念，卒伍小吏，實願從谷吉效命絕域，庶幾張騫弃身曠野。〔三〕昔魏絳列國大夫，尚能和輯諸戎，〔四〕況臣奉大漢之威，而無鈆刀一割之用乎？〔五〕前世議者皆曰取三十六國，號爲斷匈奴右臂。〔六〕今西域諸國，自日之所入，莫不向化，〔七〕大小欣欣，貢奉不絕，唯焉耆、龜茲獨未服從。臣前與官屬三十六人奉使絕域，備遭艱戹。自孤守疏勒，於今五載，胡夷情數，臣頗識之。問其城郭小大，皆言『倚漢與依天等』。以是效之，則葱領可通，〔八〕葱領通則龜茲可伐。今宜拜龜茲侍子白霸爲其國王，以步騎數百送之，與諸國連兵，歲月之閒，龜茲可禽。以夷狄攻夷狄，計之善者也。〔九〕臣見莎車、疏勒田地肥廣，草牧饒衍，不比敦煌、鄯善閒也，〔一〇〕兵可不費中國而糧食自足。且姑墨、溫宿二王，特爲龜茲所置，〔一一〕既非其種，更相厭苦，其埶必有降反。若二國來降，則龜茲自破。願下臣章，參考行事。誠有萬分，死復何恨。臣超區區，特蒙神靈，竊冀未便僵仆，目見西域平定，陛下舉萬年之觴，〔一二〕薦勳祖廟，布大喜於天下。」〔一三〕書奏，帝知其功可成，議欲給兵。平陵人徐幹素與超同志，上疏願奮身佐超。五年，遂以幹爲假司馬，將弛刑及義從千人就超。

〔一〕康居國去長安萬二千三百里，不屬都護。

〔二〕叵猶遂也。

〔三〕谷吉，長安人，永之父也。元帝時爲衞司馬，使送郅支單于侍子，爲郅支所殺。張騫，武帝時爲郎，使月氏，爲匈奴所閉，留之十餘歲，乃亡走大宛，窮急卽射禽獸給食。

〔四〕魏絳，晉大夫。晉悼公時，山戎使孟樂如晉，因魏絳納虎豹之皮，請和諸戎。公悅，使魏絳盟諸戎。事見左傳。韓亦和也。

〔五〕賈誼曰：「莫邪爲鈍兮，鉛刀爲銛。」楚詞曰：「捐弃太阿，寶鉛刀兮。」

〔六〕前書曰，漢遣公主爲烏孫夫人，結爲昆弟，則是斷匈奴右臂也。哀帝時劉歆上議曰，武帝時立五屬國，起朔方，伐朝鮮，起玄菟、樂浪，以斷匈奴之左臂。西伐大宛，結烏孫，裂匈奴之右臂。南面以西爲右也。

〔七〕西域傳曰「自條支國乘水西行，可百餘日，近日所入」也。

〔八〕效猶驗也。西河舊事曰：「葱領山，其上多葱，因以爲名。」

〔九〕前書朝錯曰：「以蠻夷攻蠻夷，中國之利。」

〔一〇〕敦煌今涼州縣。

〔一一〕溫宿國王居溫宿城，去長安八千三百五十里也。

〔一二〕詩曰：「躋彼公堂，稱彼兕觥，萬壽無疆。」前書兒寬傳曰：「臣寬再拜上千萬歲壽。」

〔一三〕薦，進也。勳，功也。左氏傳曰：「反行飲至，舍爵策勳焉。」

先是莎車以爲漢兵不出，遂降於龜茲，而疏勒都尉番辰〔一〕亦復反叛。會徐幹適至，超遂與幹擊番辰，大破之，斬首千餘級，多獲生口。超既破番辰，欲進攻龜茲。以烏孫兵彊，宜因其力，乃上言：「烏孫大國，控弦十萬，故武帝妻以公主，〔二〕至孝宣皇帝，卒得其用。〔三〕今可遣使招慰，與共合力。」帝納之。八年，拜超爲將兵長史，假鼓吹幢麾。〔四〕以徐幹爲軍司馬，別遣衞候李邑護送烏孫使者，賜大小昆彌以下錦帛。〔五〕

〔一〕番音潘，下同也。

〔二〕烏孫國居赤谷城，去長安八千九百里。武帝元封中，以江都王建女細君爲公主，以妻烏孫，贈送甚盛，烏孫以爲右夫人。

〔三〕西域傳曰，宣帝卽位，烏孫遣使上書，言匈奴連發大兵侵擊烏孫，欲隔絕漢，烏孫願發國半精兵五萬騎，盡力擊匈奴，唯天子出兵以救公主。漢大發十五萬騎，五將軍分道並出。烏孫以五萬騎從西方入，至右谷蠡王庭，獲四萬餘級，馬牛羊七十餘萬。

〔四〕將兵長史，解見和帝紀。平帝元始二年，使謁者大司馬掾持節行邊兵，遣執金吾候陳茂假以鉦鼓。古今樂錄曰：「橫吹，胡樂也。張騫入西域，傳其法於長安，唯得摩訶兜勒一曲，李延年因之更造新聲二十八解，乘輿以爲武樂，後漢以給邊將，萬人將軍得之。在俗用者有黃鵠、隴頭、出關、入關、出塞、入塞、折楊柳、黃覃子、赤之楊、望行人十曲。」劉熙釋名曰：「幢，童也，其貌童童然。」蔡邕月令章句曰：「羽，鳥翼也，以爲旌幢麾也。」橫吹、麾幢皆大將所有，超非大將，故言假。

〔五〕前書曰，烏孫國王先號昆莫，名獵驕靡，後書昆彌云。後代取「昆」字，靡彌聲相近，音有輕重耳。昆莫旣死，子孫爭國，漢令立元貴靡爲大昆彌，烏就屠爲小昆彌，賜印綬，故有大小昆彌之號焉。

李邑始到于窴，而值龜茲攻疏勒，恐懼不敢前，因上書陳西域之功不可成，又盛毁超擁愛妻，抱愛子，安樂外國，無內顧心。超聞之，歎曰：「身非曾參而有三至之讒，恐見疑於當時矣。」〔一〕遂去其妻。帝知超忠，乃切責邑曰：「縱超擁愛妻，抱愛子，思歸之士千餘人，何能盡與超同心乎？」令邑詣超受節度。詔超：「若邑任在外者，便留與從事。」超即遣邑將烏孫侍子還京師。徐幹謂超曰：「邑前親毀君，欲敗西域，今何不緣詔書留之，更遣它吏送侍子乎？」超曰：「是何言之陋也！以邑毀超，故今遣之。內省不疚，何卹人言！〔二〕快意留之，非忠臣也。」

〔一〕三至，解見寇榮傳。

〔二〕疚，病也。卹，憂也。論語孔子曰：「內省不疚，夫何憂何懼！」左氏傳曰：「詩云『禮義不愆，何恤乎人之言』！」詩謂逸詩也。

明年，復遣假司馬和恭等四人將兵八百詣超，超因發疏勒、于窴兵擊莎車。莎車陰通使疏勒王忠，啖以重利，〔一〕忠遂反從之，西保烏即城。超乃更立其府丞成大爲疏勒王，悉發其不反者以攻忠。積半歲，而康居遣精兵救之，超不能下。是時月氏新與康居婚，相親，超乃使使多齎錦帛遺月氏王，令曉示康居王，康居王乃罷兵，執忠以歸其國，烏即城遂降於超。

〔一〕謂多以珍寶誘引之。啖音徒濫反。前書曰，高祖令陸賈往說秦將，啗以利。啖與啗同。

後三年，忠說康居王借兵，還據損中，〔一〕密與龜茲謀，遣使詐降於超。超內知其姦而外僞許之。忠大喜，即從輕騎詣超。超密勒兵待之，爲供張設樂。〔二〕酒行，乃叱吏縛忠斬之。因擊破其衆，殺七百餘人，南道於是遂通。

〔一〕損中，未詳。東觀記作「頓中」，續漢及華嶠書並作「損中」，本或作「植」，未知孰是也。

〔二〕供音居用反，張音竹亮反。

明年，超發于窴諸國兵二萬五千人，復擊莎車。而龜茲王遣左將軍發溫宿、姑墨、尉頭合五萬人救之。超召將校及于窴王議曰：「今兵少不敵，其計莫若各散去。于窴從是而東，長史亦於此西歸，可須夜鼓聲而發。」陰緩所得生口。龜茲王聞之大喜，自以萬騎於西界遮超，溫宿王將八千騎於東界徼于窴。超知二虜已出，密召諸部勒兵，雞鳴馳赴莎車營，胡大驚亂奔走，追斬五千餘級，大獲其馬畜財物。莎車遂降，龜茲等因各退散，自是威震西域。

初，月氏嘗助漢擊車師有功，是歲貢奉珍寶、符拔、師子，〔一〕因求漢公主。超拒還其使，由是怨恨。永元二年，月氏遣其副王謝將兵七萬攻超。超衆少，皆大恐。超譬軍士曰：「月氏兵雖多，然數千里踰葱領來，非有運輸，何足憂邪？但當收穀堅守，彼飢窮自降，不過數十日決矣。」謝遂前攻超，不下，又鈔掠無所得。超度其糧將盡，必從龜茲求救，乃遣兵數百於東界要之。謝果遣騎齎金銀珠玉以賂龜茲。超伏兵遮擊，盡殺之，持其使首以示謝。謝大驚，卽遣使請罪，願得生歸。超縱遣之。月氏由是大震，歲奉貢獻。

〔一〕續漢書曰：「符拔，形似麟而無角。」

明年，龜茲、姑墨、溫宿皆降，乃以超爲都護，徐幹爲長史。拜白霸爲龜茲王，遣司馬姚光送之。超與光共脅龜茲廢其王尤利多而立白霸，使光將尤利多還詣京師。超居龜茲它乾城，徐幹屯疏勒。西域唯焉耆、危須、尉犂以前沒都護，懷二心，其餘悉定。

六年秋，超遂發龜茲、鄯善等八國兵合七萬人，及吏士賈客千四百人討焉耆。兵到尉犂界，而遣曉說焉耆、尉犂、危須曰：「都護來者，欲鎭撫三國。卽欲改過向善，宜遣大人來迎，當賞賜王侯已下，〔一〕事畢卽還。今賜王綵五百匹。」焉耆王廣遣其左將北鞬支奉牛酒迎超。〔二〕超詰鞬支曰：「汝雖匈奴侍子，而今秉國之權。都護自來，王不以時迎，皆汝罪也。」或謂超可便殺之。超曰：「非汝所及。此人權重於王，今未入其國而殺之，遂令自疑，設備守險，豈得到其城下哉！」於是賜而遣之。廣乃與大人迎超於尉犂，奉獻珍物。

〔一〕大人謂其酋豪。

〔二〕鞬音九言反。

焉耆國有葦橋之險，廣乃絕橋，不欲令漢軍入國。超更從它道厲度。〔一〕七月晦，到焉耆，去城二十里，（正）營大澤中。廣出不意，大恐，乃欲悉驅其人共入山保。焉耆左候元孟先嘗質京師，密遣使以事告超，超卽斬之，示不信用。乃期大會諸國王，因揚聲當重加賞賜，於是焉耆王廣、尉犂王汎及北鞬支等三十人相率詣超。其國相腹久等十七人懼誅，皆亡入海，〔二〕而危須王亦不至。坐定，超怒詰廣曰：「危須王何故不到？腹久等所緣逃亡？」遂叱吏士收廣、汎等於陳睦故城斬之，傳首京師。因縱兵鈔掠，斬首五千餘級，獲生口萬五千人，馬畜牛羊三十餘萬頭，更立元孟為焉耆王。超留焉耆半歲，慰撫之。於是西域五十餘國悉皆納質內屬焉。

〔一〕由帶以上為厲，由膝以下為揭，見爾雅也。

〔二〕「十七」字本或為「七十」。

明年，下詔曰：「往者匈奴獨擅西域，寇盜河西，永平之末，城門晝閉。先帝深愍邊萌嬰羅寇害，乃命將帥擊右地，破白山，臨蒲類，〔一〕取車師，城郭諸國震慴響應，遂開西域，置都護。而焉耆王舜、舜子忠獨謀悖逆，恃其險隘，覆沒都護，并及吏士。先帝重元元之命，憚兵役之興，故使軍司馬班超安集于窴以西。超遂踰葱領，迄縣度，〔二〕出入二十二年，莫不賓從。改立其王，而綏其人。不動中國，不煩戎士，得遠夷之和，同異俗之心，而致天誅，蠲宿恥，以報將士之讎。〔三〕司馬法曰：『賞不踰月，欲人速覩為善之利也。』其封超為定遠侯，邑千戶。」〔四〕

〔一〕西河舊事曰：「白山之中有好木，匈奴謂之天山，去蒲類海百里。」郭義恭廣志曰：「西域有白山，通歲有雪，亦名雪山。」破白山見明紀也。

〔二〕迄，至也。縣度，山名。縣音玄。謂以繩索縣縋而過也。其處在皮山國以西，罽賓國之東也。

〔三〕致猶至也。蠲，除也。

〔四〕東觀記曰：「其以漢中郡南鄭之西鄉戶千封超爲定遠侯。」故城在今洋州西鄉縣南。

超自以久在絕域，年老思土。十二年，上疏曰：「臣聞太公封齊，五世葬周，狐死首丘，代馬依風。〔一〕夫周齊同在中土千里之閒，況於遠處絕域，小臣能無依風首丘之思哉？蠻夷之俗，畏壯侮老。〔二〕臣超犬馬齒殲，常恐年衰，奄忽僵仆，孤魂弃捐。昔蘇武留匈奴中尚十九年，今臣幸得奉節帶金銀護西域，〔三〕如自以壽終屯部，誠無所恨，然恐後世或名臣爲沒西域。臣不敢望到酒泉郡，但願生入玉門關。〔四〕臣老病衰困，冒死瞽言，謹遣子勇隨獻物入塞。〔五〕及臣生在，令勇目見中土。」而超妹同郡曹壽妻昭亦上書請超曰：

〔一〕禮記曰：「太公封於營丘，比及五世，皆反葬於周。君子曰：『樂樂其所自生，禮不忘其本。古之人有言曰：狐死正丘首，仁也。』」鄭玄注曰：「正丘首，〔正首〕丘也。」代，郡名，在趙北。韓詩外傳曰「代馬依北風，飛鳥揚故巢」也。

〔二〕案前書曰，匈奴，其俗壯者食肥美，老者食其餘。貴壯健，賤老弱也。

〔三〕金銀謂印也。金印紫綬，銀印青綬也。

〔四〕玉門關屬敦煌郡，今沙州也。去長安三千六百里。關在敦煌縣西北。酒泉，今肅州也。去長安二千八百五十里也。

〔五〕東觀記曰「時安息遣使獻大爵、師子，超遣子勇隨入塞」也。

妾同產兄西域都護定遠侯超，幸得以微功特蒙重賞，爵列通侯，位二千石。天恩殊絕，誠非小臣所當被蒙。超之始出，志捐軀命，冀立微功，以自陳效。會陳睦之變，道路隔絕，超以一身轉側絕域，曉譬諸國，因其兵衆，每有攻戰，輒爲先登，身被金夷，〔一〕不避死亡。賴蒙陛下神靈，且得延命沙漠，至今積三十年。骨肉生離，不復相識。所與相隨時人士衆，皆已物故。超年最長，今且七十。衰老被病，頭髮無黑，兩手不仁，〔二〕耳目不聰明，扶杖乃能行。雖欲竭盡其力，以報塞天恩，迫於歲暮，犬馬齒索。蠻夷之性，悖逆侮老，而超旦暮入地，久不見代，恐開姦宄之源，生逆亂之心。而卿大夫咸懷一切，莫肯遠慮。如有卒暴，超之氣力不能從心，便爲上損國家累世之功，下弃忠臣竭力之用，誠可痛也。故超萬里歸誠，自陳苦急，延頸踰望，三年於今，未蒙省錄。〔三〕

〔一〕夷，傷也。

〔二〕不仁猶不遂也。

〔三〕踰，遙也。高祖踰謂黥布曰：「何苦而反？」

妾竊聞古者十五受兵，六十還之，〔一〕亦有休息不任職也。緣陛下以至孝理天下，得萬國之歡心，不遺小國之臣，況超得備侯伯之位，故敢觸死爲超求哀，匃超餘年。〔二〕一得生還，復見闕庭，使國永無勞遠之慮，西域無倉卒之憂，超得長蒙文王葬骨之恩，子方哀老之惠。〔三〕詩云：「民亦勞止，汔可小康，惠此中國，以綏四方。」〔四〕超有書與妾生訣，恐不復相見。妾誠傷超以壯年竭忠孝於沙漠，疲老則使捐死於曠野，誠可哀憐。如不蒙救護，超後有一旦之變，冀幸超家得蒙趙母、衞姬先請之貸。〔五〕妾愚戇不知大義，觸犯忌諱。

書奏，帝感其言，乃徵超還。

〔一〕周禮（卿）〔鄉〕大夫職曰：「國中七尺以及六十，野自六尺以及六十有五，皆征之。」征謂賦稅從征役也。韓詩外傳曰「二十行役，六十免役」，與周禮國中同，卽知（二）〔二十〕與周禮七尺同。〔周〕禮國中六十免役，野卽六十有五，晚於國中五年。國中七尺從役，野六尺，卽是野又早於國中五年。七尺謂二十，六尺卽十五也。此言十五受兵，謂據野外爲言，六十還之，據國中爲說也。

〔二〕匃，乞。

〔三〕葬骨，解見明紀。田子方，魏文侯之師也。見君之老馬弃之，曰：「少盡其力，老而弃之，非仁也。」於是收而養之。事見史記也。

〔四〕詩大雅也。汔，其也。康、綏，皆安也。言先施恩惠於中國，然後乃安四方。

〔五〕趙母謂趙奢之妻，趙括之母也。懼括敗，先請，得不坐。事見史記。衞姬者，齊桓公之姬。桓公與管仲謀伐衞，桓公入，姬請衞之罪。事見列女傳也。

超在西域三十一歲。十四年八月至洛陽，拜爲射聲校尉。超素有匈脅疾，既至，病遂加。帝遣中黃門問疾，賜醫藥。其年九月卒，年七十一。朝廷愍惜焉，使者弔祭，贈賵甚厚。子雄嗣。

初，超被徵，以戊己校尉任尚爲都護。與超交代。尚謂超曰：「君侯在外國三十餘年，而小人猥承君後，任重慮淺，宜有以誨之。」超曰：「年老失智，任君數當大位，豈班超所能及哉！必不得已，願進愚言。塞外吏士，本非孝子順孫，皆以罪過徙補邊屯。而蠻夷懷鳥獸之心，難養易敗。今君性嚴急，水清無大魚，察政不得下和。〔一〕宜蕩佚簡易，寬小過，總大綱而已。」超去後，尚私謂所親曰：「我以班君當有奇策，今所言平平耳。」尚至數年，而西域反亂，以罪被徵，如超所戒。

〔一〕家語孔子曰：「水至清則無魚，人至察則無徒。」

有三子。長子雄，累遷屯騎校尉。會叛羌寇三輔，詔雄將五營兵屯長安，就拜京兆尹。雄卒，子始嗣，尚清河孝王女陰城公主。主順帝之姑，貴驕淫亂，與嬖人居帷中，而召始入，使伏牀下。始積怒，永建五年，遂拔刃殺主。帝大怒，腰斬始，同產皆弃市。超少子勇。

勇字宜僚，少有父風。永初元年，西域反叛，以勇爲軍司馬。與兄雄俱出敦煌，迎都護及西域甲卒而還。因罷都護。後西域絕無漢吏十餘年。

元初六年，敦煌太守曹宗遣長史索班將千餘人屯伊吾，車師前王及鄯善王皆來降班。後數月，北單于與車師後部遂共攻沒班，進擊走前王，略有北道。鄯善王急，求救於曹宗，宗因此請出兵五千人擊匈奴，報索班之恥，因復取西域。鄧太后召勇詣朝堂會議。先是公卿多以爲宜閉玉門關，遂弃西域。勇上議曰：「昔孝武皇帝患匈奴彊盛，兼總百蠻，以逼障塞。於是開通西域，離其黨與，論者以爲奪匈奴府藏，斷其右臂。遭王莽篡盜，徵求無猒，胡夷忿毒，遂以背叛。光武中興，未遑外事，故匈奴負彊，驅率諸國。及至永平，再攻敦煌，河西諸郡，城門晝閉。孝明皇帝深惟廟策，〔一〕乃命虎臣，出征西域，〔二〕故匈奴遠遁，邊境得安。及至永元，莫不內屬。會閒者羌亂，西域復絕，北虜遂遣責諸國，備其逋租，高其價直，嚴以期會。鄯善、車師皆懷憤怨，思樂事漢，其路無從。前所以時有叛者，皆由牧養失宜，還爲其害故也。今曹宗徒耻於前負，欲報雪匈奴，而不尋出兵故事，未度當時之宜也。夫要功荒外，萬無一成，若兵連禍結，悔無及已。況今府藏未充，師無後繼，是示弱於遠夷，暴短於海內，臣愚以爲不可許也。舊敦煌郡有營兵三百人，今宜復之，復置護西域副校尉，居於敦煌，如永元故事。又宜遣西域長史將五百人屯樓蘭，西當焉耆、龜茲徑路，南疆鄯善、于窴心膽，北扞匈奴，東近敦煌。如此誠便。」

〔一〕古者謀事必就祖，故言「廟策」也。

〔二〕毛詩曰：「進厥虎臣，闞如虓虎。」

尚書問勇曰：「今立副校尉，何以爲使？又置長史屯樓蘭，利害云何？」勇對曰：「昔永平之末，始通西域，初遣中郎將居敦煌，後置副校〔尉〕於車師，既爲胡虜節度，又禁漢人不得有所侵擾。故外夷歸心，匈奴畏威。今鄯善王尤還，〔一〕漢人外孫，若匈奴得志，則尤還必死。此等雖同鳥獸，亦知避害。若出屯樓蘭，足以招附其心，愚以爲便。」長樂衞尉鐔顯、廷尉綦毋參、司隸校尉崔據難曰：「朝廷前所以弃西域者，以其無益於中國而費難供也。今車師已屬匈奴，鄯善不可保信，一旦反覆，班將能保北虜不爲邊害乎？」〔二〕勇對曰：「今中國置州牧者，以禁郡縣姦猾盜賊也。若州牧能保盜賊不起者，臣亦願以要斬保匈奴之不爲邊害也。今通西域則虜埶必弱，虜埶〔必〕弱則爲患微矣。孰與歸其府藏，續其斷臂哉！今置校尉以扞撫西域，設長史以招懷諸國，若弃而不立，則西域望絕。望絕之後，屈就北虜，緣邊之郡將受困害，恐河西城門必復有晝閉之儆矣。今不廓開朝廷之德，而拘屯戍之費，若北虜遂熾，豈安邊久長之策哉！」太尉屬毛軫難曰：「今若置校尉，則西域駱驛遣使，求索無猒，與之則費難供，不與則失其心。一旦爲匈奴所迫，當復求救，則爲役大矣。」勇對曰：「今設以西域歸匈奴，而使其恩德大漢，不爲鈔盜則可矣。如其不然，則因西域租入之饒，兵馬之衆，以擾動緣邊，是爲富仇讎之財，增暴夷之埶也。置校尉者，宣威布德，以繫諸國內向之心，以疑匈奴覬覦之情，而無財費耗國之慮也。且西域之人無它求索，其來入者，不過稟食而已。今若拒絕，埶歸北屬，夷虜并力以寇并、涼，則中國之費不止千億。置之誠便。」於是從勇議，復敦煌郡營兵三百人，置西域副校尉居敦煌。雖復羈縻西域，然亦未能出屯。其後匈奴果數與車師共入寇鈔，河西大被其害。

〔一〕尤還，王名。

〔二〕以勇爲軍司馬，故以將言之。將音子亮反。

延光二年夏，復以勇爲西域長史，將兵五百人出屯柳中。〔一〕明年正月，勇至樓蘭，以鄯善歸附，特加三綬。而龜茲王白英猶自疑未下，勇開以恩信，白英乃率姑墨、溫宿自縛詣勇降。勇因發其兵步騎萬餘人到車師前王庭，擊走匈奴伊蠡王於伊和谷，收得前部五千餘人，於是前部始復開通。還，屯田柳中。

〔一〕柳中，今西州縣。

四年秋，勇發敦煌、張掖、酒泉六千騎及鄯善、疏勒、車師前部兵擊後部王軍就，大破之。〔一〕首虜八千餘人，馬畜五萬餘頭。捕得軍就及匈奴持節使者，將至索班沒處斬之，以報其恥，傳首京師。永建元年，更立後部故王子加特奴爲王。勇又使別校誅斬東且彌王，亦更立其種人爲王，〔二〕於是車師六國悉平。

〔一〕軍就，名也。

〔二〕且音子余反。

其冬，勇發諸國兵擊匈奴呼衍王，呼衍王亡走，其衆二萬餘人皆降。捕得單于從兄，勇使加特奴手斬之，以結車師匈奴之隙。北單于自將萬餘騎入後部，至金且谷，勇使假司馬曹俊馳救之。單于引去，俊追斬其貴人骨都侯，於是呼衍王遂徙居枯梧河上。是後車師無復虜跡，城郭皆安。唯焉耆王元孟未降。

二年，勇上請攻元孟，於是遣敦煌太守張朗將河西四郡兵三千人配勇。〔一〕因發諸國兵四萬餘人，分騎爲兩道擊之。勇從南道，朗從北道，約期俱至焉耆。而朗先有罪，欲徼功自贖，遂先期至爵離關，遣司馬將兵前戰，首虜二千餘人。元孟懼誅，逆遣使乞降，張朗徑入焉耆受降而還。元孟竟不肯面縛，唯遣子詣闕貢獻。朗遂得免誅。勇以後期，徵下獄，免。後卒于家。

〔一〕河西四郡，金城、敦煌、張掖、酒泉。

梁慬字伯威，〔一〕北地弋居人也。〔二〕父諷，歷州宰。永元元年，車騎將軍竇憲出征匈奴，除諷爲軍司馬，令先齎金帛使北單于，宣國威德，其歸附者萬餘人。後坐失憲意，髡輸武威，武威太守承旨殺之。竇氏既滅，和帝知其爲憲所誣，徵慬，除爲郎中。

〔一〕慬音勤。

〔二〕弋居，縣名。郡國志曰有鐵官。

慬有勇氣，常慷慨好功名。初爲車騎將軍鄧鴻司馬，再遷，延平元年拜西域副校尉。慬行至河西，會西域諸國反叛，攻都護任尚於疏勒。尚上書求救，詔慬將河西四郡羌胡五千騎馳赴之，慬未至而尚已得解。會徵尚還，以騎都尉段禧爲都護，西域長史趙博爲騎都尉。禧、博守它乾城。它乾城小，慬以爲不可固，乃譎說龜茲王白霸，欲入共保其城，白霸許之。吏人固諫，白霸不聽。慬既入，遣將急迎禧、博，合軍八九千人。龜茲吏人並叛其王，而與溫宿、姑墨數萬兵反，共圍城。慬等出戰，大破之。連兵數月，胡衆敗走，乘勝追擊，凡斬首萬餘級，獲生口數千人，駱駝畜產數萬頭，龜茲乃定。而道路尚隔，檄書不通。歲餘，朝廷憂之。公卿議者以爲西域阻遠，數有背叛，吏士屯田，其費無已。永初元年，遂罷都護，遣騎都尉王弘發關中兵迎慬、禧、博及伊吾盧、柳中屯田吏士。

二年春，還至敦煌。會衆羌反叛，朝廷大發兵西擊之，逆詔慬留爲諸軍援。慬至張掖日勒。〔一〕羌諸種萬餘人攻亭候，殺略吏人。慬進兵擊，大破之，乘勝追至昭武，〔二〕虜遂散走，其能脫者十二三。及至姑臧，羌大豪三百餘人詣慬降，並慰譬遣還故地，河西四郡復安。

〔一〕日勒，縣名，屬張掖郡，故城在今甘州刪丹縣東南。

〔二〕縣名，屬張掖郡，故城在今甘州張掖縣西北也。

慬受詔當屯金城，聞羌轉寇三輔，迫近園陵，即引兵赴擊之，轉戰武功美陽關。〔一〕慬臨陣被創，不顧，連破走之，盡還得所掠生口，獲馬畜財物甚衆，羌遂奔散。朝廷嘉之，數璽書勞勉，委以西方事，令爲諸軍節度。

〔一〕美陽，縣名，故城在武功縣北七里，於其所置關。

三年冬，南單于與烏桓大人俱反。以大司農何熙行車騎將軍事，中郎將龐雄爲副，將羽林五校營士，及發緣邊十郡兵二萬餘人，〔二〕又遼東太守耿夔率將鮮卑種衆共擊之，詔慬行度遼將軍事。龐雄與耿夔共擊匈奴奧鞬日逐王，破之。單于乃自將圍中郎將耿种於美稷，連戰數月，攻之轉急，种移檄求救。明年正月，慬將八千餘人馳往赴之，至屬國故城，與匈奴左將軍、烏桓大人戰，破斬其渠帥，殺三千餘人，虜其妻子，獲財物甚衆。單于復自將七八千騎迎攻，圍慬。慬被甲奔擊，所向皆破，虜遂引還虎澤。三月，何熙軍到五原曼柏，〔二〕暴疾，不能進，遣龐雄與慬及耿种步騎萬六千人攻虎澤。連營稍前，單于惶怖，遣左奧鞬日逐王詣慬乞降，慬乃大陳兵受之。單于脱帽徒跣，面縛稽顙，納質。會熙卒于師，卽拜慬度遼將軍。龐雄還爲大鴻臚。雄，巴郡人，有勇略，稱爲名將。

〔一〕緣邊十郡謂五原、雲中、定襄、鴈門、朔方、代郡、上谷、漁陽、遼西、右北平。

〔二〕曼柏，縣名，屬五原郡。

明年，安定、北地、上郡皆被羌寇，穀貴人流，不能自立。詔慬發邊兵迎三郡太守，使將吏人徙扶風界。慬卽遣南單于兄子優孤塗奴將兵迎之。既還，慬以塗奴接其家屬有勞，輒授以羌侯印綬，坐專擅，徵下獄，抵罪。明年，校書郎馬融上書訟慬與護羌校尉龐參，有詔原刑。語在龐參傳。

會叛羌寇三輔，關中盜賊起，拜慬謁者，將兵擊之。至湖縣，病卒。

何熙字孟孫，陳國人。少有大志。永元中，爲謁者。身長八尺五寸，善爲威容，贊拜殿中，音動左右。和帝偉之，擢爲御史中丞，歷司隸校尉、大司農。及在軍臨歿，遺言薄葬。

三子：臨，瑾，阜。臨、瑾並有政能。阜俊才早沒。臨子衡，爲尙書，以正直稱，坐訟李膺等下獄，免官，廢于家。

論曰：時政平則文德用，而武略之士無所奮其力能，故漢世有發憤張膽，爭膏身於夷狄以要功名，多矣。祭肜、耿秉啓匈奴之權，班超、梁慬奮西域之略，卒能成功立名，享受爵位，薦功祖廟，勒勳于後，亦一時之志士也。

贊曰：定遠慷慨，專功西遐。坦步葱、雪，咫尺龍沙。〔一〕慬亦抗憤，勇乃負荷。〔二〕

〔一〕葱領、雪山，白龍堆沙漠也。八寸曰咫。坦步言不以爲艱，咫尺言不以爲遠也。

〔二〕左傳曰：「其父析薪，其子弗克負荷。」言勇能繼超之功業。

校勘記

一五七一頁三行　扶風平陵人　按：班彪傳云扶風安陵人，錢大昕謂當有一誤。校補引柳從辰說，謂東觀記載班超亦爲安陵人，則作「平陵」者誤。

一五七二頁一〇行　超持公羊春秋　按：王先謙謂「持」當爲「治」，避唐高宗諱改。

一五七四頁一行　西與姑墨接　按：校補謂前書西域傳作「北與姑墨接」。

一五七四頁二行　東西六千餘里　按：「千」原譌「十」，逕改正。

一五七四頁二行　傍南山北波河西行　按：西域傳「波」作「陂」。下一二行注「隨北山波河西行」同。

一五七四頁六行　逆遣吏田慮先往降之　袁宏紀「田慮」作「陳憲」。惠棟謂古陳田字通，「憲」當爲「慮」，字之誤也。今按：慮憲形近，未知孰譌。

一五七四頁一二行　今龜音丘勿反　按：龜無入聲，「勿」字疑譌。

一五七五頁一行　超守盤橐城　按：汲本、殿本「盤」作「槃」。

一五八〇頁二行　本或作植　按：通鑑胡注引「植」作「楨」，胡氏謂案西域傳，靈帝建寧三年，涼州刺史孟佗遣兵討疏勒，攻楨中城，「楨中」是也。

一五八〇頁一三行　必從龜茲求救　按：集解引惠棟說，謂袁宏紀「救」作「食」。

一五八一頁七行　遣其左將北鞬支　按：集解引惠棟說，謂「北」一作「比」。校補引錢大昭說，謂閩本作「比」。

一五八一頁一四行　（正）營大澤中　按：刊誤謂案文「正」當作「止」。集解引惠棟說，謂案袁宏紀，「正」字當衍。今依惠說刪「正」字。

一五八二頁一行　尉犁王汎及北鞬支等三十人　按：集解引王補說，謂袁宏紀「汎」作「沈」。又引惠棟說，謂袁紀作「四十一人」。

一五八二頁八行　先帝深愍邊萌嬰羅寇害　「萌」汲本、殿本作「氓」。今按：「氓」亦作「萌」，音義並同。又「羅」汲本、殿本作「罹」。今按：羅罹通。

一五八三頁一三行　正丘首〔正首〕丘也　據集解本補，與禮檀弓鄭注合。

一五八五頁九行　周禮(卿)〔鄉〕大夫職　據殿本改。

一五八五頁一〇行　卽知(一)〔二十〕與周禮七尺同　據刊誤改。

一五八五頁一〇行　〔周〕禮國中六十免役　據刊誤補。

一五八六頁六行　以戊己校尉任尙爲都護　按：刊誤謂是時但有戊校尉，多「己」字。

一五八六頁六行　尙謂超曰　按：集解引王補說，謂袁宏紀作「尙與超書曰」。

一五八六頁七行　超曰　按：集解引王補說，謂據袁紀尙與超書，則超此語亦荅書，非面論也。

一五八七頁三行　元初六年至遂共攻沒班　按：集解引通鑑考異，謂案本紀及車師傳，皆云永寧元年事，蓋班以去年末屯伊吾，今春見殺，或今春奏事方到也。

一五八八頁六行　後置副校〔尉〕於車師　據汲本、殿本補。

一五八八頁九行　廷尉綦母參　按：集解本「母」作「毋」，校補謂據通鑑正。

一五八八頁一三行　虜埶(必)弱則爲患微矣　據刊誤刪。

一五八九頁一一行　特加三綬　按：集解引通鑑胡注，謂「三綬」疑當作「王綬」。

後漢書卷四十八

楊李翟應霍爰徐列傳第三十八

楊終字子山，蜀郡成都人也。年十三，爲郡小吏，太守奇其才，遣詣京師受業，習春秋。〔一〕顯宗時，徵詣蘭臺，拜校書郎。

〔一〕袁山松書曰：「時蜀郡有雷震決曹，終上白記，以爲斷獄煩苛所致，太守乃令終賦雷電之意，而奇之也。」

建初元年，大旱穀貴，終以爲廣陵、楚、淮陽、濟南之獄，徙者萬數，又遠屯絕域，吏民怨曠，乃上疏曰：「臣聞『善善及子孫，惡惡止其身』，百王常典，不易之道也。〔一〕秦政酷烈，違牾天心，一人有罪，延及三族。〔二〕高祖平亂，約法三章。太宗至仁，除去收孥。〔三〕萬姓廓然，蒙被更生，澤及昆蟲，功垂萬世。陛下聖明，德被四表。今以比年久旱，災疫未息，〔四〕躬自菲薄，廣訪失得，三代之隆，無以加焉。臣竊桉春秋水旱之變，皆應暴急，惠不下流。自永平以來，仍連大獄，有司窮考，轉相牽引，掠考冤濫，家屬徙邊。加以北征匈奴，西開三十六國，頻年服役，轉輸煩費。又遠屯伊吾、樓蘭、車師、戊己，民懷土思，怨結邊域。傳曰：

『安土重居，謂之衆庶。』〔五〕昔殷民近遷洛邑，且猶怨望，〔六〕何況去中土之肥饒，寄不毛之荒極乎？〔七〕且南方暑濕，障毒互生。愁困之民，足以感動天地，移變陰陽矣。陛下留念省察，以濟元元。」書奏，肅宗下其章。司空第五倫亦同終議。太尉牟融、司徒鮑昱、校書郎班固等難倫，以施行既久，孝子無改父之道，先帝所建，不宜回異。終復上書曰：「秦築長城，功役繁興，胡亥不革，卒亡四海。故孝元弃珠崖之郡，光武絕西域之國，不以介鱗易我衣裳。〔八〕魯文公毀泉臺，春秋譏之曰『先祖爲之而己毀之，不如勿居而已』，以其無妨害於民也。〔九〕襄公作三軍，昭公舍之，君子大其復古，以爲不舍則有害於民也。〔一〇〕今伊吾之役，樓蘭之屯，久而未還，非天意也。」帝從之，聽還徙者，悉罷邊屯。

〔一〕春秋：「昭公二十年，曹公孫會自鄸出奔宋。」公羊傳曰：「畔也。曷爲不言畔？爲公子喜時之後諱也。春秋爲賢者諱也。何賢乎公子喜時？讓國也。君子善善也長，惡惡也短，惡惡止其身，善善及子孫。賢者子孫，故君子爲之諱。」

〔二〕前書音義曰：「父族、母族、妻族也。」

〔三〕太宗，文帝也。史記曰：「文帝德至盛也，豈不仁哉。」除去收孥相坐之律也。

〔四〕「灾」字或作「牛」。疫，病也。

〔五〕元帝詔曰「安土重遷，黎人之性」也。

〔六〕尚書盤庚序曰：「盤庚五遷，將治亳，殷人咨胥怨。」亳，今河南偃師，故曰「近遷洛邑」。

〔七〕毛，草也。爾雅曰：「孤竹、北戶、西王母、日下謂之四荒。」又曰：「東至於泰遠，西至於邠國，南至於濮鈆，北至於祝栗，謂之四極。」言不毛、荒極，直論遠耳，非必此地也。

〔八〕元帝初元三年，珠崖郡反，待詔賈捐之以爲宜弃珠崖，救人飢餓，乃罷珠崖郡。光武二十一年，鄯善、車師王等十六國皆遣子入侍，請都護。帝以中國初定，未遑外事，還其侍子，厚加賞賜。介鱗喻遠夷，言其人與魚鼈無異也。衣裳謂中國也。楊雄法言曰：「珠崖之絕，捐之之力也，否則鱗介易我衣裳。」

〔九〕公羊傳曰「毀泉臺何以書？譏爾。築之譏，毀之譏，先祖爲之而已毀之，勿居而已」也。

〔一〇〕公羊傳曰：「襄公十一年作三軍。三軍者何？三卿也。」昭公五年傳曰：「舍中軍。舍中軍者何？復古也。」言舍之與留，量時制宜也。

終又言：「宣帝博徵羣儒，論定五經於石渠閣。方今天下少事，學者得成其業，而章句之徒，破壞大體。宜如石渠故事，永爲後世則。」於是詔諸儒於白虎觀論考同異焉。會終坐事繫獄，博士趙博、校書郎班固、賈逵等，以終深曉春秋，學多異聞，表請之，終又上書自訟，即日貰出，乃得與於白虎觀焉。〔一〕後受詔删太史公書爲十餘萬言。

〔一〕與音預。

時太后兄衞尉馬廖，謹篤自守，不訓諸子。終與廖交善，以書戒之曰：「終聞堯舜之民，可比屋而封；桀紂之民，可比屋而誅。〔一〕何者？堯舜爲之隄防，桀紂示之驕奢故也。詩曰：『皎皎練絲，在所染之。』〔二〕上智下愚，謂之不移；中庸之流，要在教化。春秋殺太子母弟，直稱君甚惡之者，坐失教也。〔三〕禮制，人君之子年八歲，爲置少傅，教之書計，以開其明；〔四〕十五置太傅，教之經典，以道其志。漢興，諸侯王不力教誨，多觸禁忌，故有亡國之禍，而乏嘉善之稱。今君位地尊重，海內所望，豈可不臨深履薄，以爲至戒！黃門郎年幼，血氣方盛，〔五〕既無長君退讓之風，〔六〕而要結輕狡無行之客，縱而莫誨，視成任性，〔七〕鑒念前往，可爲寒心。君侯誠宜以臨深履薄爲戒。」廖不納。子豫後坐縣書誹謗，〔八〕廖以就國。

〔一〕事見陸賈新語。

〔二〕逸詩也。皎皎，白貌也。墨子曰：「墨子見染絲者歎曰：『染於蒼則蒼，染於黃則黃，故染不可不愼也。』」

〔三〕公羊傳曰：「晉侯殺其太子申生。曷爲直稱晉侯？曰以殺其太子母弟，直稱君者甚之也。」

〔四〕大戴禮曰：「古者八歲出就外舍，學小藝焉，履小節焉。」又曰：「爲置三少，曰少保、少傅、少師，是與太子宴者也。」禮記內則曰「十年出就外傅，居宿於外學書計」也。

〔五〕廖子防及光俱爲黃門郎。孔子曰「及其壯也，血氣方剛，戒之在鬭」也。

〔六〕文帝竇后兄長君，弟廣國字少君，此兩人所出微，絳、灌等選長者之有節行者與之居，長君、少君由此爲退讓君子，不敢以富貴驕人也。

〔七〕馬防傳曰「兄弟貴盛，賓客奔湊，四方畢至，數百餘人皆爲食客」也。

〔八〕縣音懸。

終兄鳳爲郡吏，太守廉范爲州所考，遣鳳候終，終爲范游說，坐徙北地。〔一〕帝東巡狩，鳳皇黃龍並集，終贊頌嘉瑞，上述祖宗鴻業，凡十五章，奏上，詔貰還故郡。著春秋外傳十二篇，改定章句十五萬言。永元十二年，徵拜郎中，以病卒。〔二〕

〔一〕益部耆舊傳曰「終徙於北地望松縣，而母於蜀物故。終自傷被罪充邊，乃作晨風之詩以舒其憤」也。

〔二〕袁山松書曰「侍中賈逵薦終博達忠直，徵拜郎中。及卒，賜錢二十萬」也。

李法字伯度，漢中南鄭人也。博通羣書，性剛而有節。和帝永元九年，應賢良方正對策，除博士，遷侍中、光祿大夫。歲餘，上疏以為朝政苛碎，違永平、建初故事；宦官權重，椒房寵盛；又譏史官記事不實，後世有識，尋功計德，必不明信。坐失旨，下有司，免為庶人。還鄉里，杜門自守。故人儒生時有候之者，言談之次，問其不合上意之由，法未嘗應對。友人固問之，法曰：「鄙夫可與事君乎哉？苟患失之，無所不至。〔一〕孟子有言：『夫仁者如射，正己而後發。發而不中，不怨勝己者，反諸身而已矣。』」〔二〕在家八年，徵拜議郎、諫議大夫，正言極辭，無改於舊。出為汝南太守，政有聲迹。後歸鄉里，卒於家。

〔一〕此以上論語孔子之言也。鄭玄注云：「無所不至謂諂佞邪媚，無所不為也。」

〔二〕孟子公孫丑篇之言也。反諸身而已，言克己自責，不責人也。

翟酺字子超，廣漢雒人也。〔一〕四世傳詩。酺好老子，尤善圖緯、天文、歷筭。以報舅讎，當徙日南，亡於長安，爲卜相工，後牧羊涼州。遇赦還。仕郡，徵拜議郎，遷侍中。

〔一〕雒屬廣漢郡，漳山雒水所出，南入湔，故城在今雒縣南。湔音子田反。

時尚書有缺，詔將大夫六百石以上試對政事、天文、道術，以高第者補之。酺自恃能高，而忌故太史令孫懿，恐其先用，乃往候懿。既坐，言無所及，唯涕泣流連。懿怪而問之，酺曰：「圖書有漢賊孫登，將以才智爲中官所害。觀君表相，似當應之。〔一〕酺受恩接，悽愴君之禍耳！」懿憂懼，移病不試。〔二〕由是酺對第一，拜尙書。

〔一〕春秋保乾圖曰「漢賊臣，名孫登，大形小口，長七尺九寸，巧用法，多技方，詩書不用，賢人杜口」也。

〔二〕移病謂作文移而稱病也。

時安帝始親政事，追感祖母宋貴人，悉封其家。又元舅耿寶及皇后兄弟閻顯等並用威權。酺上疏諫曰：

臣聞微子佯狂而去殷，叔孫通背秦而歸漢，彼非自疎其君，時不可也。臣荷殊絕之恩，蒙值不諱之政，豈敢雷同受寵，而以戴天履地。〔一〕伏惟陛下應天履祚，歷值中興，當建太平之功，而未聞致化之道。蓋遠者難明，請以近事徵之。昔竇、鄧之寵，傾動四方，兼官重紱，盈金積貨，至使議弄神器，改更社稷。〔二〕豈不以埶尊威廣，以致斯患乎？及其破壞，頭顙墮地，願爲孤豚，豈可得哉！〔三〕夫致貴無漸失必暴，受爵非道殃必疾。今外戚寵幸，功均造化，漢元以來，未有等比。陛下誠仁恩周洽，以親九族。然祿去公室，政移私門，覆車重尋，寧無摧折。〔四〕而朝臣在位，莫肯正議，翕翕訿訿，更相佐附。〔五〕臣恐威權外假，歸之良難，虎翼一奮，卒不可制。〔六〕故孔子曰「吐珠於澤，誰能不含」；〔七〕老子稱「國之利器，不可以示人」。〔八〕此最安危〔之極〕戒，社稷之深計也。

〔一〕雷之發聲，物皆同應，言無是非者謂之雷同。禮記曰：「無雷同。」左傳曰「君履后土而戴皇天」也。

〔二〕神器謂天位也。老子曰：「天下神器，不可爲也。」竇憲出入禁中，得幸太后，圖爲殺害。帝知其謀，誅之。鄧太后崩，宮人告鄧悝、鄧弘等取廢帝故事，謀立平原王得。帝聞，遂免鄧氏爲庶人也。

〔三〕莊子曰，或聘莊子，莊子謂其使曰：「子見夫犧牛乎？衣以文繡，食以芻菽。及其牽而入於太廟，欲爲孤犢，其可得乎？」此作「豚」，不同也。

〔四〕賈誼曰「諺云前車覆，後車誡」也。

〔五〕詩小雅曰：「翕翕訿訿，亦孔之哀。」毛傳曰：「翕翕然患其上，訿訿然不思稱職。」爾雅曰：「翕翕、訿訿，莫供職也。」訿音將徙反。「訿」與「訾」古字通。

〔六〕韓詩外傳曰：「無爲虎傅翼，將飛入邑，擇人而食。」夫置不肖之人於位，是爲虎傅翼也。

〔七〕春秋保乾圖曰：「臣功大者主威侵，權幷族害（尸）〔已〕姦行，吐珠於澤，誰能不含。」諭君之權柄外假，則必競取以爲己利，猶珠出於澤中，誰能不含取以爲己寶也。吐猶出也。

〔八〕老子道經曰：「魚不可脫於泉，國之利器不可以示人。」河上公注曰：「利器謂權道也。理國權道，不可以示執事之臣。」

夫儉德之恭，政存約節。〔一〕故文帝愛百金於露臺，飾帷帳於皁囊。〔二〕或有譏其儉者，上曰：「朕爲天下守財耳，豈得妄用之哉！」至倉穀腐而不可食，錢貫朽而不可校。今自初政已來，日月未久，費用賞賜已不可筭。斂天下之財，積無功之家，帑藏單盡，民物彫傷，卒有不虞，復當重賦百姓，怨叛既生，危亂可待也。

〔一〕左氏傳魯大夫御孫曰「儉，德之恭；侈，惡之大」也。

〔二〕文帝常欲作露臺，計直百金。曰：「百金中人十家之產，何以臺爲？」遂止不作。又東方朔曰：「文帝集上書囊以爲殿帷。」

昔成王之政，周公在前，邵公在後，畢公在左，史佚在右，四子挾而維之。目見正容，耳聞正言，一日卽位，天下曠然，言其法度素定也。今陛下有成王之尊而無數子之佐，雖欲崇雍熙，致太平，其可得乎？

自去年已來，灾譴頻數，地坼天崩，高岸爲谷。脩身恐懼，則轉禍爲福；輕慢天戒，則其害彌深。願陛下親自勞恤，研精致思，勉求忠貞之臣，誅遠佞諂之黨，損玉堂之盛，尊天爵之重，〔一〕割情欲之歡，罷宴私之好。帝王圖籍，陳列左右，心存亡國所以失之，鑒觀興王所以得之，庶災害可息，豐年可招矣。

〔一〕孟子曰：「公卿大夫，人爵也。仁義禮智信，天爵也。」

書奏不省，而外戚寵臣咸畏惡之。

延光三年，出爲酒泉太守。叛羌千餘騎徙敦煌來鈔郡界，酺赴擊，斬首九百級，羌衆幾盡，威名大震。遷京兆尹。順帝即位，拜光祿大夫，遷將作大匠。損省經用，歲息四五千萬。〔一〕屢因災異，多所匡正。〔二〕由是權貴共誣酺及尚書令高堂芝等交通屬託，坐減死歸家。復被章云酺前與河南張楷等謀反，逮詣廷尉。及杜眞等上書訟之，事得明釋。卒於家。〔三〕

〔一〕經，常也。

〔二〕益部耆舊傳曰：「時詔問酺陰陽失序，水旱隔并，其設銷復興濟之本。酺上奏陳圖書之意曰：『漢四百年將有弱主閉門聽難之禍，數在三百年之閒。（宜升）〔斗〕歷改憲，〔宜〕行先王至德要道，奉率時禁，抑損奢侈，宣明質樸，以延四百年之難。』帝從之。」

〔三〕益部耆舊傳曰：「杜眞字孟宗，廣漢綿竹人也。少有孝行，習易、春秋，誦百萬言，兄事同郡翟酺。酺後被繫獄，眞上檄章救酺，繫獄笞六百，竟免酺難，京師莫不壯之。」

著援神、鉤命解詁十二篇。〔一〕

〔一〕援神契，鉤命決，皆孝經緯篇名也。詁音古。

初，酺之爲大匠，上言：「孝文皇帝始置一經博士，〔一〕武帝大合天下之書，〔二〕而孝宣論六經於石渠，學者滋盛，弟子萬數。〔三〕光武初興，愍其荒廢，起太學博士舍、內外講堂，諸生橫巷，爲海內所集。明帝時辟雍始成，欲毀太學，太尉趙憙以爲太學、辟雍皆宜兼存，故並傳至今。而頃者穨廢，至爲園採芻牧之處。宜更修繕，誘進後學。」帝從之。酺免後，遂起太學，更開拓房室，學者爲酺立碑銘於學云。

〔一〕武帝建元五年始置五經博士，文帝之時未遑庠序之事，酺之此言，不知何據。

〔二〕武帝詔曰：「其令禮官勸學，舉遺興禮。」舉遺謂搜求遺逸，是合天下之書也。

〔三〕宣帝甘露三年，詔諸儒講五經於殿中，兼平公羊、穀梁同異，上親臨決焉。時更崇穀梁傳，故此言「六經」也。石渠，閣名。昭帝時博士弟子員百人，宣帝末增倍之，元帝時詔無置弟子員，以廣學者，故言以萬數也。

應奉字世叔，汝南南頓人也。曾祖父順，字華仲，和帝時爲河南尹、將作大匠，公廉約己，明達政事。〔一〕生十子，皆有才學。中子疊，江夏太守。疊生郴，武陵太守。郴生奉。

〔一〕華嶠書曰：「華仲少給事郡縣，爲吏淸公，不發私書。舉孝廉，尙書郞轉右丞，遷冀州刺史，廉直無私。遷東平相，賞罰必信，吏不敢犯。有梓樹生於聽事室上，事後母至孝，衆以爲孝感之應。時竇憲出屯河西，刺史、二千石皆遣子弟奉賂遺憲，憲敗後咸被繩黜，順獨不在其中，由是顯名。爲將作大匠，視事五年，省費億萬。」汝南記曰「華仲妻本是汝南鄧元義前妻也。元義父伯考爲尙書僕射，元義還鄉里，妻留事姑甚謹，姑憎之，幽閉空室，節其食飮，羸露日困，妻終無怨言。後伯考怪而問之。時義子朗年數歲，言母不病，但苦飢耳。伯考流涕曰：『何意親姑反爲此禍！』因遣歸家。更嫁爲華仲妻。仲爲將作大匠，妻乘朝車出，元義於路傍觀之，謂人曰：『此我故婦，非有它過，家夫人遇之實酷，本自相貴。』其子朗時爲郞，母與書皆不荅，與衣裳輒燒之。母不以介意，意欲見之，乃至親家李氏堂上，令人以它詞請朗。朗至，見母，再拜涕泣，因起出。母追謂之曰：『我幾死，自爲汝家所弃，我何罪過，乃如此邪？』因此遂絕」也。

奉少聰明，自爲童兒及長，凡所經履，莫不暗記。讀書五行並下。爲郡決曹史，行部四十二縣，錄囚徒數百千人。及還，太守備問之，奉口說罪繫姓名，坐狀輕重，無所遺脫，時人奇之。〔二〕著漢書後序，多所述載。〔三〕大將軍梁冀舉茂才。

〔二〕謝承書曰：「奉少爲上計吏，許訓爲計掾，俱到京師。訓自發鄉里，在路晝頓暮宿，所見長吏、賓客、亭長、吏卒、奴僕，訓皆密疏姓名，欲試奉。還郡，出疏示奉。奉云：『前食潁川綸氏都亭，亭長胡奴名祿，以飮漿來，何不在疏？』坐中皆驚。」又云：「奉年二十時，嘗詣彭城相袁賀，賀時出行閉門，造車匠於內開扇出半面視奉，奉卽委去。後數十年於路見車匠，識而呼之。」

〔三〕袁山松書曰：「奉又刪史記、漢書及漢記三百六十餘年，自漢興至其時，凡十七卷，名曰漢事。」

先是，武陵蠻詹山等四千餘人反叛，執縣令，屯結連年。詔下公卿議，四府舉奉才堪將帥。〔一〕永興元年，拜武陵太守。到官慰納，山等皆悉降散。於是興學校，舉仄陋，政稱變俗。坐公事免。

〔一〕四府，解見皇后紀。

延熹中，武陵蠻復寇亂荊州，車騎將軍馮緄以奉有威恩，爲蠻夷所服，上請與俱征。拜從事中郎。〔一〕奉勤設方略，賊破軍罷，緄推功於奉，薦爲司隸校尉。糾舉姦違，不避豪戚，以嚴厲爲名。

〔一〕謝承書曰：「時詔奉曰：『蠻夷叛逆作難，積惡放恣，鑊中之魚，火熾湯盡，當悉燋爛，以刷國恥。朝廷以奉昔守南土，威名播越，故復式序重任。奉之廢興，期在於今。賜奉錢十萬，駮犀方具劍、金錯把刀劍、革帶各一。奉其勉之！』」

及鄧皇后敗，而田貴人見幸，桓帝有建立之議。奉以田氏微賤，不宜超登后位，上書諫曰：「臣聞周納狄女，襄王出居于鄭；〔一〕漢立飛燕，成帝胤嗣泯絕。母后之重，興廢所因。宜思關雎之所求，遠五禁之所忌。」〔二〕帝納其言，竟立竇皇后。

〔一〕左傳襄王將以狄女爲后，富（臣）〔辰〕諫曰：「不可。狄固貪惏，王又啓之。」王不從。狄人伐周，襄王出奔。

〔二〕韓詩外傳曰：「婦人有五不娶：喪婦之長女不娶，爲其不受命也；世有惡疾不娶，弃於天也；世有刑人不娶，弃於人也；亂家女不娶，類不正也；逆家子不娶，廢人倫也。」

及黨事起，奉乃慨然以疾自退。追愍屈原，因以自傷，著感騷三十篇，數萬言。諸公多薦舉，會病卒。子劭。

劭字仲遠。〔一〕少篤學，博覽多聞。靈帝時舉孝廉，辟車騎將軍何苗掾。

〔一〕謝承書、（日）〔曰〕應氏譜並云「字仲遠」，續漢書文士傳作「仲援」，漢官儀又作「（仲）〔仲〕瑗」，未知孰是。

中平二年，漢陽賊邊章、韓遂與羌胡爲寇，東侵三輔，時遣車騎將軍皇甫嵩西討之。嵩請發烏桓三千人。北軍中候鄒靖上言：「烏桓衆弱，宜開募鮮卑。」事下四府，大將軍掾韓卓議，以爲「烏桓兵寡，而與鮮卑世爲仇敵，若烏桓被發，則鮮卑必襲其家。烏桓聞之，當復弃軍還救。非唯無益於實，乃更沮三軍之情。鄒靖居近邊塞，究其態詐。若令靖募鮮卑輕騎五千，必有破敵之效」。劭駮之曰：「鮮卑隔在漠北，犬羊爲羣，無君長之帥，廬落之居，而天性貪暴，不拘信義，故數犯障塞，且無寧歲。唯至互市，乃來靡服。苟欲中國珍貨，非爲畏威懷德。計獲事足，旋踵爲害。是以朝家外而不內，蓋爲此也。〔一〕往者匈奴反叛，度遼將軍馬續、烏桓校尉王元發鮮卑五千餘騎，又武威太守趙沖亦率鮮卑征討叛羌。斬獲醜虜，既不足言，而鮮卑越溢，多爲不法。裁以軍令，則忿戾作亂；制御小緩，則陸掠殘害。劫居人，鈔商旅，噉人牛羊，略人兵馬。得賞既多，不肯去，復欲以物買鐵。邊將不聽，便取縑帛聚欲燒之。邊將恐怖，畏其反叛，辭謝撫順，無敢拒違。今狡寇未殄，而羌爲巨害，如或致悔，其可追乎！臣愚以爲可募隴西羌胡守善不叛者，簡其精勇，多其牢賞。〔二〕太守李參沈靜有謀，必能奬厲得其死力。當思漸消之略，不可倉卒望也。」韓卓復與劭相難反覆。於是詔百官大會朝堂，皆從劭議。

〔一〕朝家猶國家也。公羊傳曰「春秋內諸夏而外夷狄」也。

〔二〕牢，稟食也。或作「勞」。勞，功也。

三年，舉高第，再遷，六年，拜太山太守。初平二年，黃巾三十萬衆入郡界。劭糾率文武連與賊戰，前後斬首數千級，獲生口老弱萬餘人，輜重二千兩，賊皆退却，郡內以安。興平元年，前太尉曹嵩及子德從琅邪入太山，劭遣兵迎之，未到，而徐州牧陶謙素怨嵩子操數擊之，乃使輕騎追嵩、德，並殺之於郡界。劭畏操誅，弃郡奔冀州牧袁紹。

初，安帝時河閒人尹次、潁川人史玉皆坐殺人當死，次兄初及玉母軍並詣官曹求代其命，因縊而物故。尚書陳忠以罪疑從輕，議活次、玉。劭後追駮之，據正典刑，有可存者。其議曰：

尙書稱「天秩有禮，五服五章哉。天討有罪，五刑五用哉」。而孫卿亦云「凡制刑之本，將以禁暴惡，且懲其末也。凡爵列、官秩、賞慶、刑威，皆以類相從，使當其實也」。若德不副位，能不稱官，賞不酬功，刑不應罪，不祥莫大焉。殺人者死，傷人者刑，此百王之定制，有法之成科。高祖入關，雖尙約法，然殺人者死，亦無寬降。夫時化則刑重，時亂則刑輕。〔一〕書曰「刑罰時輕時重」，此之謂也。

〔一〕犯化之罪固重，犯亂之罪爲輕。

今孜、玉公以清時釋其私憾，阻兵安忍，僵屍道路。〔一〕朝恩在寬，幸至冬獄，而初、軍愚狷，妄自投斃。昔召忽親死子糾之難，而孔子曰「經於溝瀆，人莫之知」。〔二〕朝氏之父非錯刻峻，遂能自隕其命，班固亦云「不如趙母指括以全其宗」。〔三〕傳曰「僕妾感慨而致死者，非能義勇，顧無慮耳」。〔四〕夫刑罰威獄，以類天之震燿殺戮也；溫慈和惠，以放天之生殖長育也。〔五〕是故春一草枯則爲災，秋一木華亦爲異。今殺無罪之初、軍，而活當死之孜、玉，其爲枯華，不亦然乎？陳忠不詳制刑之本，而信一時之仁，遂廣引八議求生之端。夫親故賢能功貴勤賓，豈有孜、玉當罪之科哉？〔六〕若乃小大以情，原心定罪，〔七〕此爲求生，非謂代死可以生也。敗法亂政，悔其可追。

劭凡爲駮議三十篇，皆此類也。

〔一〕阻，恃也。左傳曰，衞州吁「阻兵而安忍。」

〔二〕召忽，齊大夫。子糾，齊襄公之庶子也。子糾與小白爭國，子糾被殺，召忽其傅也，遂死之。論語孔子論召忽曰：「豈若匹夫匹婦之爲諒也，自經於溝瀆而莫之知也。」

〔三〕前書，鼂錯爲御史大夫，改更律令，諸侯讙譁。錯父聞而非之，曰：「劉氏安而鼂氏危矣。」遂飲藥而死。史記曰，趙母，趙將馬服君趙奢之妻，趙括之母也。奢死，趙欲以括爲將，母謂趙王曰：「王以爲括如其父，父子異心，願王勿遣。」王曰：「吾計決矣。」括母曰：「王終將之，卽有不稱，妾得無隨乎？」王許諾。及括敗，王以母先言，竟不誅也。而班固引之以爲鼂錯贊詞。

〔四〕言僕妾之致死者，顧由無計慮耳。語見史記欒布傳贊也。

〔五〕左傳鄭大夫游吉之詞。

〔六〕周禮小司寇職鄭司農曰：「親，宗室有罪先請也。故謂舊知也。賢謂有德行者。能謂有道蓺者。功謂有大勳也。貴謂若今墨綬，有罪先請也。勤謂憔悴國事。賓謂二王後。」

〔七〕左傳曰：「小大之獄，雖不能察，必以情。」原心定罪，解見霍諝傳也。

又刪定律令爲漢儀，建安元年乃奏之。曰：「夫國之大事，莫尙載籍。載籍也者，決嫌疑，明是非，〔一〕賞刑之宜，允獲厥中，俾後之人永爲監焉。故膠（東）〔西〕相董仲舒老病致仕，朝廷每有政議，數遣廷尉張湯親至陋巷，問其得失。〔二〕於是作春秋決獄二百三十二事，動以經對，言之詳矣。逆臣董卓，蕩覆王室，典憲焚燎，靡有孑遺，開闢以來，莫或茲酷。〔三〕今大駕東邁，巡省許都，拔出險難，其命惟新。臣累世受恩，榮祚豐衍，竊不自揆，貪少云補，輒撰具律本章句、尚書舊事、廷尉板令、決事比例、司徒都目、五曹詔書〔四〕及春秋斷獄凡二百五十篇。蠲去復重，爲之節文。〔五〕又集駮議三十篇，以類相從，凡八十二事。其見漢書二十五，漢記四，〔六〕皆刪敍潤色，以全本體。其二十六，博採古今瓌瑋之士，文章煥炳，德義可觀。其二十七，臣所創造。豈繄自謂必合道衷，〔七〕心焉憒邑，聊以藉手。〔八〕昔鄭人以乾鼠爲璞，鬻之於周；宋愚夫亦寶燕石，緹緭十重。夫覩之者掩口盧胡而笑，斯文之族，無乃類旃。〔九〕左氏實云雖有姬姜絲麻，不弃憔悴菅蒯，蓋所以代匱也。〔一〇〕是用敢露頑才，廁于明哲之末。雖未足綱紀國體，宣洽時雍，庶幾觀察，增闡聖聽。惟因萬機之餘暇，游意省覽焉。」獻帝善之。

〔一〕禮記曰：「夫禮者，決嫌疑，明是非。」

〔二〕事見前書。

〔三〕或，有也。

〔四〕司徒卽丞相也。總領綱紀，佐理萬機，故有都目。成帝初置尚書員五人，漢舊儀有常侍曹、二千石曹、戶曹、主客曹，三公曹也。

〔五〕復音複，重音直容反。

〔六〕即東觀記。

〔七〕繄音烏兮反。繄猶是也。

〔八〕藉音自夜反。

〔九〕尹文子曰：「鄭人謂玉未琢者爲璞，周人謂鼠未腊者爲璞。周人遇鄭賈，人曰：『欲買璞乎？』鄭賈曰：『欲之。』出璞視之，乃鼠也，因謝不取。」戰國策亦然。今此乃云「鄭人以乾鼠爲璞」，便與二說不同。此云「乾鼠」，彼云「未腊」，事又差舛。闞子曰：「宋之愚人得燕石梧臺之東，歸而藏之，以爲大寶。周客聞而觀之，主人父齋七日，端冕之衣，釁之以特牲，革匱十重，緹巾十襲。客見之，俛而掩口盧胡而笑曰：『此燕石也，與瓦甓不殊。』主人父怒曰：『商賈之言，豎匠之心。』藏之愈固，守之彌謹。」旃，之也。緭音襲。緹，赤色繒也。楚詞曰：「襲英衣兮緹緭。」謂鮮明之衣。

〔一〇〕左傳曰：「詩云：『雖有絲麻，無弃菅蒯。雖有姬、姜，無弃蕉萃。凡百君子，莫不代匱。』」杜注云：「逸詩也。姬、姜，大國之女。蕉萃，陋賤之人。」蕉萃、憔(萃)〔悴〕古字通。

二年，詔拜劭爲袁紹軍謀校尉。時始遷都於許，舊章堙沒，書記罕存。劭慨然歎息，乃綴集所聞，著漢官禮儀故事，凡朝廷制度，百官典式，多劭所立。初，父奉爲司隸時，並下諸官府郡國，各上前人像贊，劭乃連綴其名，錄爲狀人紀。又論當時行事，著中漢輯序。撰風俗通，以辯物類名號，釋時俗嫌疑。文雖不典，後世服其洽聞。凡所著述百三十六篇。又集解漢書，皆傳于時。後卒於鄴。

弟子瑒、璩，並以文才稱。〔一〕

〔一〕華嶠書曰：「劭弟珣，字季瑜，司空掾。珣生瑒。」魏志曰「瑒字德璉，瑒弟璩字休璉，咸以文章顯」也。

中興初，有應嫗者，生四子而寡。見神光照社，試探之，乃得黃金。自是諸子宦學，並有才名，至瑒七世通顯。〔一〕

〔一〕應順，將作大匠；子疊，江夏太守；疊生郴，武陵太守；郴生奉，從事中郎；奉生劭，車騎將軍掾；劭弟珣，司空掾；珣子瑒，曹操辟爲丞相掾。

霍諝字叔智，魏郡鄴人也。少爲諸生，明經。有人誣諝舅宋光於大將軍梁商者，以爲妄刊章文，坐繫洛陽詔獄，掠考困極。諝時年十五，奏記於商曰：

將軍天覆厚恩，愍舅光冤結，前者溫教許爲平議，雖未下吏斷決其事，已蒙神明顧省之聽。皇天后土，寔聞德音。竊獨踴躍，私自慶幸。諝聞春秋之義，原情定過，赦事誅意，故許止雖弒君而不罪，趙盾以縱賊而見書。〔一〕此仲尼所以垂王法，漢世所宜遵前脩也。傳曰：「人心不同，譬若其面。」〔二〕斯蓋謂大小窳隆醜美之形，至於鼻目衆竅毛髮之狀，未有不然者也。情之異者，剛柔舒急倨敬之閒。至於趨利避害，畏死樂生，亦復均也。謂與光骨肉，義有相隱，言其冤濫，未必可諒，且以人情平論其理。

〔一〕許止，許悼公之子名止也。公羊傳曰：「冬，葬許悼公。賊未討何以書葬？不成乎弒也。許悼公是止進藥而殺，是以君子加弒焉。葬許悼公是君子之赦止。赦止者，免止罪之辭也。」何休注云：「原止欲愈父之病，無害父之意，故赦之。」是原情定過也。又曰：「晉史書趙盾弒其君。趙盾曰：『天乎無辜，吾不弒君。』太史曰：『爾爲仁爲義，人殺爾君而不討賊，此非弒君如何？』」此赦事誅意也。

〔二〕左傳鄭子產謂子皮曰：「人心不同，譬如面焉。吾豈敢謂子面如吾面乎？」

光衣冠子孫，徑路平易，〔一〕位極州郡，日望徵辟，亦無瑕穢纖介之累，無故刊定詔書，欲以何名？就有所疑，當求其便安，豈有觸冒死禍，以解細微？譬猶療飢於附子，止渴於酖毒，未入腸胃，已絕咽喉，豈可爲哉！〔二〕昔東海孝婦見枉不辜，幽靈感革，天應枯旱。〔三〕光之所坐，情既可原，守闕連年，而終不見理。呼嗟紫宮之門，泣血兩觀之下，〔四〕傷和致災，爲害滋甚。凡事更赦令，不應復案。夫以罪刑明白，尚蒙天恩，豈有冤謗無徵，反不得理？是爲刑宥正罪，戮加誣侵也。不偏不黨，其若是乎？明將軍德盛位尊，人臣無二，言行動天地，舉厝移陰陽，誠能留神，沛然曉察，必有于公高門之福，〔五〕和氣立應，天下幸甚。

〔一〕謂遵依常轍，無所規求也。

〔二〕史記蘇秦曰：「飢人之所以飢而不食烏喙者，以其愈充腹而與餓死者同患也。」附子、烏喙，根同而狀異也。

〔三〕前書曰：東海有孝婦，少寡無子，養姑甚謹，姑欲嫁之，終不肯。姑告鄰人曰：「孝婦養我勤苦，我老，久累丁壯。」乃自經死。姑女告吏曰：「婦殺我母。」吏驗之急，孝婦自誣服，具獄上府，太守竟論殺婦。郡中枯旱三年。後太守至，自祭孝婦墓，天立大雨，歲熟。

〔四〕天有紫微宮，是上帝之所居也，王者立宮，象而爲之。兩觀謂闕也。

〔五〕于公，東海人，爲郡決曹，決獄平。其閭門壞，父老共脩之。于公曰：「少高大閭門，令容駟馬蓋車。我決獄多有陰德，子孫必有興者。」至子定國爲丞相，孫永御史大夫。

商高譖才志，即爲奏原光罪，由是顯名。

仕郡，舉孝廉，稍遷金城太守。性明達篤厚，能以恩信化誘殊俗，甚爲羌胡所敬服。遭母憂，自上歸行喪。服闋，公車徵，再遷北海相，入爲尚書僕射。是時大將軍梁冀貴戚秉權，自公卿以下莫敢違牾。譖與尚書令尹勳數奏其事，又因陛見陳閒罪失。及冀誅後，桓帝嘉其忠節，封鄴都亭侯。前後固讓，不許。出爲河南尹，遷司隸校尉，轉少府、廷尉，卒官。

子儁，安定太守。

爰延字季平，陳留外黃人也。清苦好學，能通經教授。性質慤，少言辭。縣令隴西牛述好士知人，乃禮請延爲廷掾，范丹爲功曹，濮陽潛爲主簿，〔一〕常共言談而已。後令史昭以爲鄉嗇夫，仁化大行，人但聞嗇夫，不知郡縣。在事二年，州府禮請，不就。桓帝時徵博士，太尉楊秉等舉賢良方正，再遷爲侍中。

〔一〕濮陽，姓也。

帝游上林苑，從容問延曰：「朕何如主也？」對曰：「陛下爲漢中主。」帝曰：「何以言之？」對曰：「尚書令陳蕃任事則化，中常侍黃門豫政則亂，是以知陛下可與爲善，可與爲非。」〔二〕帝曰：「昔朱雲廷折欄檻，今侍中面稱朕違，敬聞闕矣。」〔三〕拜五官中郎將，轉長水校尉，遷魏郡太守，徵拜大鴻臚。

〔二〕前書曰：「齊桓公，管仲相之則霸，豎貂輔之則亂。可與爲善，可與爲惡，是謂中人。」

〔三〕朱雲字游。成帝時上書求見，曰：「今朝廷大臣，上不能匡主，下無以益人，臣願賜尚方斬馬劍，斷佞臣一人，以勵其餘。」上問曰：「誰也？」對曰：「安昌侯張禹。」上大怒曰：「小臣廷辱師傅，罪死不赦。」御史將雲下，雲攀殿檻折。雲呼曰：「臣得從龍逢、比干遊於地下足矣，未知朝廷如何耳！」上意乃解。及後當脩檻，上曰「勿易」，因而輯之，以旌直臣。

帝以延儒生，常特宴見。時太史令上言客星經帝坐，帝密以問延。延因上封事曰：「臣聞天子尊無爲上，故天以爲子，位臨臣庶，威重四海。動靜以禮，則星辰順序；意有邪僻，則晷度錯違。陛下以河南尹鄧萬有龍潛之舊，封爲通侯，恩重公卿，惠豐宗室。加頃引見，與之對博，上下媟黷，有虧尊嚴。臣聞之，帝左右者，所以咨政德也。故周公戒成王曰『其朋其朋』，言愼所與也。〔一〕昔宋閔公與彊臣共博，列婦人於側，積此無禮，以致大灾。〔二〕武帝與倖臣李延年、韓嫣同臥起，尊爵重賜，情欲無猒，遂生驕淫之心，行不義之事，卒延年被戮，嫣伏其辜。〔三〕夫愛之則不覺其過，惡之則不知其善，所以事多放濫，物情生怨。故王者賞人必酬其功，爵人必甄其德。〔四〕善人同處，則日聞嘉訓；惡人從游，則日生邪情。孔子曰：『益者三友，損者三友。』〔五〕邪臣惑君，亂妾危主，以非所言則悅於耳，以非所行則翫於目，故令人君不能遠之。仲尼曰：『唯女子與小人爲難養，近之則不遜，遠之則怨。』蓋聖人之明戒也！昔光武皇帝與嚴光俱寢，上天之異，其夕卽見。〔六〕夫以光武之聖德，嚴光之高賢，君臣合道，尙降此變，豈況陛下今所親幸，以賤爲貴，以卑爲尊哉？惟陛下遠讒諛之人，納謇謇之士，除左右之權，寤宦官之敝。使積善日熙，〔七〕佞惡消殄，則乾灾可除。」帝省其奏。因以病自上，乞骸骨還家。靈帝復特徵，不行，病卒。

〔一〕尙書周公戒成王曰：「孺子其朋，孺子其朋，愼其往！」

〔二〕公羊經書「宋萬弒其君捷」。傳曰：「宋萬嘗與魯莊公戰，獲于莊公，歸舍諸宮中，數月然後歸之。與宋閔公博，婦人在側，萬曰：『甚矣魯侯之淑，魯侯之美！天下諸侯宜爲君者唯魯侯爾。』閔公矜此婦人，妒其言，顧曰：『此虜也，魯侯之美惡乎至？』萬怒，搏閔公，絕其脰。」

〔三〕李延年，中山人也。身及父母兄弟皆故倡人也。武帝時，延年女弟得幸，號曰李夫人。延年善歌舞，爲協律都尉，佩二千石印綬，與上臥起。弟季與中人亂，出入驕恣，上遂誅延年兄弟。韓嫣，韓王信之曾孫也。武帝爲王時，與嫣相愛，後位至上大夫，賞賜擬鄧通，與上臥起，出入永巷，以姦聞被誅。

〔四〕甄，明也。

〔五〕論語孔子曰：「友直，友諒，友多聞，益矣。友便僻，友善柔，友便佞，損矣。」

〔六〕事見逸人傳。

〔七〕熙，廣也。

子驥，白馬令，亦稱善士。〔一〕

〔一〕謝承書曰興字驥。

徐璆字孟玉，〔一〕廣陵海西人也。父淑，度遼將軍，有名於邊。〔二〕璆少博學，辟公府，舉高第。〔三〕稍遷荊州刺史。時董太后姊子張忠爲南陽太守，因埶放濫，臧罪數億。璆臨當之部，太后遣中常侍以忠屬璆。璆對曰：「臣身爲國，不敢聞命。」太后怒，遽徵忠爲司隸校尉，以相威臨。璆到州，舉奏忠臧餘一億，使冠軍縣上簿詣大司農，以彰暴其事。又奏五郡太守及屬縣有臧汙者，悉徵案罪，威風大行。中平元年，與中郎將朱儁擊黃巾賊於宛，破之。張忠怨璆，與諸閹官構造無端，璆遂以罪徵。有破賊功，得免官歸家。後再徵，遷汝南太守，轉東海相，所在化行。

〔一〕璆音仇。

〔二〕謝承書曰：「淑字伯進，寬裕（傳）〔博〕學，習孟氏易、春秋公羊傳、禮記、周官。善誦太公六韜，交接英雄，常有壯志。」

〔三〕袁山松書曰：「璆少履淸高，立朝正色。稱揚後進，惟恐不及。」

獻帝遷許，以廷尉徵，當詣京師，道爲袁術所劫，授璆以上公之位。璆乃歎曰：「龔勝、鮑宣，獨何人哉？守之必死！」〔一〕術不敢逼。術死軍破，璆得其盜國璽，及還許，上之，〔二〕幷送前所假汝南、東海二郡印綬。司徒趙溫謂璆曰：「君遭大難，猶存此邪？」璆曰：「昔蘇武困於匈奴，不隊七尺之節，況此方寸印乎？」

〔一〕龔勝字君賓，楚人也。好學明經，哀帝時爲光祿大夫，乞骸骨。王莽即位，遣使以上卿徵，勝不食而死。鮑宣字子都，渤海人也，哀帝時爲司隸校尉。王莽輔政，誅漢忠臣不附己者，宣及何武等皆死。

〔二〕衞宏曰：「秦以前以金、玉、銀爲方寸璽。秦以來天子獨稱璽，又以玉，羣下莫得用。其玉出藍田山，題是李斯書，其文曰『受命于天，既壽永昌』，號曰傳國璽。漢高祖定三秦，子嬰獻之，高祖即位乃佩之。王莽篡位，就元后求璽，后乃出以投地，上螭一角缺。及莽敗時，仍帶璽紱，杜吳殺莽，不知取璽，公賓就斬莽首，並取璽。更始將李松送上更始。赤眉至高陵，更始奉璽上赤眉。建武三年，盆子奉以上光武。孫堅從桂陽入雒討董卓，軍於城南，見井中有五色光，軍人莫敢汲，堅乃浚得璽。袁術有僭盜意，乃拘堅妻求之。術得璽，舉以向肘。魏武謂之曰：『我在，不聽汝乃至此。』」時璆得而獻之。

後拜太常，使持節拜曹操爲丞相。操以相讓璆，璆不敢當。卒於官。

論曰：孫懿以高明見忌，而受欺於陰計；翟酺資譎數取通，而終之以謇諫。豈性智自有周偏，先後之要殊度乎？應氏七世才聞，而奉、劭采章爲盛。及撰著篇籍，甄紀異知，雖云小道，亦有可觀者焉。延、璆應對辯正，而不（可）犯陵上之尤，斯固辭之不可以已也。〔一〕

〔一〕左氏傳孔子曰：「辭之不可以已也如是夫！子產有辭，諸侯賴之。」

贊曰：楊終、李法，華陽有聞。〔一〕二應克聰，亦表汝濆。〔二〕翟酺詐懿，霍諝請舅。延能訐帝，璆亦悟后。

〔一〕益州，古梁州之域。尚書曰：「華陽黑水惟梁州。」孔安國注曰：「北拒華山之陽，南拒黑水。」故常璩敍蜀事而謂之華陽國志焉。

〔二〕鄭玄注周禮曰：「水涯曰濆。」

校勘記

一五九七頁一三行　民懷土思　羣書治要「民」作「人」。按：作「人」是，此蓋後人回改而誤者。

一六〇〇頁二行　豈可不臨深履薄以爲至戒　按：王先謙謂末有複語，疑此衍文。

一六〇〇頁四行　鑒念前往　按：殿本「往」作「世」。

一六〇〇頁八行　晉侯殺其太子申生至直稱君者甚之也　按：章懷引經傳多删節，此注所引，與公羊傳原文更多出入。公羊傳原文作「晉侯殺其世子申生。曷爲直稱晉侯以殺？殺世子母弟直稱君者甚之也」。

一六〇〇頁一一行　廖子防及光俱爲黄門郎　按：沈家本謂光、防乃廖弟，非廖子，注謬。此傳上文言廖不訓諸子，下文言廖不納，子豫後坐縣書誹謗，廖以就國，則終所稱黄門郎即指廖子豫，廖傳不言豫爲黄門郎，史文不具耳。下文「親戚任性」注引馬防傳云云，亦誤。

一六〇〇頁一三行　選長者之有節行者與之居　按：史記外戚傳作「選長者士之有節行者與居」。

一六〇三頁七行　此最安危〔之極〕戒　據汲本、殿本補。

一六〇四頁二行　權弁族害（尸）〔已〕姦行　據汲本、殿本改。

一六〇四頁八行　斂天下之財　按：「天」下原脱「下」字，逕據汲本、殿本補。

一六〇五頁六行　叛羌千餘騎徙敦煌來鈔郡界　按：刊誤謂案文「徙」當作「從」。

一六〇五頁一三行　(宜升)〔斗〕歷改憲〔宜〕行先王至德要道　校補引錢大昭說，謂「升」當作「斗」，見春秋保乾圖。校補謂案續志律厤中篇論厤，凡三引保乾圖讖文，皆作「三百年斗厤改憲」。所謂斗厤者，即古法冬至日在建星，建星謂北斗也。歲十二月以配天之十二辰，取斗杓所指爲驗，閏月無中氣，則北斗邪指兩辰之閒，以定四時而成歲。漢興迄章帝，改用四分厤，適當三百年，已應斗厤改憲之讖矣。輔本謂漢更有四百年之難，其數即起於三百年改憲之閒，宜豫修省，以銷其禍，則注引耆舊傳「宜」字，並當在「斗厤改憲」下也。今據改。

一六〇六頁一行　上檄章救酺　按：殿本考證王會汾謂上移下曰檄，此止可言上章耳，不應有「檄」字，明衍。

一六〇六頁四行　孝文皇帝始置一經博士　汲本「一經」作「五經」。惠校本作「一經」，惠所據乃北宋本也。集解引周壽昌說，謂據王氏玉海引此，作「文帝始置一經博士」，殆宋本此書有作「一經」者，非「五經」也。今按：證以章懷注，則作「五經」爲合，作「一經」者，殆後人以文帝未嘗於五經徧置博士而改之耳。

一六〇七頁二行　行部四十二縣　按：集解引錢大昕說，謂郡國志汝南郡領三十七城，此云「四十二」，未詳。

一六〇七頁一四行　奉少爲上計吏　按：刊誤謂「吏」當作「史」。

一六〇八頁一六行　富(臣)〔辰〕諫曰　據汲本改。

一六〇九頁一行　喪婦之長女不娶爲其不受命也　按：李慈銘謂「喪婦」當作「喪父」。今韓詩外傳無此文。何氏公羊莊二十七年解詁與此略同，惟「爲其不受命也」作「無教戒也」。大戴禮本命篇又小異。

一六〇九頁三行　數萬言　按：汲本作「數十萬言」。

一六〇九頁六行　謝承書(曰)應氏譜並云字仲遠　據刊誤刪。

一六〇九頁六行　漢官儀又作〔仲〕瑗　據汲本、殿本補。

一六二一頁四行　夫時化則刑重　按：集解引錢大昕說，謂案漢書刑法志「治則刑重，亂則刑輕」。此傳及注中「化」字本是「治」字，唐人諱治，故章懷注范史，多改「治」爲「理」，亦有改爲「化」者，「世」皆改爲「代」，亦有改爲「時」者，此傳下文「時輕時重」是也。

一六二二頁八行　顧由無計慮耳　按：汲本、殿本「由無」作「無由」。

一六二二頁一四行　故膠(東)〔西〕相董仲舒　按：集解引錢大昕說，謂「膠東」當作「膠西」。今據改。

一六二三頁六行　斯文之族　按：汲本「族」作「俗」。

一六一四頁一二行　憔（萃）〔悴〕古字通　據汲本、殿本改。

一六一四頁一五行　釋時俗嫌疑　按：汲本「釋」作「識」。

一六一四頁一六行　皆傳于時　按：「于」原作「乎」，逕據汲本、殿本改。

一六一五頁一一行　弟子瑒　按：原本正文及注「瑒」字皆譌「瑒」，各本不誤，逕改正。

一六一五頁一二行　瑒字德璉　按：原本「璉」作「瑅」，瑅不成字，據汲本、殿本逕改正。

一六一六頁一五行　謂遵依常轍　按：「謂」原譌「論」，「轍」原譌「徹」，逕據汲本、殿本改正。

一六一七頁一一行　不食鳥喙　按：「喙」原譌「啄」，逕據汲本、殿本改正。下同。

一六一七頁六行　令容駟馬蓋車　按：「令」原譌「今」，逕據汲本、殿本改正。

一六一七頁一三行　子儁　按：汲本、殿本「儁」作「雋」。

一六一八頁三行　在事二年　按：汲本、殿本「二」作「三」。

一六一八頁七行　尚書令陳蕃任事則化　按：御覽四二七、四五二引，「化」並作「治」，此亦避唐諱改。

一六一八頁八行　昔朱雲廷折欄檻　按：刊誤謂案文「廷」下少「爭」字。

一六一九頁二行　河南尹鄧萬　按：集解引王補說，謂通鑑作「鄧萬世」，本書鄧后、陳蕃傳引並作「鄧萬世」。又引惠棟說，謂唐諱「世」，故削之，猶「韓擒虎」爲「韓擒」也。

一六一九頁七行　爵人必甄其德　按：「必」原譌「以」，逕據汲本、殿本改正。

一六二〇頁四行　出入驕恣　按：「驕」原譌「嬌」，逕據汲本、殿本改正。

一六二〇頁十三行　徐璆字孟玉　殿本「玉」作「本」。按：集解引洪亮吉說，謂案先賢行狀作「孟平」，汝南先賢傳作「孟玉」。校補謂洪氏歷舉孟平、孟玉兩說，知所見本正文亦必作「孟本」。

一六二一頁三行　構造無端　按：「構」原譌「搆」，逕改正。

一六二一頁五行　璆音仇　按：殿本此下有「字孟玉」三字。校補謂殿本就監本改刊，其正文作「字孟本」，注當是「一作字孟玉」，脫「一作」二字。

一六二一頁六行　寬裕（傳）〔博〕學　據汲本、殿本改。

一六二三頁九行　而不（可）犯陵上之尤　集解引何焯說，謂「可」字衍。今據刪。

後漢書卷四十九

王充王符仲長統列傳第三十九

王充字仲任，會稽上虞人也，其先自魏郡元城徙焉。充少孤，鄉里稱孝。後到京師，受業太學，〔一〕師事扶風班彪。好博覽而不守章句。家貧無書，常游洛陽市肆，閱所賣書，一見輒能誦憶，遂博通衆流百家之言。後歸鄉里，屏居教授。仕郡爲功曹，以數諫爭不合去。

〔一〕袁山松書：「充幼聰朗。詣太學，觀天子臨辟雍，作六儒論。」

充好論說，始若詭異，終有理實。以爲俗儒守文，多失其眞，乃閉門潛思，絕慶弔之禮，戶牖牆壁各置刀筆。著論衡八十五篇，二十餘萬言，〔一〕釋物類同異，正時俗嫌疑。

〔一〕袁山松書曰：「充所作論衡，中土未有傳者，蔡邕入吳始得之，恆秘玩以爲談助。其後王朗爲會稽太守，又得其書，及還許下，時人稱其才進。或曰，不見異人，當得異書。問之，果以論衡之益，由是遂見傳焉。」抱朴子曰：「時人嫌蔡邕得異書，或搜求其帳中隱處，果得論衡，抱數卷持去。邕丁寧之曰：『唯我與爾共之，勿廣也。』」

刺史董勤辟爲從事，轉治中，自免還家。友人同郡謝夷吾上書薦充才學，〔一〕肅宗特詔公車徵，病不行。年漸七十，志力衰耗，乃造養性書十六篇，裁節嗜欲，頤神自守。永元中，病卒于家。

〔一〕謝承書曰：「夷吾薦充曰：『充之天才，非學所加，雖前世孟軻、孫卿，近漢楊雄、劉向、司馬遷，不能過也。』」

王符字節信，安定臨涇人也。少好學，有志操，與馬融、竇章、張衡、崔瑗等友善。安定俗鄙庶孽，〔一〕而符無外家，爲鄉人所賤。自和、安之後，世務游宦，當塗者更相薦引，而符獨耿介不同於俗，以此遂不得升進。志意蘊憤，乃隱居著書三十餘篇，以譏當時失得，不欲章顯其名，故號曰潛夫論。其指訐時短，討謫物情，〔二〕足以觀見當時風政，著其五篇云爾。

〔一〕何休注公羊傳云：「孽，賤也。」

〔二〕訐，攻也。謫，責也。

貴忠篇曰：

夫帝王之所尊敬者天也，皇天之所愛育者人也。今人臣受君之重位，牧天之所愛，焉可以不安而利之，養而濟之哉？是以君子任職則思利人，達上則思進賢，故居上而下不怨，在前而後不恨也。書稱「天工人其代之」。王者法天而建官，〔一〕故明主不敢以私授，忠臣不敢以虛受。竊人之財猶謂之盜，況偷天官以私己乎！〔二〕以罪犯人，必加誅罰，況乃犯天，得無咎乎？夫五〔世〕〔代〕之臣，以道事君，〔三〕澤及草木，仁被率土，是以福祚流衍，本支百世。〔四〕季世之臣，以諂媚主，不思順天，專杖殺伐。白起、蒙恬，秦以爲功，天以爲賊；〔五〕息夫、董賢，主以爲忠，天以爲盜。〔六〕易曰：「德薄而位尊，智小而謀大，鮮不及矣。」〔七〕是故德不稱，其禍必酷；能不稱，其殃必大。夫竊位之人，天奪其鑒。〔八〕雖有明察之資，仁義之志，一旦富貴，則背親捐舊，喪其本心，疎骨肉而親便辟，薄知友而厚犬馬，寧見朽貫千萬，而不忍貸人一錢，情知積粟腐倉，而不忍貸人一斗，骨肉怨望於家，細人謗讟於道。前人以敗，後爭襲之，誠可傷也。

〔一〕尚書咎繇謨曰：「亡曠庶官，天工人其代之。」孔安國注云：「言人代天理官，不可以天官私非其才也。」又曰：「明王奉若天道，建邦設都。」孔安國注云：「天有日、月、北斗、五星二十八宿，皆有尊卑相正之法。言明王奉順此道，以立國設都也。」

〔二〕左傳介之推曰：「竊人之財猶謂之盜，況貪天功以爲己力乎？」

〔三〕五代謂唐、虞、夏、殷、周也。

〔四〕詩大雅曰：「文王孫子，本支百世。」

〔五〕史記曰，白起爲秦將，與趙戰於長平，阬趙卒四十五萬人。蒙恬爲秦將，北逐戎翟，築長城，起臨洮至遼東，延袤萬餘里。此爲虐於人也。

〔六〕息夫躬字子微，哀帝時，告東平王雲事，封宜陵侯。董賢字聖卿，得幸哀帝，爲賢起大第於北闕下，封爲高安侯。

〔七〕易繫辭之言。

〔八〕論語孔子曰：「臧文仲其竊位者歟？」左傳晉卜偃曰：「虢必亡矣，天奪之鑒而益其疾也。」杜預注云「鑒，所以自照」也。

歷觀前政貴人之用心也，與嬰兒子其何異哉？嬰兒有常病，貴臣有常禍，父母有常失，人君有常過。嬰兒常病，傷於飽也；貴臣常禍，傷於寵也。哺乳多則生癎病，富貴盛而致驕疾。愛子而賊之，驕臣而滅之者，非一也。極其罰者，乃有仆死深牢，銜刀都市，〔一〕豈非無功於天，有害於人者乎？夫鳥以山爲埤而增巢其上，魚以泉爲淺而穿穴其中，卒所以得者餌也。〔二〕貴戚願其宅吉而制爲令名，欲其門堅而造作鐵樞，卒其所以敗者，非苦禁忌少而門樞朽也，常苦崇財貨而行驕僭耳。

〔一〕趙將李牧爲韓倉所譖，賜死。將自誅，臂短不能及，銜刀於柱以自殺。見戰國策。

〔二〕曾子之文也。亦見大戴禮。

不上順天心，下育人物，而欲任其私智，竊弄君威，反戾天地，欺誣神明。居累卵之危，而圖太山之安；爲朝露之行，而思傳世之功。〔一〕豈不惑哉！豈不惑哉！

〔一〕朝露言易盡也。蘇子曰：「人生一世，若朝露之託於桐葉耳，其與幾何！」

浮侈篇曰：

王者以四海爲家，兆人爲子。一夫不耕，天下受其飢；一婦不織，天下受其寒。〔一〕今舉俗舍本農，趨商賈，牛馬車輿，填塞道路，游手爲巧，充盈都邑，〔二〕務本者少，浮食者衆。「商邑翼翼，四方是極。」〔三〕今察洛陽，資末業者什於農夫，虛僞游手什於末業。是則一夫耕，百人食之，一婦桑，百人衣之，以一奉百，孰能供之！天下百郡千縣，市邑萬數，類皆如此。本末不足相供，則民安得不飢寒？飢寒並至，則民安能無姦軌？姦軌繁多，則吏安能無嚴酷？嚴酷數加，則下安能無愁怨？愁怨者多，則咎徵並臻。下民無聊，而上天降灾，則國危矣。

〔一〕文子曰：「神農之法曰：『丈夫丁壯不耕，天下有受其飢者；婦人當年不織，天下有受其寒者。』故其耕不強者，無以養生；其織不力者，無以衣形。」

〔二〕遊手爲巧謂彫鏤之屬也。

〔三〕詩商頌文也。鄭玄注云：「極，中也。翼翼然可則効，乃四方之中正也。」

夫貧生於富，弱生於彊，亂生於化，危生於安。〔一〕是故明王之養民，憂之勞之，教之誨之，慎微防萌，以斷其邪。故易美節以制度，不傷財，不害民。〔二〕七月之詩，大小教之，終而復始。由此觀之，人固不可恣也。〔三〕

〔一〕富而不節則貧，彊而驕人則弱，居理而不修德則亂，恃安而不慎微則危矣。

〔二〕「節以制度」以下，並節卦象辭也。鄭玄注云：「空府藏則傷財，力役繁則害人，二者奢泰之所致。」

〔三〕七月，詩豳風也。大謂耕桑之法，小謂索綯之類。自春及冬，終而復始也。

今人奢衣服，侈飲食，事口舌而習調欺。或以謀姦合任爲業，〔一〕或以游博持掩爲事。〔二〕丁夫不扶犂鋤，而懷丸挾彈，攜手上山遨遊，或好取土作丸賣之，外不足禦寇盜，內不足禁鼠雀。或作泥車瓦狗諸戲弄之具，以巧詐小兒，此皆無益也。

〔一〕合任謂相合爲任俠也。

〔二〕博謂六博，掩謂意錢也。前書貨殖傳曰「又況掘冢搏掩犯姦成富」也。

詩刺「不績其麻，市也婆娑」。〔一〕又婦人不修中饋，休其蠶織，〔二〕而起學巫祝，鼓舞事神，以欺誣細民，熒惑百姓妻女。羸弱疾病之家，懷憂憒憒，易爲恐懼。至使奔走便時，去離正宅，崎嶇路側，風寒所傷，姦人所利，盜賊所中。或增禍重祟，至於死亡，而不知巫所欺誤，反恨事神之晚，此妖妄之甚者也。

〔一〕詩陳風也。婆娑，舞皃。謂婦人於市中歌舞以事神也。

〔二〕易家人卦六二曰：「在中饋，貞吉。」鄭玄注云：「中饋，酒食也。」詩大雅曰：「婦無公事，休其蠶織。」

或刻畫好繒，以書祝辭；或虛飾巧言，希致福祚；或糜折金綵，令廣分寸；或斷截衆縷，繞帶手腕；或裁切綺縠，縫紩成幡。皆單費百縑，用功千倍，破牢爲僞，以易就難，坐食嘉穀，消損白日。〔一〕夫山林不能給野火，江海不能實漏卮，皆所宜禁也。

〔一〕損或作「捐」。

昔孝文皇帝躬衣弋綈，〔一〕革舄韋帶。而今京師貴戚，衣服飲食，車輿廬第，奢過王制，固亦甚矣。且其徒御僕妾，皆服文組綵牒，〔二〕錦繡綺紈，葛子升越，筩中女布。〔三〕犀象珠玉，虎魄瑇瑁，石山隱飾，金銀錯鏤，〔四〕窮極麗靡，轉相誇咤。〔五〕其嫁娶者，車軿數里，緹帷竟道，〔六〕騎奴侍童，夾轂並引。富者競欲相過，貧者恥其不逮，一饗之所費，破終身之業。古者必有命然後乃得衣繒絲而乘車馬，〔七〕今雖不能復古，宜令細民略用孝文之制。

〔一〕前書音義曰：「弋，皁也。綈，繒也。」

〔二〕牒即今疊布也。

〔三〕說文曰：「綺，文繒也。」前書曰：「齊俗作冰紈。」子，細稱也。沈懷遠南越志曰：「蕉布之品有三，有蕉布，有竹子布，又有葛焉。雖精麤之殊，皆同出而異名。」楊雄蜀都賦曰：「布則蜘蛛作絲，不可見風，筩中黃潤，一端數金。」盛弘之荆州記曰：「秭歸縣室多幽閑，其女盡織布至數十升。」今永州俗猶呼貢布爲女子布也。

〔四〕廣雅曰：「虎魄，珠也。生地中，其上及旁不生草，深者八九尺。初時如桃膠，凝堅乃成。其方人以爲枕。出罽賓及大秦國。」吳錄曰：「瑇瑁似龜而大，出南海。」山石謂隱起爲山石之文也。

〔五〕郭景純注子虛賦曰：「詫，誇也。」咤與詫通也。

〔六〕蒼頡篇曰：「軿，衣車。」軿音薄丁反，又步田反。

〔七〕尚書大傳曰：「古之帝王者必有命。人能敬長矜孤，取舍好讓者，命於其君，得乘飾車軿馬，衣文錦。未有命者，不得衣，不得乘，乘衣者有罰。」

古之葬者，厚衣之以薪，葬之中野，不封不樹，喪期無數。後世聖人易之以棺槨，〔一〕桐木爲棺，葛采爲緘，〔二〕下不及泉，上不泄臭。中世以後，轉用楸梓槐柏杶樗之屬，各因方土，裁用膠漆，使其堅足恃，其用足任，如此而已。今者京師貴戚，必欲江南檽梓豫章之木。〔三〕邊遠下土，亦競相放効。夫檽梓豫章，所出殊遠，伐之高山，引之窮谷，入海乘淮，逆河泝洛，工匠彫刻，連累日月，會衆而後動，多牛而後致，重且千斤，功將萬夫，而東至樂浪，西達敦煌，費力傷農於萬里之地。古者墓而不墳，中世墳而不崇。仲尼喪母，冢高四尺，遇雨而崩，弟子請修之，夫子泣曰：「古不修墓。」〔四〕及鯉也死，有棺無椁。文帝葬芷陽，〔五〕明帝葬洛南，皆不臧珠寶，不起山陵，墓雖卑而德最高。今京師貴戚，郡縣豪家，生不極養，死乃崇喪。或至金縷玉匣，檽梓楩柟，多埋珍寶偶人車馬，造起大冢，廣種松柏，廬舍祠堂，務崇華侈。案鄗畢之陵，南城之冢，〔六〕周公非不忠，曾子非不孝，以爲褒君愛父，不在於聚財，揚名顯親，無取於車馬。昔晉靈公多賦以雕牆，春秋以爲（非）〔不〕君；〔七〕華元、樂舉厚葬文公，君子以爲不臣。〔八〕況於羣司士庶，乃可僭侈主上，過天道乎？〔九〕

〔一〕易繫辭之言也。

〔二〕尸子曰：「禹之喪法，死於陵者葬於陵，死於澤者葬於澤，桐棺三寸，制喪三日。」墨子曰：「舜西教乎七戎，道死，葬南巴之中，衣衾三領，款木之棺，葛以緘之。」朵猶蔓也。緘，束也。

〔三〕檽音乃豆反，見埤蒼。爾雅曰：「栵檽。」音而。注云「檽似槲樕而痺小」，恐非棺槨之用。豫章即樟木也。

〔四〕孔子合葬母於防，曰：「吾聞之，古也墓而不墳。」於是封之崇四尺。孔子先反，門人後，雨甚至。孔子曰：「爾來何遲也？」曰：「防墓崩。」孔子泫然流涕曰：「吾聞之，古不修墓。」見禮記也。

〔五〕縣名，屬京兆，文帝後改曰霸陵。

〔六〕畢，周文王、武王葬地也。司馬遷云「在鄗東南杜中」，無墳隴，在今咸陽縣西北。孔安國注尚書云在長安西北。南城山，曾子父所葬，在今沂州費縣西南也。

〔七〕左傳：「晉靈公不君，厚斂以雕牆。」杜預注云：「不君，失君道也。雕，畫也。」

〔八〕左傳曰：「宋文公卒，始厚葬，用蜃炭，益車馬，始用殉，椁有四阿，棺有翰檜。君子謂華元、樂舉於是不臣，是弃君於惡也。」

〔九〕前書貢禹曰：「今大夫僭諸侯，諸侯僭天子，天子過天道，其日久矣。」

實貢篇曰：

國以賢興，以諂衰；君以忠安，以佞危。此古今之常論，而時所共知也。然衰國危君，繼踵不絕者，豈時無忠信正直之士哉，誠苦其道不得行耳。夫十步之閒，必有茂草；十室之邑，必有忠信。〔一〕是故亂殷有三仁，小衞多君子。〔二〕今以大漢之廣土，士民之繁庶，朝廷之清明，上下之脩正，而官無善吏，位無良臣。此豈時之無賢，諒由取之乖實。夫志道者少與，逐俗者多疇，是以朋黨用私，背實趨華。其貢士者，不復依其質幹，準其才行，但虛造聲譽，妄生羽毛。略計所舉，歲且二百。覽察其狀，則德侔顏、冉，詳覈厥能，則鮮及中人，皆總務升官，自相推達。夫士者貴其用也，不必求備。故四友雖美，能不相兼；〔三〕三仁齊致，事不一節。高祖佐命，出自亡秦；光武得士，亦資暴莽。況太平之時，而云無士乎！

〔一〕說苑曰：「十步之澤，必有芳草。」論語曰「十室之邑，必有忠信」也。

〔二〕亂殷謂紂時也。三仁，箕子、微子、比干也。左傳，吳季札適衞，悅蘧瑗、史狗、史鰌、公子荆、公叔發、公子朝，曰：「衞多君子，未有患也。」又臧宣叔曰：「衞之於晉，不得爲次國。」杜預注云：「春秋之時，以彊弱爲大小，衞雖侯爵，猶爲小國。」

〔三〕尚書大傳孔子曰：「文王得四臣，丘亦得四友。」謂回也爲胥附，賜也爲奔走，師也爲先後，由也爲禦侮，其能各不同也。

夫明君之詔也若聲，忠臣之和也如響。長短大小，清濁疾徐，必相應也。且攻玉以石，洗金以鹽，〔一〕濯錦以魚，浣布以灰。夫物固有以賤理貴，以醜化好者矣。智者弃短取長，以致其功。今使貢士必覈以實，其有小疵，勿彊衣飾，〔二〕出處默語，各因其方，則蕭、曹、周、韓之倫，何足不致，吳、鄧、梁、竇之屬，企踵可待。孔子曰：「未之思也，夫何遠之有？」

〔一〕詩小雅曰：「它山之石，可以攻玉。」今之金工發金色者，皆淬之於鹽水焉。

〔二〕衣飾謂裝飾以成其過也。衣音於氣反。

愛日篇曰：

國之所以爲國者，以有民也。民之所以爲民者，以有穀也。穀之所以豐殖者，以有民功也。功之所以能建者，以日力也。化國之日舒以長，故其民閑暇而力有餘；亂國之日促以短，故其民困務而力不足。舒長者，非謂羲和安行，〔一〕乃君明民靜而力有餘也。促短者，非謂分度損減，〔二〕乃上闇下亂，力不足也。孔子稱「既庶則富之，既富乃教之」。是故禮義生於富足，盜竊起於貧窮；富足生於寬暇，貧窮起於無日。聖人深知力者民之本，國之基也，故務省徭役，使之愛日。是以堯勑羲和，欽若昊天，敬授民時。明帝時，公車以反支日不受章奏，〔三〕帝聞而怪曰：「民廢農桑，遠來詣闕，而復拘以禁忌，豈爲政之意乎！」於是遂蠲其制。〔令〕〔今〕冤民仰希申訴，而令長以神自畜，〔四〕百姓廢農桑而趨府廷者，相續道路，非朝餔不得通，非意氣不得見。〔五〕或連日累月，更相瞻視；或轉請鄰里，饋糧應對。歲功既虧，天下豈無受其飢者乎？

〔一〕羲和，日也。山海經曰：「東南海之外，甘水之閒，有羲和之國。有女子曰羲和，方浴日於甘泉。羲和者，帝俊之妻，是生十日。」郭璞注曰：「羲和蓋天地始生日月者也。」

〔二〕洛書甄耀度曰「凡周天三百六十五度四分度之一，一度爲千九百三十二里。日一日行一度，月一日行十三度十九分度之一」也。

〔三〕凡反支日，用月朔爲正。戌、亥朔一日反支，申、酉朔二日反支，午、未朔三日反支，辰、巳朔四日反支，寅、卯朔五日反支，子、丑朔六日反支。見陰陽書也。

〔四〕難見如神也。

〔五〕說文曰：「餔謂日加申時也。」今爲「晡」字也。

孔子曰：「聽訟吾猶人也。」從此言之，中才以上，足議曲直，鄉亭部吏，亦有任決斷者，而類多枉曲，蓋有故焉。夫理直則恃正而不橈，事曲則諂意以行賕。不橈故無恩於吏，行賕故見私於法。若事有反覆，吏應坐之，吏以應坐之故，不得不枉之於庭。以羸民之少黨，而與豪吏對訟，其埶得無屈乎？縣承吏言，故與之同。若事有反覆，縣亦應坐之，縣以應坐之故，而排之於郡。以一民之輕，而與一縣爲訟，其理豈得申乎？事有反覆，郡亦坐之，郡以共坐之故，而排之於州。以一民之輕，與一郡爲訟，其事豈獲勝乎？既不肯理，故乃遠詣公府。公府復不能察，而當延以日月。貧弱者無以曠旬，彊富者可盈千日。理訟若此，何枉之能理乎？正士懷怨結而不見信，〔一〕猾吏崇姦軌而不被坐，此小民所以易侵苦，而天下所以多困窮也。

〔一〕信讀曰伸。

且除上天感痛致灾，但以人功見事言之。自三府州郡，至于鄉縣典司之吏，辭訟之民，官事相連，更相檢對者，日可有十萬人。一人有事，二人經營，是爲日三十萬人廢其業也。以中農率之，則是歲三百萬人受其飢者也。然則盜賊何從而銷，太平何由而作乎？詩云：「莫肯念亂，誰無父母？」〔一〕百姓不足，君誰與足？可無思哉！可無思哉！

〔一〕詩小雅也。

述赦篇曰：

凡療病者，必知脈之虛實，氣之所結，然後爲之方，故疾可愈而壽可長也。爲國者，必先知民之所苦，禍之所起，然後爲之禁，故姦可塞而國可安也。今日賊良民之甚者，莫大於數赦贖。赦贖數，則惡人昌而善人傷矣。何以明之哉？夫謹勑之人，身不蹈非，又有爲吏正直，不避彊禦，而姦猾之黨橫加誣言者，皆知赦之不久故也。善人君子，被侵怨而能至闕庭自明者，萬無數人；數人之中得省問者，百不過一；既對尙書而空遣去者，復什六七矣。其輕薄姦軌，既陷罪法，怨毒之家冀其辜戮，以解畜憤，而反一槩悉蒙赦釋，令惡人高會而誇咤，老盜服臧而過門，孝子見讎而不得討，遭盜者覩物而不敢取，痛莫甚焉！

夫養稂莠者傷禾稼，惠姦軌者賊良民。〔一〕書曰：「文王作罰，刑茲無赦。」〔二〕先王之制刑法也，非好傷人肌膚，斷人壽命也；貴威姦懲惡，除人害也。故經稱「天命有德，五服五章哉，天討有罪，五刑五用哉」；詩刺「彼宜有罪，汝反脫之」。〔三〕古者唯始受命之君，承大亂之極，寇賊姦軌，難爲法禁，故不得不有一赦，與之更新，頤育萬民，以成大化。非以養姦活罪，放縱天賊也。夫性惡之民，民之豺狼，雖得放宥之澤，終無改悔之心。旦脫重梏，夕還囹圄，嚴明令尹，不能使其斷絕。何也？凡敢爲大姦者，才必有過於衆，而能自媚於上者也。多散誕得之財，奉以諂諛之辭，以轉相驅，〔四〕

非有第五公之廉直，孰不爲顧哉？〔五〕論者多曰：「久不赦則姦軌熾而吏不制，宜數肆眚以解散之。」此未昭政亂之本源，不察禍福之所生也。

〔一〕爾雅曰：「稂，童粱。」郭璞注云：「莠類也。」詩曰：「不稂不莠。」稂音郎。

〔二〕康誥之言也。

〔三〕詩大雅也。「此宜無罪，汝反收之；彼宜有罪，汝反脫之」。毛萇注云：「脫，赦也。」

〔四〕誕猶虛也。

〔五〕謂第五倫也。爲司空，性廉直也。

後度遼將軍皇甫規解官歸安定，鄉人有以貨得鴈門太守者，亦去職還家，書刺謁規。規臥不迎，既入而問：「卿前在郡食鴈美乎？」有頃，又白王符在門。規素聞符名，乃驚遽而起，衣不及帶，屣履出迎，援符手而還，與同坐，極歡。時人爲之語曰：「徒見二千石，不如一縫掖。」〔一〕言書生道義之爲貴也。符竟不仕，終於家。

〔一〕禮記儒行孔子曰：「丘少居魯，衣逢掖之衣。」鄭玄注曰：「逢猶大也。大掖之衣，大袂單衣也。」

仲長統字公理，山陽高平人也。少好學，博涉書記，贍於文辭。年二十餘，游學青、徐、并、冀之閒，與交友者多異之。并州刺史高幹，袁紹甥也。素貴有名，招致四方遊士，士多歸附。統過幹，幹善待遇，訪以當時之事。統謂幹曰：「君有雄志而無雄才，好士而不能擇人，所以為君深戒也。」幹雅自多，不納其言，統遂去之。無幾，幹以并州叛，卒至於敗。〔一〕并冀之士皆以是異統。〔二〕

〔一〕魏志曰：「高幹叛，欲〔南〕奔〔南〕荊州，上洛都尉王琰捕斬之」也。

〔二〕異其有知人之鑒也。

統性俶儻，敢直言，不矜小節，默語無常，時人或謂之狂生。每州郡命召，輒稱疾不就。常以為凡遊帝王者，欲以立身揚名耳，而名不常存，人生易滅，優遊偃仰，可以自娛，欲卜居清曠，以樂其志，論之曰：「使居有良田廣宅，背山臨流，溝池環帀，竹木周布，場圃築前，果園樹後。舟車足以代步涉之艱，使令足以息四體之役。養親有兼珍之膳，妻孥無苦身之勞。〔一〕良朋萃止，則陳酒肴以娛之；嘉時吉日，則亨羔豚以奉之。蹰躇畦苑，遊戲平林，〔二〕濯清水，追涼風，釣游鯉，弋高鴻。諷於舞雩之下，詠歸高堂之上。〔三〕安神閨房，思老氏之玄虛；呼吸精和，求至人之仿佛。〔四〕與達者數子，論道講書，俯仰二儀，錯綜人物。彈南風之雅操，發清商之妙曲。〔五〕消搖一世之上，睥睨天地之閒。不受當時之責，永保性命之期。如是，則可以陵霄漢，出宇宙之外矣。豈羨夫入帝王之門哉！」又作詩二篇，以見其志。辭曰：

〔一〕拏讀曰奴。

〔二〕踴躇猶踟躕也。

〔三〕雩，祭旱之名也。爲壇而儛其上，以祈雨焉。論語曾點曰：「春服既成，冠者五六人，童子六七人，浴乎沂，風乎舞雩，詠而歸。」

〔四〕老子曰：「玄之又玄，虛其心，實其腹。」呼吸謂咽氣養生也。莊子曰：「吹煦呼吸，吐故納新。」又曰「至人無己」也。

〔五〕家語曰：「舜彈五絃之琴，造南風之詩曰：『南風之薰兮，可以解吾人之慍兮。南風之時兮，可以阜吾人之財兮。』」三禮圖曰：「琴本五弦，曰宮、商、角、徵、羽，文王增二，曰少宮、少商，弦最清也。」

飛鳥遺跡，蟬蛻亡殼。騰蛇弃鱗，神龍喪角。〔一〕至人能變，達士拔俗。乘雲無轡，騁風無足。垂露成幃，張霄成幄。沆瀣當餐，九陽代燭。〔二〕恒星豔珠，朝霞潤玉。六合之內，恣心所欲。人事可遺，何爲局促？

〔一〕王充論衡曰：「蠐螬化爲復育，復育轉爲蟬。蟬之去復育，龜之解甲，蛇之脫皮，可謂尸解矣。」蛻音式銳反。爾雅曰：「騰蛇有鱗。」廣雅曰：「有角曰龍。」喪角，解角也。

〔二〕霄，摩天赤氣也。在旁曰幃，在上曰幄。陵陽子明經曰：「沆瀣者，北方夜半氣也。」九陽謂日也。山海經曰「陽谷上有扶木，九日居下枝，一日居上枝」也。

大道雖夷，見幾者寡。任意無非，適物無可。古來繞繞，委曲如瑣。百慮何爲，至要在我。寄愁天上，埋憂地下。叛散五經，滅弃風、雅。百家雜碎，請用從火。抗志山栖，游心海左。元氣爲舟，微風爲柂。〔一〕敖翔太清，縱意容冶。

〔一〕柂，船尾也，音徒可反。

尙書令荀彧聞統名，奇之，舉爲尙書郎。後參丞相曹操軍事。每論說古今及時俗行事，恆發憤歎息。因著論名曰昌言，〔一〕凡三十四篇，十餘萬言。

〔一〕昌，當也。尙書曰：「汝亦昌言。」

獻帝遜位之歲，統卒，時年四十一。友人東海繆襲常稱統才章足繼西京董、賈、劉、楊。〔一〕今簡撮其書有益政者，略載之云。

〔一〕董仲舒、賈誼、劉向、楊雄也。襲字熙伯，辟御史府，後至尙書、光祿勳。

理亂篇曰：

豪傑之當天命者，未始有天下之分者也。無天下之分，故戰爭者競起焉。于斯之時，並僞假天威，矯據方國，擁甲兵與我角才智，程勇力與我競雌雄，不知去就，疑誤天下，蓋不可數也。角知者皆窮，角力者皆負，形不堪復伉，埶不足復校，乃始羈首係頸，就我之銜紲耳。〔一〕夫或曾爲我之尊長矣，或曾與我爲等儕矣，或曾臣虜我矣，或曾執囚我矣。彼之蔚蔚，皆匈詈腹詛，幸我之不成，〔二〕而以奮其前志，詎肯用此爲終死之分邪？

〔一〕銜，勒也。紲，韁也。

〔二〕蔚與鬱古字通。

及繼體之時，民心定矣。普天之下，賴我而得生育，由我而得富貴，安居樂業，長養子孫，天下晏然，皆歸心於我矣。豪傑之心既絕，士民之志已定，貴有常家，尊在一人。當此之時，雖下愚之才居之，猶能使恩同天地，威侔鬼神。暴風疾霆，不足以方其怒；陽春時雨，不足以喻其澤；周、孔數千，無所復角其聖；賁、育百萬，無所復奮其勇矣。

彼後嗣之愚主，見天下莫敢與之違，自謂若天地之不可亡也，乃奔其私嗜，騁其邪欲，君臣宣淫，上下同惡。〔一〕目極角觝之觀，耳窮鄭衞之聲。〔二〕入則耽於婦人，出則馳於田獵。荒廢庶政，弃亡人物，澶漫彌流，無所底極。〔三〕信任親愛者，盡佞諂容說之人也；寵貴隆豐者，盡后妃姬妾之家也。使餓狼守庖廚，飢虎牧牢豚，遂至熬天下之脂膏，斲生人之骨髓。怨毒無聊，禍亂並起，中國擾攘，四夷侵叛，土崩瓦解，一朝而去。昔之爲我哺乳之子孫者，今盡是我飲血之寇讎也。至於運徙埶去，猶不覺悟者，豈非富貴生不仁，沈溺致愚疾邪？存亡以之迭代，政亂從此周復，天道常然之大數

也。〔四〕

〔一〕左傳泄冶諫陳靈公曰：「公卿宣淫，人無効焉。」杜預注云：「宣，示也。」

〔二〕武帝元封三年，作角觝戲。音義云：「兩兩相當角力，角伎藝射御，故名角抵，蓋雜伎樂（以）〔也〕，巴俞戲魚龍蔓延之屬也。後更名平樂觀。」

〔三〕禮記曰「鄭音好濫淫志，宋音宴安溺志」也。

〔三〕澶漫猶縱逸也。澶音徒旦反。莊子外篇曰「澶漫爲樂」也。

〔四〕左傳曰：「美惡周必復，天之道也。」

又政之爲理者，取一切而已，非能斟酌賢愚之分，以開盛衰之數也。日不如古，彌以遠甚，豈不然邪？漢興以來，相與同爲編戶齊民，而以財力相君長者，世無數焉。而清絜之士，徒自苦於茨棘之閒，無所益損於風俗也。豪人之室，連棟數百，膏田滿野，奴婢千羣，徒附萬計。〔一〕船車賈販，周於四方；廢居積貯，滿於都城。〔二〕琦賂寶貨，巨室不能容；〔三〕馬牛羊豕，山谷不能受。妖童美妾，塡乎綺室；倡謳（妓）〔伎〕樂，列乎深堂。賓客待見而不敢去，車騎交錯而不敢進。三牲之肉，臭而不可食；清醇之酎，敗而不可飲。睇盼則人從其目之所視，喜怒則人隨其心之所慮。此皆公侯之廣樂，君長之厚實也。苟能運智詐者，則得之焉；苟能得之者，人不以爲罪焉。源發而橫流，路開而四通矣。求士之舍榮樂而居窮苦，〔四〕弃放逸而赴束縛，夫誰肯爲之者邪！〔五〕夫亂世長而化世短。亂世則小人貴寵，君子困賤。當君子困賤之時，跼高天，蹐厚地，猶恐有鎮厭之禍也。〔六〕逮至清世，則復入於矯枉過正之檢。老者耄矣，不能及寬饒之俗；少者方壯，將復困於衰亂之時。是使姦人擅無窮之福利，而善士挂不赦之罪辜。苟目能辯色，耳能辯聲，口能辯味，體能辯寒溫者，將皆以脩絜爲諱惡，設智巧以避之焉，況肯有安而樂之者邪？斯下世人主一切之愆也。

〔一〕徒，衆也。附，親也。
〔二〕史記曰：「轉轂百數，廢居蓄邑。」注云：「有所廢，有所蓄，言其乘時射利也。」
〔三〕琦，瑋也。抱朴子曰「片玉可以琦，奚必俟盈尺」也。
〔四〕舍音式者反。
〔五〕東縛謂自潔淸如拘執也。
〔六〕詩小雅曰：「謂天蓋高，不敢不跼；謂地蓋厚，不敢不蹐。」毛萇注云：「跼，曲也。蹐，累足也。」

昔春秋之時，周氏之亂世也。逮乎戰國，則又甚矣。秦政乘并兼之埶，放虎狼之心，〔一〕屠裂天下，吞食生人，暴虐不已，以招楚漢用兵之苦，甚於戰國之時也。漢二百年而遭王莽之亂，〔二〕計其殘夷滅亡之數，又復倍乎秦、項矣。以及今日，名都空而不居，百里絕而無民者，不可勝數。〔三〕此則又甚於亡新之時也。悲夫！不及五百年，大難三起，〔四〕中間之亂，尚不數焉。變而彌猜，下而加酷，〔五〕推此以往，可及於盡矣。嗟乎！不知來世聖人救此之道，將何用也？又不知天若窮此之數，欲何至邪？

〔一〕政，始皇名也。

〔二〕漢至王莽篡位二百一十四年。云二百者，舉全數。

〔三〕孝平帝時，凡郡國一百三，縣邑一千三百一十四，道三十四，侯國二百四十一。地東西九千三百二里，南北一萬三百六十八里。人戶一千二百二十三萬三千六十二，口五千九百五十九萬四千九百七十八。此漢家極盛之時。遭王莽喪亂，暨光武中興，海內人戶，準之於前，十裁二三，邊方蕭條，略無孑遺。孝靈遭黃巾之寇，獻帝嬰董卓之禍，英雄棊峙，白骨膏野，兵亂相尋三十餘年，三方既寧，萬不存一也。

〔四〕秦三王二帝通在位四十九年，前漢二百三十年，後漢百九十五年，凡四百七十四年，故云不及五百年也。三起謂秦末及王莽并獻帝時也。

〔五〕下猶後也。

損益篇曰：

作有利於時，制有便於物者，可爲也。事有乖於數，法有翫於時者，可改也。故行於古有其迹，用於今無其功者，不可不變。變而不如前，易而多所敗者，亦不可不復也。漢之初興，分王子弟，委之以士民之命，假之以殺生之權。於是驕逸自恣，志意無厭。魚肉百姓，以盈其欲；報蒸骨血，以快其情。上有篡叛不軌之姦，下有暴亂殘賊之害。雖藉親屬之恩，蓋源流形埶使之然也。降爵削土，稍稍割奪，卒至於坐食奉祿而已。然其洿穢之行，淫昏之罪，猶尙多焉。故淺其根本，輕其恩義，猶尙假一日之尊，收士民之用。況專之於國，擅之於嗣，豈可鞭笞叱咤，而使唯我所爲者乎？時政彫敝，風俗移易，純樸已去，智惠已來。〔一〕出於禮制之防，放於嗜欲之域久矣，固不可授之以柄，假之以資者也。是故收其奕世之權，校其從橫之埶，善者早登，否者早去，〔二〕故下土無壅滯之士，國朝無專貴之人。此變之善，可遂行者也。

〔一〕老子曰「智惠出，有大僞」也。

〔二〕去音袪莒反。

井田之變，豪人貨殖，館舍布於州郡，田畝連於方國。身無半通青綸之命，而竊三辰龍章之服；〔一〕不爲編戶一伍之長，而有千室名邑之役。〔二〕榮樂過於封君，埶力侔於守令。財賂自營，犯法不坐。刺客死士，爲之投命。至使弱力少智之子，被穿帷敗，寄死不斂，冤枉窮困，不敢自理。雖亦由網禁疎闊，蓋分田無限使之然也。今欲張太平之紀綱，立至化之基趾，齊民財之豐寡，正風俗之奢儉，非井田實莫由也。此變有所敗，而宜復者也。

〔一〕十三州志曰：「有秩、嗇夫，得假半章印。」續漢輿服志曰：「百石，青紺綸，一采，宛轉繆織，長丈二尺。」說文：「綸，青絲綬也。」鄭玄注禮記曰：「綸，今有秩、嗇夫所佩也。」三辰，日、月、星也。龍章謂山龍之章。皆畫於衣也。

〔二〕周禮小司徒職：「五人爲伍。」前書曰：「五家爲伍，伍有長。」論語孔子曰：「千室之邑，百乘之家。」言豪強之家，身無品秩，而強富比於公侯也。

肉刑之廢，輕重無品，下死則得髡鉗，下髡鉗則得鞭笞。〔一〕死者不可復生，而髡者無傷於人。髡笞不足以懲中罪，安得不至於死哉！〔二〕夫雞狗之攘竊，男女之淫奔，酒醴之賂遺，謬誤之傷害，皆非值於死者也。殺之則甚重，髡之則甚輕。不制中刑以稱其罪，則法令安得不參差，殺生安得不過謬乎？今患刑輕之不足以懲惡，則假臧貨以成罪，託疾病以諱殺。〔三〕科條無所準，名實不相應，恐非帝王之通法，聖人之良制也。或曰：過刑惡人，可也；過刑善人，豈可復哉？曰：若前政以來，未曾枉害善人者，則有罪不死也，〔四〕是爲忍於殺人（也），而不忍於刑人也。今令五刑有品，輕重有數，科條有序，名實有正，非殺人逆亂鳥獸之行甚重者，皆勿殺。〔五〕嗣周氏之祕典，續呂侯之祥刑，此又宜復之善者也。〔六〕

〔一〕下猶減也。

〔二〕言髡笞太輕，不足畏懼，而姦人冒罪，以陷於死。明復古肉刑，則人不陷於死也。

〔三〕假增臧貨，以益其罪。託稱疾病，令死於獄也。

〔四〕言善人有罪，亦當殺之也。

〔五〕鳥獸之行謂蒸報也。

〔六〕周禮大司寇職：「掌邦之三典，以佐王刑邦國，詰四方，一曰刑新國用輕典，二曰刑平國用中典，三曰刑亂國用重典。」祥，善也。尚書曰：「敎爾祥刑。」

易曰：「陽一君二臣，君子之道也；陰二君一臣，小人之道也。」〔一〕然則寡者，爲人上者也；衆者，爲人下者也。一伍之長，才足以長一伍者也；一國之君，才足以君一國者也；天下之王，才足以王天下者也。愚役於智，猶枝之附幹，此理天下之常法也。制國以分人，立政以分事，人遠則難綏，事總則難了。今遠州之縣，或相去數百千里，雖多山陵洿澤，猶有可居人種穀者焉。當更制其境界，使遠者不過二百里。明版籍以相數閱，審什伍以相連持，〔二〕限夫田以斷并兼，定五刑以救死亡，〔三〕益君長以興政理，急農桑以豐委積，去末作以一本業，敦教學以移情性，表德行以厲風俗，覈才藝以敍官宜，簡精悍以習師田，〔四〕修武器以存守戰，嚴禁令以防僭差，信賞罰以驗懲勸，糾游戲以杜姦邪，察苛刻以絕煩暴。審此十六者以爲政務，操之有常，課之有限，安寧勿懈墯，有事不迫遽，聖人復起，不能易也。

〔一〕繫詞之文也。陽卦一陽而二陰，陰卦一陰而二陽。陽爲君，陰爲臣。

〔二〕周禮曰：「凡在版者。」注云：「版，名籍也，以版爲之也。」

〔三〕司馬法曰：「步百爲畝，畝百爲夫，夫三爲屋，屋三爲井。」幷兼謂豪富之家以財埶幷取貧人之田而兼有之。

〔四〕周禮曰：「凡師田斬牲以左右徇陳。」注云：「示犯誓必殺也。」

向者，天下戶過千萬，除其老弱，但戶一丁壯，則千萬人也。遺漏既多，又蠻夷戎狄居漢地者尚不在焉。丁壯十人之中，必有堪爲其什伍之長，推什長已上，則百萬人也。又十取之，則佐史之才已上十萬人也。又十取之，則可使在政理之位者萬人也。以筋力用者謂之人，人求丁壯；以才智用者謂之士，士貴耆老。充此制以用天下之人，猶將有儲，何嫌乎不足也？故物有不求，未有無物之歲也；士有不用，未有少士之世也。夫如此，然後可以用天性，究人理，興頓廢，屬斷絕，〔一〕網羅遺漏，拱柙天人矣。〔二〕

〔一〕屬猶續也。

〔二〕拱，執也。柙，檻也。柙，音下甲反。

或曰：善爲政者，欲除煩去苛，幷官省職，爲之以無爲，事之以無事，何子言之云云也？〔一〕曰：若是，三代不足摹，聖人未可師也。〔二〕君子用法制而至於化，小人用法制而至於亂。均是一法制也，或以之化，或以之亂，行之不同也。苟使豺狼牧羊豚，盜跖主征稅，國家昏亂，吏人放肆，則惡復論損益之閒哉！〔三〕夫人待君子然後化理，國待蓄積乃無憂患。君子非自農桑以求衣食者也，蓄積非横賦斂以取優饒者也。奉祿誠厚，則割剝貿易之罪乃可絶也；蓄積誠多，則兵寇水旱之灾不足苦也。故由其道而得之，民不以爲奢；由其道而取之，民不以爲勞。天灾流行，開倉庫以稟貸，不亦仁乎？衣食有餘，損靡麗以散施，不亦義乎？彼君子居位爲士民之長，固宜重肉累帛，朱輪四馬。今反謂薄屋者爲高，藿食者爲清，既失天地之性，又開虚僞之名，使小智居大位，庶績不咸熙，未必不由此也。〔三〕得拘絜而失才能，非立功之實也。〔四〕以廉舉而以貪去，非士君子之志也。〔五〕夫選用必取善士。善士富者少而貧者多，祿不足以供養，安能不少營私門乎？從而罪之，是設機置穽以待天下之君子也。〔六〕

〔一〕老子云「爲無爲，事無事」也。
〔二〕摹，法也。三代皆用肉刑及井田之法，今不用，是不摹之也。
〔三〕惡音烏。
〔四〕拘絜謂自拘束而絜其身者，即隱逸之人也。
〔五〕去音欺呂反。
〔六〕穽，穿地陷獸也。機，弩牙也。

盜賊凶荒，九州代作，飢饉暴至，軍旅卒發，横税弱人，割奪吏祿，所恃者寡，所取者猥，〔一〕萬里懸乏，首尾不救，徭役並起，農桑失業，兆民呼嗟於昊天，貧窮轉死於溝壑矣。今通肥饒之率，計稼穡之入，令畝收三斛，斛取一斗，未爲甚多。一歲之閒，則有數年之儲，雖興非法之役，恣奢侈之欲，廣愛幸之賜，猶未能盡也。不循古法，規爲輕稅，及至一方有警，一面被灾，未逮三年，校計騫短，坐視戰士之蔬食，立望餓殍之滿道，如之何爲君行此政也？〔二〕二十稅一，名之曰貊，況三十稅一乎？〔三〕夫薄吏祿以豐軍用，緣於秦征諸侯，續以四夷，漢承其業，遂不改更，危國亂家，此之由也。今田無常主，民無常居，吏食日稟，〔四〕（祿）班〔祿〕未定。可爲法制，畫一定科，租稅十一，更賦如舊。〔五〕今者土廣民稀，中地未墾；〔六〕雖然，猶當限以大家，勿令過制。其地有草者，盡曰官田，力堪農事，乃聽受之。若聽其自取，後必爲姦也。

〔一〕猥猶多也。

〔二〕孟子曰：「塗有餓莩而不知發。」趙岐注云：「餓死者曰莩。」莩與殍通，音皮表反。

〔三〕孟子載白圭曰：「吾欲二十而取一何如？」孟子曰：「子之道貊〔道〕也。」趙岐注云：「貊，夷貊之人在荒者也。貊在北方，其氣寒，不生五穀，無中國之禮，故可二十取一而足也。」此言欲輕稅也。

〔四〕稟，給也。

〔五〕更賦，已見光武紀也。

〔六〕上田已耕，唯中地已下未也。

法誡篇曰：

周禮六典，冢宰貳王而理天下。〔一〕春秋之時，諸侯明德者，皆一卿爲政。爰及戰國，亦皆然也。秦兼天下，則置丞相，而貳之以御史大夫。自高帝逮于孝成，因而不改，多終其身。漢之隆盛，是惟在焉。夫任一人則政專，任數人則相倚。政專則和諧，相倚則違戾。和諧則太平之所興也，違戾則荒亂之所起也。光武皇帝慍數世之失權，忿彊臣之竊命，〔二〕矯枉過直，政不任下，雖置三公，事歸臺閣。〔三〕自此以來，三公之職，備員而已；然政有不理，猶加譴責。而權移外戚之家，寵被近習之豎，親其黨類，用其私人，內充京師，外布列郡，顛倒賢愚，貿易選舉，疲駑守境，貪殘牧民，撓擾百姓，忿怒四夷，〔四〕招致乖叛，亂離斯瘼。〔五〕怨氣並作，陰陽失和，三光虧缺，怪異數至，蟲螟食稼，水旱爲災，此皆戚宦之臣所致然也。反以策讓三公，至於死免，乃足爲叫呼蒼天，號咷泣血者也。又中世之選三公也，務於清慤謹慎，循常習故者。是婦女之檢柙，鄉曲之常人耳，惡足以居斯位邪？〔六〕埶既如彼，選又如此，而欲望三公勳立於國家，績加於生民，不亦遠乎？昔文帝之於鄧通，可謂至愛，而猶展申徒嘉之志。〔七〕夫見任如此，則何患於左右小臣哉？至如近世，外戚宦豎請託不行，意氣不滿，立能陷人於不測之禍，惡可得彈正者哉！曩者任之重而責之輕，今者任之輕而責之重。昔賈誼感絳侯之困辱，因陳大臣廉恥之分，開引自裁之端。〔八〕自此以來，遂以成俗。繼世之主，生而見之，習其所常，曾莫之悟。嗚呼，可悲夫！左手據天下之圖，右手刎其喉，愚者猶知難之，況明哲君子哉！〔九〕光武奪三公之重，至今而加甚，不假后黨以權，數世而不行，蓋親疏之埶異也。〔一〇〕母后之黨，左右之人，有此至親之埶，故其貴任萬世。常然之敗，無世而無之，莫之斯鑒，亦可痛矣。未若置丞相自總之。若委三公，則宜分任責成。夫使爲政者，不當與之婚姻；婚姻者，不當使之爲政也。如此，在位病人，〔一一〕舉用失賢，百姓不安，爭訟不息，天地多變，人物多妖，然後可以分此罪矣。

〔一〕爾雅曰：「冢，大也。」貳謂副貳也。周禮天官冢宰「掌建邦之六典，以佐王理邦國。一曰理典，以理官府；二曰教典，以擾萬姓；三曰禮典，以諧萬姓；四曰政典，以均萬姓；五曰刑典，以糺萬姓；六曰事典，以生萬姓」也。

〔二〕慍猶恨也。數代謂元、成、哀、平。彊臣謂王莽。

〔三〕臺閣謂尚書也。

〔四〕撓音火高反。

〔五〕瘼，病也。

〔六〕檢柙猶規矩也。

〔七〕展猶申也。文帝時，太中大夫鄧通居上傍，有怠慢禮，丞相申屠嘉奏事見之，罷朝，召通責之曰：「通小臣，戲殿上，大不敬，當斬。」通頓首，首盡出血。文帝使人召通，謝丞相曰：「此吾弄臣，君其釋之。」

〔八〕文帝時賈誼上書曰：「大臣有罪，不執縛係引而行也。其有大罪者，聞命則北面再拜，跪而自裁，（之）〔上〕不使人捽抑而刑之也。」是時丞相絳侯周勃免就國，人有告勃謀反，繫長安獄，卒無事，復爵邑，故誼以此譏上。上深納其言，是後大臣有罪，皆自殺，不受刑也。

〔九〕言不以重利害其生。事見莊子。

〔一〇〕言光武奪三公重任，今奪更甚。光武不假后黨威權，數代遂不遵行。此爲三公疏，后族親故也。

〔一一〕病人謂萬姓困敝也。

或曰：政在一人，權甚重也。曰：人實難得，何重之嫌？昔者霍禹、竇憲、鄧騭、梁冀之徒，籍外戚之權，管國家之柄；及其伏誅，以一言之詔，詰朝而決，何重之畏乎？今夫國家漏神明於媟近，輸權重於婦黨，筭十世而爲之者八九焉。不此之罪而彼之疑，何其詭邪！〔一〕

〔一〕此謂后黨，彼謂三公也。詭猶違也。

論曰：百家之言政者尙矣。〔一〕大略歸乎寧固根柢，革易時敝也。夫遭運無恒，意見偏雜，故是非之論，紛然相乖。嘗試妄論之，〔二〕以爲世非胥、庭，人乖鷇飮，化迹萬肇，情故萌生。〔三〕雖周物之智，不能研其推變；山川之奧，未足況其紆險。〔四〕則應俗適事，難以常條。如使用審其道，則殊塗同會；才爽其分，則一豪以乖。〔五〕何以言之？若夫玄聖御世，則天同極，施舍之道，宜無殊典。〔六〕而損益異運，文朴遞行。〔七〕用明居晦，回泬於曩時；與戈陳俎，參差於上世。〔八〕及至戴黃屋，服絺衣，豐薄不齊，而致化則一；〔九〕亦有宥公族，黥國儲，寬慘互隔，而防非必同。此其分波而共源，百慮而一致者也。〔一〇〕若乃偏情矯用，則枉直必過。〔一一〕故葛屨履霜，敝由崇儉；〔一二〕楚楚衣服，戒在窮賒；〔一三〕疎禁厚下，以尾大陵弱；〔一四〕斂威峻罰，以苛薄分崩。〔一五〕斯曹、魏之刺，所以明乎國風；周、秦末軌，所以彰於微滅。故用舍之端，興敗資焉。是以繁簡唯時，寬猛相濟。刑書鐫鼎，事有可詳；三章在令，取貴能約。〔一六〕太叔致猛政之褒，國子流遺愛之涕，〔一七〕宣孟改冬日之和，平陽循畫一之法。斯實弛張之弘致，可以徵其統乎！〔一八〕數子之言當世失得皆究矣，然多謬通方之訓，好申一隅之說。〔一九〕貴清靜者，以席上爲腐議；束名實者，以柱下爲誕辭。〔二〇〕或推前王之風，可行於當年；有引救敝之規，宜流於長世。稽之篤論，將爲敝矣。如以舟無推陸之分，瑟非常調之音，〔二一〕不限局以疑遠，不拘玄以妨素，則化樞各管其極，理略可得而言與？〔二二〕

〔一〕尙猶遠也。

〔二〕謙不敢正言也。

〔三〕赫胥氏、大庭氏並古之帝號。莊子曰：「夫聖人鶉居而鷇飲。」言鶉鳥無常居，鷇飲不假物，並淳朴時也。肇，始也。

〔四〕易繫辭曰：「知周乎萬物而道濟天下。」推，遷也。莊子曰「凡人心險於山川，難知於天」也。

〔五〕用得其人，審其道也。授非其才，爽其分也。易繫辭曰：「天下同歸而殊塗，一致而百慮。」易緯曰：「差以毫釐，失之千里。」

〔六〕莊子曰：「玄聖，素王道也。」極猶致也。言法天之道，同其致也。施舍猶興廢也。

〔七〕論語孔子曰：「殷因於夏禮，所損益可知也。」朴，質也。禮記曰「文質再而復」也。

〔八〕回泬猶攙互不齊一也。泬音穴。

〔九〕前書音義曰：「天子車以黃繒為蓋裏，故曰黃屋。」韓子曰：「堯之王天下也，冬日鹿裘，夏日葛衣。」絺，葛也。

〔一〇〕禮記曰：「公族有死罪，獄成，有司讞于公曰『某之罪在大辟』，公曰『宥之』。有司又曰『在大辟』，公又曰『宥之』。」史記曰，秦孝公太子犯法，衞鞅曰「太子君嗣也，不可施刑，刑其傅公子虔，黥其師公孫賈」也。

〔一一〕孟子曰：「矯枉過直。」矯，正也。枉，曲也。言正曲者過於直，以喻為政者懲奢則太儉，患寬則傷猛，不能折衷也。

〔一二〕詩魏風序曰：「葛屨，刺褊也。其君儉嗇褊急，而無德以將之。」詩曰：「糾糾葛屨，可以履霜。」鄭玄注云：「葛屨賤，皮屨貴，魏俗至冬猶葛屨，可用履霜，利其賤也。」

〔一三〕詩曹風序曰：「蜉蝣，刺奢也。」詩曰：「蜉蝣之羽，衣裳楚楚。」毛萇注云：「蜉蝣，渠略也。朝生夕死，猶有羽翼以自飾。楚楚，鮮兒也。喻曹朝羣臣皆小人也，徒飾其衣裳，不知死亡之無日。」賖奢同。

〔四〕疎禁謂防制太寬，厚下謂封建太廣。言周室微弱而諸侯強盛，如尾大然。左傳楚申無宇曰「末大必折，尾大不掉」也。

〔五〕斂，聚也。言秦酷法，以至分崩也。

〔六〕左傳曰：「鄭人鑄刑書。」杜預注云「鑄刑書於鼎，以爲國之常法」也。高祖初入關，除秦苛法，約法三章，言其詳約不同。

〔七〕左傳曰：「鄭子產有疾，謂子大叔曰：『我死，子必爲政。唯有德者能以寬服人，其次莫如猛。』」又曰：「子產卒，仲尼聞之，出涕曰：『古之遺愛也。』」國子卽子產也，鄭穆公子國之子，因以爲姓也。

〔八〕宣孟，晉大夫趙盾也。左傳賈季對酆舒曰：「趙衰，冬日之日也。趙盾，夏日之日也。」注云：「冬日可愛，夏日可畏。」前書平陽侯曹參爲相國，百姓歌之曰：「蕭何爲法，講若畫一。曹參代之，守而勿失。載其清靜，人以寧一。」

〔九〕一隅謂一方偏見也。

〔一〇〕淸靜謂道家也。席上謂儒也。腐，朽也。禮記儒行曰：「儒有席上之珍。」高祖折隨何曰：「安用腐儒哉。」名實，名家也。柱下，老子也。誕，虛也。言志各不同也。

〔一一〕古法不施於今，猶舟不可行之於陸也。今法有合於時，如瑟可移柱而調也。莊子曰「是推舟於陸，勞而無功」也。前書董仲舒曰：「琴瑟不調，甚者必解而更張之，乃可鼓也。爲政不行，甚者必變而更化之，乃可理也。」

〔一二〕音余。

贊曰：管視好偏，羣言難一。救朴雖文，矯遲必疾。舉端自理，滯隅則失。詳觀時蠹，

成昭政術。〔一〕

〔一〕滯隅謂偏執一隅也。淮南子曰：「非循一跡之路，守一隅之指，而不與俗推移也。」

校勘記

一六二九頁七行　充幼聰朗　按：汲本、殿本「朗」作「明」。

一六三二頁四行　夫五（世）〔代〕之臣　刊誤謂此「世」字當是「代」字，後人誤改。今據以回改。

一六三二頁七行　是故德不稱其禍必酷能不稱其殃必大　刊誤謂「德不稱」下脫「其位」二字，「能不稱」下脫「其祿」二字。按：集解引蘇輿說，謂潛夫論貴忠篇作「德不稱其任」，「能不稱其位」。

一六三三頁九行　歷觀前政貴人之用心也　按：集解引蘇輿說，謂潛夫論「政」作「世」，連下讀，疑此避唐諱改。

一六三四頁一三行　懷憂憒憒　按：殿本「憒憒」作「憒憒」，今潛夫論亦作「憒憒」。

一六三四頁一五行　此妖妄之甚者也　按：「妖」原作「妭」，逕改正。

一六三五頁四行　用功千倍　按：集解引蘇輿說，謂「千倍」當從元書作「十倍」。

一六三五頁一〇行　車軿數里　汲本「軿」作「駢」。校補謂車駢數里本指車馬言，作「軿」者誤，章懷注亦誤。今按：下言「緹帷竟道」，明指車言，作「軿」者是，校補說非。

一六三七頁四行　春秋以爲(非)〔不〕君　殿本「非」作「不」，與左傳合，今據改。

一六三七頁四行　樂舉　按：潛夫論作「樂呂」，成二年左傳作「樂舉」，文十八年、宣二年並作「樂呂」。

一六三七頁七行　葬南巴之中　按：集解引沈欽韓說，謂墨子節葬篇「南巴之中」作「南己之市」。呂覽安死篇「舜葬於紀市，不變其肆」。高注「九疑山亦有紀邑」。己與巴相似而誤。

一六三九頁六行　出處默語　按：殿本「默語」作「語默」。

一六三九頁一三行　化國之日舒以長　按：潛夫論「化」作「治」，此亦避唐諱改。惠棟謂唐諱「治」，章懷注後漢書，隨文改易，此篇「治國之日舒以長」，改爲「化國」，後人因之，遂有「光天化日」之語，豈非郢書而燕說乎？

一六四〇頁四行　(令)〔今〕寃民仰希申訴　刊誤謂案文「令」當作「今」。今據改。

一六四〇頁一六行　不橈故無恩於吏　「橈」原作「撓」，逕據殿本改。按：撓橈從手從木，古互通，然上文既作「橈」，以改歸一律爲是。

一六四二頁一三行　頤育萬民　按：汲本、殿本「民」作「物」。

一六四四頁五行　欲(南)奔〔南〕荆州　張森楷校勘記謂州名有「南」字，始見宋志，漢、魏、晉俱無，此「南」字當在「奔」字上。按：魏志袁紹傳正作「欲南奔荆州」，今據改。

一六四五頁一三行　騰蛇有鱗　按：集解引沈欽韓說，謂爾雅釋魚「騰」作「螣」，無「有鱗」二字。

一六四五頁一三行　有角曰龍　按：集解引沈欽韓說，謂廣雅「有角曰虯龍」，注脫「虯」字。

一六四六頁一行　抗志山栖　按：汲本、殿本「栖」作「西」。

一六四六頁二行　徽風爲柂　按：「柂」原譌「杝」，逕改正。注同。

一六四七頁一五行　政亂從此周復　按：王先謙謂「政」亦「治」字避諱改。

一六四八頁三行　蓋雜伎樂(以)〔也〕　據漢書武帝紀文穎注改。

一六四八頁四行　宋音宴安溺志　按：禮記樂記「安」作「女」。

一六四八頁一一行　倡謳(妓)〔伎〕樂　據集解本改。

一六五〇頁五行　道三十四　按：集解引洪亮吉說，謂前書地理志「三十四」作「三十二」。

一六五〇頁五行　南北一萬三百六十八里　按：集解引王鳴盛說，謂「南北一萬」下前書有「三千」字，此脫。

一六五〇頁一五行　假之以殺生之權　按：汲本、殿本作「生殺之權」。

一六五三頁一〇行　是爲忍於殺人(也)而不忍於刑人也　據刊誤刪。

一六五六頁七行　(祿)班〔祿〕未定　刊誤謂案文當作「班祿」。今據改。

一六五六頁一三行　子之道貊〔道〕也　據汲本補，與今本孟子合。

一六五六頁一三行　趙岐注云　按：原本趙岐之「岐」皆作「歧」，逕改正。

一六五七頁一四行　而猶展申徒嘉之志　按：汲本、殿本「徒」作「屠」。

一六五九頁二行　（之）〔上〕不使人捽抑而刑之也　據殿本改，與前書賈誼傳合。

一六六二頁四行　言其詳約不同　按：「詳」原譌「群」，逕改正。又按：汲本、殿本作「言其詳約也」，無「不同」二字。

一六六三頁二行　謂偏執一隅也　按：「偏」原譌「徧」，逕改正。

後漢書卷五十

孝明八王列傳第四十

孝明皇帝九子：賈貴人生章帝；陰貴人生梁節王暢；餘七王本書不載母氏。〔一〕

〔一〕本書謂東觀記也。

千乘哀王建，永平三年封。明年薨。年少無子，國除。

陳敬王羨，永平三年封廣平王。建初三年，有司奏遣羨與鉅鹿王恭、樂成王黨俱就國。肅宗性篤愛，不忍與諸王乖離，遂皆留京師。明年，案輿地圖，令諸國戶口皆等，租入歲各八千萬。羨博涉經書，有威嚴，與諸儒講論於白虎殿。七年，帝以廣平在北，多有邊費，〔二〕

乃徙羨爲西平王，〔二〕分汝南八縣爲國。及帝崩，遺詔徙封爲陳王，食淮陽郡，其年就國。立三十七年薨，子思王鈞嗣。

〔一〕廣平，縣，故城在今洛州永年縣北。

〔二〕西平，縣，屬汝南郡也。

鈞立，多不法，遂行天子大射禮。〔一〕性隱賊，喜文法，國相二千石不與相得者，輒陰中之。懀怨敬王夫人李儀等，永元十一年，遂使客隗久〔二〕殺儀家屬。吏捕得久，繫長平獄。〔三〕鈞欲斷絕辭語，復使結客篡殺久。事發覺，有司舉奏，鈞坐削西華、項、新陽三縣。〔四〕十二年，封鈞六弟爲列侯。〔五〕後鈞取掖庭出女李嬈爲小妻，〔六〕復坐削圉、宜祿、扶溝三縣。〔七〕永初七年，封敬王孫安國爲耕亭侯。

〔一〕天子將祭，擇士而祭，謂之大射。大射之禮，張三侯，虎侯、熊侯、豹侯，示服猛也，皆以其皮方制之。樂用騶虞，九節。謝承書曰「陳國戶曹史高愼諫國相曰：『諸侯射豕，天子射熊，八彝六樽，禮數不同。昔季氏設朱干玉戚以舞大夏。左傳曰：「唯名與器，不可以假人。」奢僭之漸，不可聽也。』於是諫爭不合，爲王所非，坐司寇罪」也。

〔二〕「久」或作「文」。

〔三〕長平，縣，屬陳國。

〔四〕西華故城在今陳州溵水縣西北。項，今陳州項城縣也。新陽故城在今豫州眞陽縣西南也。

〔五〕伏侯古今注曰「番爲陽都鄉侯，千秋爲新平侯，參爲周亭侯，壽爲樂陽亭侯，寶爲博平侯，旦爲高亭侯」也。

〔六〕嬈音寧了反。

〔七〕圉、扶溝並屬陳留郡。宜祿屬汝南郡。

鈞立二十一年薨，子懷王竦嗣。立二年薨，無子，國絕。

永寧元年，立敬王子安壽亭侯崇爲陳王，是爲頃王。立五年薨，子孝王承嗣。

承薨，子愍王寵嗣。熹平二年，國相師遷追奏前相魏愔與寵共祭天神，希幸非冀，罪至不道。有司奏遣使者案驗。是時新誅勃海王悝，〔一〕靈帝不忍復加法，詔檻車傳送愔、遷詣北寺詔獄，使中常侍王酺〔二〕與尚書令、侍御史雜考。愔辭與王共祭黃老君，求長生福而已，無它冀幸。酺等奏愔職在匡正，而所爲不端，遷誣告其王，罔以不道，皆誅死。有詔赦寵不案。

〔一〕靈帝熹平元年，悝被誣謀反自殺也。

〔二〕華嶠書及宦者傳諸本並作「甫」，此云「酺」，未詳孰是也。

寵善弩射，十發十中，中皆同處。〔一〕中平中，黃巾賊起，郡縣皆弃城走，寵有彊弩數千張，出軍都亭。〔二〕國人素聞王善射，不敢反叛，故陳獨得完，百姓歸之者衆十餘萬人。及獻帝初，義兵起，寵率衆屯陽夏，〔三〕自稱輔漢大將軍。國相會稽駱俊素有威恩，時天下飢荒，鄰郡人多歸就之，俊傾資賑贍，並得全活。後袁術求糧於陳，而俊拒絕之，術忿恚，遣客

詐殺俊及寵，陳由是破敗。〔四〕

〔一〕華嶠書曰：「寵射，其祕法以天覆地載，參連爲奇。又有三微、三小。三微爲經，三小爲緯，經緯相將，萬勝之方，然要在機牙。」

〔二〕置軍營於國之都亭也。

〔三〕縣名，屬淮陽國。夏音公雅反。

〔四〕謝承書曰：「俊字孝遠，烏傷人。察孝廉，補尚書侍郎，擢拜陳國相。人有産子，厚致米肉，達府主意，生男女者，以駱爲名。袁術使部曲將張闓陽私行到陳，之俊所，俊往從飲酒，因詐殺俊，一郡吏人哀號如喪父母。」

是時諸國無復租祿，而數見虜奪，幷日而食，轉死溝壑者甚衆。夫人姬妾多爲丹〔陽〕〔陵〕兵烏桓所略云。

彭城靖王恭，永平九年賜號靈壽王。〔一〕十五年，封爲鉅鹿王。建初三年，徙封江陵王，改南郡爲國。元和二年，三公上言江陵在京師正南，不可以封，乃徙爲六安王，以廬江郡爲國。肅宗崩，遺詔徙封彭城王，食楚郡，其年就國。恭敦厚威重，舉動有節度，吏人敬愛之。永初六年，封恭子阿奴爲竹邑侯。〔二〕

〔一〕取其美名也，下重熹王亦同。東觀記曰「賜號，未有國邑」也。

〔三〕竹邑，縣，屬沛郡，故城在今徐州符離縣也。「竹邑」或爲「邕」字，轉寫誤也。

元初三年，恭以事怒子酺，酺自殺。〔一〕國相趙牧以狀上，因誣奏恭祠祀惡言，大逆不道。有司奏請誅之。恭上書自訟。朝廷以其素著行義，令考實，無徵，牧坐下獄，會赦免死。〔二〕

〔一〕東觀記曰：「恭子男丁前〔妻〕物故，酺侮慢丁小妻，恭怒，閉酺馬廄，酺亡，夜詣彭城縣欲上書，恭遣從官倉頭曉令歸，數責之，乃自殺也。」

〔二〕決錄注曰：「牧字仲師，長安人。少知名，以公正稱。修春秋，事樂恢。恢以直諫死，牧爲陳寃得申。高第爲侍御史、會稽太守，皆有稱績。及誣奏恭，安帝疑其侵，乃遣御史母丘歆覆案其事實，下牧廷尉，會赦不誅，終於家。」

恭立四十六年薨，子考王道嗣。元初五年，封道弟三人爲鄉侯，〔一〕恭孫順爲東安亭侯。

〔一〕東觀記曰：「丙爲都鄉侯，國爲安鄉侯，丁爲魯陽鄉侯。」

道立二十八年薨，子頃王定嗣。本初元年，封定兄弟九人皆爲亭侯。〔一〕

〔一〕東觀記曰「定兄據卞亭侯，弟光昭陽亭侯，固公梁亭侯，興蒲亭侯，延昌城亭侯，祀梁父亭侯，堅西安亭侯，代林亭侯」也。

定立四年薨，子孝王和嗣。和性至孝，太夫人薨，行喪陵次，毀胔過禮。傳相以聞。桓帝詔使奉牛酒迎王還宮。和敬賢樂施，國中愛之。初平中，天下大亂，和爲賊昌務所攻，避奔東阿，後得還國。立六十四年薨，孫祗嗣。立七年，魏受禪，以爲崇德侯。

樂成靖王黨，永平九年賜號重熹王，十五年封樂成王。黨聰惠，善史書，喜正文字。與肅宗同年，尤相親愛。建初四年，以清河之游、觀津，勃海之東光、成平，涿郡之中水、饒陽、安平、南深澤八縣益樂成國。〔一〕及帝崩，其年就國。黨急刻不遵法度。舊禁宮人出嫁，不得適諸國。有故掖庭技人哀置，嫁爲男子章初妻，〔二〕黨召哀置入宮與通，初欲上書告之，黨恐懼，乃密賂哀置姊焦使殺初。事發覺，黨乃縊殺內侍三人，以絕口語。又取故中山簡王傅婢李羽生爲小妻。永元七年，國相舉奏之。和帝詔削東光、鄡二縣。〔三〕

〔一〕前書及郡國志清河無游縣。觀津故城在今德州蓨縣東北，東光在滄州東光縣南，成平在景城縣南，中水在今瀛州樂壽縣西北，南深澤在今定州深澤縣東也。

〔二〕哀，姓；置，名也。稱男子者，無官爵也。

〔三〕鄡縣屬鉅鹿郡。鄡音羌堯反。

立二十五年薨，子哀王崇嗣。立二月薨，無子，國絕。

明年，和帝立崇兄脩侯巡爲樂成王，是爲釐王。〔一〕立十五年薨，子隱王賓嗣。立八年薨，無子，國絕。

〔一〕脩縣（及）〔即〕條縣，（皆）屬勃海。條字或作「脩」。

明年，復立濟北惠王子萇爲樂成王後。萇到國數月，驕淫不法，愆過累積，冀州刺史與國相舉奏萇罪至不道。安帝詔曰：「萇有靦其面，而放逸其心。〔一〕知陵廟至重，承繼有禮，不惟致敬之節，肅穆之慎，乃敢擅損犧牲，不備苾芬。〔二〕慢易大姬，不震厥教。〔三〕出入顚覆，風淫于家，娉取人妻，饋遺婢妾。毆擊吏人，專己凶暴。愆罪莫大，甚可恥也。朕覽八辟之議，不忍致之于理。〔四〕其貶萇爵爲臨湖侯。〔五〕朕無『則哲』之明，致簡統失序，罔以尉承大姬，增懷永歎。」〔六〕

〔一〕靦，姡也。言面姡然無媿。姡音胡八反。

〔二〕詩小雅曰：「苾苾芬芬，祀事孔明。」

〔三〕大姬即萇所繼之母。震，懼也。

〔四〕周禮司寇：「以八辟麗邦法：一曰議親之辟，二曰議故之辟，三曰議賢之辟，四曰議能之辟，五曰議功之辟，六曰議貴之辟，七曰議勤之辟，八曰議賓之辟。」

〔五〕臨湖屬廬江郡。

〔六〕袁宏紀曰：「尚書侍郎冷宏議，以為自非聖人，不能無過，故王太子生，為立賢師傅以訓導之，是以目不見惡，耳不聞非，能保其社稷，高明令終。萇少長藩國，內無過庭之訓，外無師傅之道，血氣方剛，卒受榮爵，幾微生過，遂陷不義。臣聞周官議親，惷愚見赦。萇不殺無辜，以譴呵為非，無赫赫大惡，可裁削奪損其租賦，令得改過自新，革心向道。」案黃香集，香與宏共奏，此香之辭也。

延光元年，以河閒孝王子得嗣靖王後。以樂成比廢絕，故改國曰安平，是為安平孝王。立三十年薨，子續立。中平元年，黃巾賊起，為所劫質，囚于廣宗。〔一〕賊平復國。其年秋，坐不道被誅。立三十四年，國除。

〔一〕今貝州宗城縣也，隨室諱改焉。

下邳惠王衍，永平十五年封。衍有容貌，肅宗即位，常在左右。建初初冠，詔賜衍師傅已下官屬金帛各有差。四年，以臨淮郡及九江之鍾離、當塗、東城、歷陽、全椒合十七縣益下邳國。〔一〕帝崩，其年就國。衍後病荒忽，而太子卬有罪廢，諸姬爭欲立子為嗣，連上書相告言。和帝憐之，使彭城靖王恭至下邳正其嫡庶，立子成為太子。〔二〕

〔一〕鍾離在今豪州鍾離縣東。當塗在縣西南。東城在定遠縣東南。歷陽，和州縣也。全椒，今滁州縣也。

〔三〕東觀記載賜恭詔曰：「皇帝問彭城王始夏無恙。蓋聞堯親九族，萬國協和，書典之所美也。下邳王被病沈滯之疾，昏亂不明，家用不寧，姬妾適庶，諸子分爭，紛紛至今。前太子卬頑凶失道，陷于大辟，是後諸子更相誣告，迄今適嗣未知所定，朕甚傷之。惟王與下邳王恩義至親，正此國嗣，非王而誰？禮重適庶之序，春秋之義大居正。孔子曰：『惟仁者能好人，能惡人。』貴仁者所好惡得其中也。太子國之儲嗣，可不慎歟！王其差次下邳諸子可爲太子者上名，將及景風拜授印綬焉。」

衍立五十四年薨，子貞王成嗣。永建元年，封成兄二人及惠王孫二人皆爲列侯。成立二年薨，子愍王意嗣。陽嘉元年，封意弟八人爲鄉、亭侯。中平元年，意遭黃巾，弃國走。賊平復國，數月薨。立五十七年，年九十。子哀王宜嗣，數月薨，無子，建安十一年國除。

梁節王暢，永平十五年封爲汝南王。母陰貴人有寵，暢尤被愛幸，國土租入倍於諸國。肅宗立，緣先帝之意，賞賜恩寵甚篤。建初二年，封暢舅陰棠爲西陵侯。〔一〕四年，徙爲梁王，以陳留之鄖、寧陵，濟陰之薄、單父、己氏、成武，凡六縣，益梁國。〔二〕帝崩，其年就國。

〔一〕西陵，縣，屬江夏郡。

〔二〕隅，今許州鄢陵縣也。寧陵，今宋州縣也。薄故城在今曹州考城縣東北。單父，今宋州縣也。已氏，今宋州楚丘縣也。成武，今曹州縣也。

暢性聰惠，然少貴驕，頗不遵法度。歸國後，數有惡夢，從官卞忌自言能使六丁，善占夢，〔一〕暢數使卜筮。又暢乳母王禮等，因此自言能見鬼神事，遂共占氣，祠祭求福。忌等諂媚，云神言王當爲天子。暢心喜，與相應荅。永元五年，豫州刺史梁相舉奏暢不道，考訊，辭不服。有司請徵暢詣廷尉詔獄，和帝不許。有司重奏除暢國，徙九眞，帝不忍，但削成武、單父二縣。暢慙懼，上疏辭謝曰：「臣天性狂愚，生在深宮，長養傅母之手，信惑左右之言。及至歸國，不知防禁。從官侍史利臣財物，熒惑臣暢。臣暢無所昭見，與相然諾，不自知陷死罪，以至考案。肌慄心悸，自悔無所復及。自謂當卽時伏顯誅，魂魄去身，分歸黃泉。不意陛下聖德，枉法曲平，不聽有司，〔二〕橫貸赦臣。戰慄連月，未敢自安。上念以負先帝而令陛下爲臣收汙天下，〔三〕誠無氣以息，筋骨不相連。臣暢知大貸不可再得，自誓束身約妻子，不敢復出入失繩墨，不敢復有所橫費。租入有餘，乞裁食睢陽、穀熟、虞、蒙、寧陵五縣，還餘所食四縣。臣暢小妻三十七人，其無子者願還本家。自選擇謹勑奴婢二百人，其餘所受虎賁、官騎及諸工技、鼓吹、倉頭、奴婢、兵弩、廄馬皆上還本署。臣暢以骨肉近親，亂聖化，汙清流，既得生活，誠無心面目以凶惡復居大宮，食大國，張官屬，藏什物。願陛下加大恩，開臣自悔之門，假臣小善之路，令天下知臣蒙恩，得去死就生，頗能自悔。臣以公卿所奏臣罪惡詔書常置於前，晝夜誦讀。臣小人，貪見明時，不能卽時自引，惟陛下哀臣，令得喘息漏刻。若不聽許，臣實無顏以久生，下入黄泉，無以見先帝。此誠臣至心。臣欲多還所受，恐天恩不聽許，節量所留，於臣暢饒足。」詔報曰：「朕惟王至親之屬，淳淑之美，傅相不良，不能防邪，至令有司紛紛有言。今王深思悔過，端自克責，朕惻然傷之。志匪由（于）〔王〕，咎在彼小子。〔四〕一日克己復禮，天下歸仁。王其安心靜意，茂率休德。易不云乎：『一謙而四益。小有言，終吉。』〔五〕强食自愛。」暢固讓，章數上，卒不許。

〔一〕六丁謂六甲中丁神也。若甲子旬中，則丁卯爲神，甲寅旬中，則丁巳爲神之類也。役使之法，先齋戒，然後其神至，可使致遠方物及知吉凶也。

〔二〕曲平，曲法申恩，平處其罪。

〔三〕汙，惡也。天下以帝赦王爲惡，故言收惡天下也。

〔四〕謂由卞忌及王禮等也。

〔五〕易謙卦曰：「天道虧盈而益謙，地道變盈而流謙，鬼神害盈而福謙，人道惡盈而好謙。」爲謙是一，而天地神人皆益之，故曰「一謙而四益」。訟卦初六曰：「小有言，終吉。」言王雖小有訟言，而終吉也。

立二十七年薨，子恭王堅嗣。永元十六年，封堅弟二人爲鄉、亭侯。

堅立二十六年薨，子懷王匡嗣。永建二年，封匡兄弟七人爲鄉、亭侯。

匡立十一年薨，無子，順帝封匡弟孝陽亭侯成爲梁王，是爲夷王。

立二十九年薨，子敬王元嗣。

立十六年薨，子彌嗣。立四十年，魏受禪，以爲崇德侯。

淮陽國。

淮陽頃王昞，永平〔十〕五年封常山王，建初四年，徙爲淮陽王，以汝南之新安、西華益

立十六年薨，未及立嗣，永元二年，和帝立昞小子側復爲常山王，奉昞後，是爲殤王。

立十三年薨，父子皆未之國，並葬京師。側無子，其月立兄防子侯章爲常山王。和帝

憐章早孤，數加賞賜。延平元年就國。

立二十五年薨，是爲靖王。子頃王儀嗣。永建二年，封儀兄二人爲亭侯。

儀立十七年薨，子節王豹嗣。（永）〔元〕嘉元年，封豹兄四人爲亭侯。

豹立八年薨，子暠嗣。三十二年，遭黄巾賊，弃國走，建安十一年國除。

濟陰悼王長，永平十五年封。建初四年，以東郡之離狐、陳留之長垣益濟陰國。立十三年，薨于京師，無子，國除。

論曰：晏子稱「夫人生厚而用利，於是乎正德以幅之，謂之幅利」。言人情須節以正其德，亦由布帛須幅以成其度焉。〔一〕明帝封諸子，租歲不過二千萬，馬后爲言而不得也。〔二〕賢哉！豈徒儉約而已乎！知驕貴之無猒，嗜欲之難極也，故東京諸侯鮮有至於禍敗者也。

〔一〕左傳云，齊景公與晏子邶殿之邑六十，晏子不受，曰：「夫富如布帛之有幅焉，爲之度使無遷也。夫人生厚而用利，於是正德以幅之，謂之幅利。過則爲敗，吾不敢貪多，所謂幅也。」

〔二〕東觀明紀曰：「皇子之封，皆減舊制。嘗案輿地圖，皇后在傍，言鉅鹿、樂成、廣平各數縣，租穀百萬，帝令滿二千萬止。諸小王皆當略與楚、淮陽相比，什減三四。『我子不當與先帝子等』者也。」

贊曰：孝明傳胤，維城八國。陳敬嚴重，彭城厚德。下邳嬰痾，梁節邪惑。三藩夙齡，〔一〕黨惟荒忒。

〔一〕謂千乘、淮陽、濟陰並早歿也。

校勘記

一六六七頁四行　本書謂東觀記也　按：「東」原譌「云」，逕據汲本、殿本改正。

一六六七頁八行　與諸儒講論於白虎殿　按：張森楷校勘記謂何焯云「殿」疑作「觀」。

一六七〇頁八行　多爲丹(陽)〔陵〕兵　據汲本、殿本改。按：殿本考證謂「陵」監本誤作「陽」，今改正。

一六七一頁五行　恭子男丁前〔妻〕物故　按：王先謙謂今本東觀記「前」下有「妻」字，是也。下又引東觀記，云丁爲魯陽鄉侯，則是丁未物故，而物故者乃其妻也。今據補。

一六七一頁一三行　封定兄弟九人皆爲亭侯　按：校補引錢大昭說，謂據東觀記當作「兄弟八人」。

一六七二頁七行　嫁爲男子章初妻　按：「初」原譌「諸」，逕據汲本、殿本改正。

一六七三頁四行　脩縣(及)〔卽〕條縣(皆)屬勃海　集解引沈欽韓說，謂注「及」當爲「卽」，又衍一「皆」字。今按：漢書地理志作「脩」，景帝紀、周亞夫傳作「條」，師古曰「脩音條」，是脩縣卽條縣也，沈說是，今據改。

一六七三頁八行　毆擊吏人　按：「毆」原譌「毆」，逕據集解本改正。

一六七四頁二行　尙書侍郎冷宏　按：汲本「冷」作「泠」。

一六七四頁七行　子續立　按：汲本「續」作「績」。

一六七四頁一四行　在今豪州　按：殿本「豪」作「濠」。

一六七六頁一行 隝今許州鄢陵縣也 按：「隝」汲本作「鄢」，殿本作「鄔」。集解引惠棟說，謂正文之「鄔」，亦當依注作「鄢」。又引錢大昕說，謂郡國志「鄔」作「隝」，此字亦誤，當爲「鄢」。校補謂案光武紀「三月，光武別與諸將徇昆陽、定陵、鄔，皆下之」。彼注云「鄔，今豫州鄔城縣也」。章懷既釋鄔爲豫州之鄔城，則此云許州鄢陵，當然是「鄢」非「鄔」，不獨殿本注作「鄔」誤，各本正文作「鄔」皆誤矣。惟「鄢」之作「隝」，似不應遽指爲誤。鄢陵前、續志均屬潁川郡，鄢前志屬陳留郡，續志屬梁國，字則前志均作「傿」，續志均作「隝」，更無作「鄢」者，如以爲誤，則前志亦誤矣。

一六七六頁一二行 而令陛下爲臣收汙天下 按：集解引顧炎武說，謂「收汙」袁宏紀作「收恥」，通鑑作「受汙」。

一六七六頁一五行 誠無心面目以凶惡復居大宮 按：集解引蘇輿說，謂「心」字疑衍。

一六七七頁一行 假臣小善之路 殿本「小」作「遷」。今按：袁紀亦作「小」。

一六七七頁五行 志匪由(于)〔王〕咎在彼小子 校補引柳從辰說，謂「于」字係「王」字之譌，「咎」字屬下讀。又謂「于」當作「王」，錢大昭已有是說。今據改。

一六七八頁五行 永平〔十〕五年封常山王 校補引錢大昭說，謂「五年」當作「十五年」，脫「十」字。今據補。

一六七八頁五行　以汝南之新安西華鬲淮陽國　按：集解引錢大昕說，謂汝南郡無新安縣，疑「新陽」之譌。

一六七八頁一一行　〔永〕〔元〕嘉元年　據集解引錢大昕說改。

後漢書卷五十一

李陳龐陳橋列傳第四十一

李恂字叔英，安定臨涇人也。少習韓詩，〔一〕教授諸生常數百人。太守潁川李鴻請署功曹，未及到，而州辟爲從事。會鴻卒，恂不應州命，而送鴻喪還鄉里。既葬，留起冢墳，持喪三年。

〔一〕韓嬰所傳詩也。

辟司徒桓虞府。後拜侍御史，持節使幽州，宣布恩澤，慰撫北狄，所過皆圖寫山川、屯田、聚落百餘卷，悉封奏上，肅宗嘉之。拜兗州刺史。以清約率下，常席羊皮，服布被。遷張掖太守，有威重名。時大將軍竇憲將兵屯武威，天下州郡遠近莫不修禮遺，恂奉公不阿，爲憲所奏免。

後復徵拜謁者，使持節領西域副校尉。西域殷富，多珍寶，諸國侍子及督使賈胡〔一〕數遺恂奴婢、宛馬、金銀、香罽之屬，一無所受。〔二〕北匈奴數斷西域車師、伊吾，隴沙以西使命不得通，〔三〕恂設購賞，遂斬虜帥，縣首軍門。自是道路夷清，威恩並行。

〔一〕督使，主蕃國之使也。賈胡，胡之商賈也。

〔二〕袁山松書曰：「西域出諸香、石蜜。」罽，織毛爲布者。

〔三〕前書曰：「車師前國王居交河城。」伊吾故城在今瓜州晉昌縣北。廣志曰：「流沙在玉門關外，東西數百里，有三斷名曰三隴也。」

遷武威太守。後坐事免，步歸鄉里，潛居山澤，結草爲廬，獨與諸生織席自給。會西羌反畔，恂到田舍，爲所執獲。羌素聞其名，放遣之。恂因詣洛陽謝。時歲荒，司空張敏、司徒魯恭等各遺子饋糧，悉無所受。徙居新安關下，拾橡實以自資。〔一〕年九十六卒。

〔一〕橡，櫟實也。武帝元鼎三年徙函谷關於新安也。

陳禪字紀山，巴郡安漢人也。仕郡功曹，舉善黜惡，爲邦內所畏。察孝廉，州辟治中從事。〔一〕時刺史爲人所上受納臧賂，禪當傳考，〔二〕無它所齎，但持喪斂之具而已。及至，笞掠無筭，五毒畢加，禪神意自若，辭對無變，事遂散釋。車騎將軍鄧騭聞其名而辟焉，舉茂才。時漢中蠻夷反畔，以禪爲漢中太守。夷賊素聞其聲，即時降服。遷左馮翊，入拜諫議大夫。

〔一〕續漢志曰，每州有持中從事也。

〔二〕傳謂逮捕而考之也。

永寧元年，西南夷撣國王〔一〕獻樂及幻人，能吐火，自支解，易牛馬頭。明年元會，作之於庭，安帝與羣臣共觀，大奇之。禪獨離席舉手大言曰：「昔齊魯爲夾谷之會，齊作侏儒之樂，仲尼誅之。〔二〕又曰：『放鄭聲，遠佞人。』〔三〕帝王之庭，不宜設夷狄之技。」尚書陳忠劾奏禪曰：「古者合歡之樂舞於堂，四夷之樂陳於門，故詩云『以雅以南，韎任朱離』。〔四〕今撣國越流沙，踰縣度，〔五〕萬里貢獻，非鄭衞之聲，佞人之比，而禪廷訕朝政，〔六〕請劾禪下獄。」有詔勿收，左轉爲玄菟候城障尉，〔七〕詔「敢不之官，上妻子從者名」。禪既行，朝廷多訟之。會北匈奴入遼東，追拜禪遼東太守。胡憚其威彊，退還數百里。禪不加兵，但使吏卒往曉慰之，單于隨使還郡。禪於學行禮，爲說道義以感化之。單于懷服，遺以胡中珍貨而去。

〔一〕撣音徒丹反。

〔二〕家語曰，魯定公與齊侯會於夾谷，孔子攝相事。齊奏中宮之樂，俳優侏儒戲於前。孔子趨曰：「匹夫而侮諸侯，罪應誅。」於是斬侏儒，手足異處。

〔三〕論語孔子之言。

〔四〕詩小雅鼓鍾之詩曰：「以雅以南，以籥不僭。」薛君云：「南夷之樂曰南。四夷之樂唯南可以和於雅者，以其人聲音及籥不僭差也。」周禮，鞮鞻氏掌四夷之樂。鄭玄注云：「東方曰韎，南方曰任，西方曰朱離，北方曰禁。」毛詩無「韎任朱離」之文，蓋見齊、魯之詩也，今亡。韎音昧。禮記曰，九夷、八蠻、六戎、五狄來朝，立於明堂四門之外也。

〔五〕前書西域傳曰：「縣度者，山名也。谿谷不通，以繩索相引而度，去陽關五千八百八十里。」

〔六〕訕，謗也。

〔七〕候城，縣，在遼東。

及鄧騭誅廢，禪以故吏免。復爲車騎將軍閻顯長史。順帝卽位，遷司隸校尉。明年，卒於官。

子澄，有清名，官至漢中太守。

禪曾孫寶，亦剛壯有禪風，爲州別駕從事，顯名州里。

龐參字仲達，河南緱氏人也。初仕郡，未知名，河南尹龐奮見而奇之，舉爲孝廉，拜左校令。坐法輸作若盧。〔一〕

〔一〕若盧，獄名。

永初元年，涼州先零種羌反畔，遣車騎將軍鄧騭討之。參於徒中使其子俊上書曰：「方今西州流民擾動，而徵發不絕，水潦不休，地力不復。〔一〕重之以大軍，疲之以遠戍，農功消於轉運，資財竭於徵發。田疇不得墾闢，禾稼不得收入，搏手困窮，無望來秋。〔二〕百姓力屈，不復堪命。臣愚以爲萬里運糧，遠就羌戎，不若總兵養衆，以待其疲。車騎將軍騭宜且振旅，留征西校尉任尚使督涼州士民，轉居三輔。休徭役以助其時，止煩賦以益其財，令男得耕種，女得織紝，〔三〕然後畜精銳，乘懈沮，出其不意，攻其不備，則邊人之仇報，奔北之恥雪矣。」書奏，會御史中丞樊準上疏薦參曰：「臣聞鷙鳥累百，不如一鶚。〔四〕昔孝文皇帝悟馮唐之言，而赦魏尚之罪，使爲邊守，匈奴不敢南向。〔五〕夫以一臣之身，折方面之難者，選用得也。臣伏見故左校令河南龐參，勇謀不測，卓爾奇偉，高才武略，有魏尚之風。前坐微法，輸作經時。今羌戎爲患，大軍西屯，臣以爲如參之人，宜在行伍。惟明詔採前世之舉，觀魏尚之功，免赦參刑，以爲軍鋒，必有成效，宣助國威。」鄧太后納其言，卽擢參於徒中，召拜謁者，使西督三輔諸軍屯，而徵鄧騭還。

〔一〕言其耗損，不復於舊。

〔二〕兩手相搏，言無計也。

〔三〕紝音如深反。杜預注左傳云：「織紝，織繒布也。」

〔四〕前書鄒陽諫吳王之辭也。鶚，大鵰也。

〔五〕前書馮唐謂文帝曰：「臣聞魏尚爲雲中守，匈奴遠避，不近雲中之塞。上功莫府，一言不相應，文吏以法繩之。愚以爲陛下法太明而賞太輕。」文帝悅，是日令唐持節赦魏尚，復以爲雲中守也。

四年，羌寇轉盛，兵費日廣，且連年不登，穀石萬餘。參奏記於鄧騭曰：「比年羌寇特困隴右，供徭賦役爲損日滋，官負人責數十億萬。〔一〕今復募發百姓，調取穀帛，衒賣什物，以應吏求。外傷羌虜，內困徵賦。〔二〕遂乃千里轉糧，遠給武都西郡。塗路傾阻，難勞百端，疾行則鈔暴爲害，遲進則穀食稍損，運糧散於曠野，牛馬死於山澤。縣官不足，輒貸於民。民已窮矣，將從誰求？名救金城，而實困三輔。三輔既困，還復爲金城之禍矣。參前數言宜弃西域，乃爲西州士大夫所笑。今苟貪不毛之地，營恤不使之民，〔三〕暴軍伊吾之野，以慮三族之外，〔四〕果破涼州，禍亂至今。夫拓境不寧，無益於彊；多田不耕，何救飢敝！故善爲國者，務懷其內，不求外利；務富其民，不貪廣土。三輔山原曠遠，民庶稀疏，故縣丘城，可居者多。〔五〕今宜徙邊郡不能自存者，入居諸陵，田戍故縣。孤城絕郡，以權徙之；轉運遠費，聚而近之；徭役煩數，休而息之。此善之善者也。」騭及公卿以國用不足，欲從參議，衆多不同，乃止。

〔一〕賁音側懈反。

〔二〕爲羌寇所傷也。

〔三〕恤，憂也。不使之人謂戎虜凶獷，不堪爲用。

〔四〕言勞師救遠，以爲親戚之憂慮。

〔五〕丘，空也。

拜參爲漢陽太守。郡人任棠者，有奇節，隱居教授。參到，先候之。棠不與言，但以薤一大本，水一盂，置戶屏前，自抱孫兒伏於戶下。主簿白以爲倨。參思其微意，良久曰：「棠是欲曉太守也。水者，欲吾清也。拔大本薤者，欲吾擊強宗也。抱兒當戶，欲吾開門恤孤也。」於是歎息而還。參在職，果能抑強助弱，以惠政得民。

元初元年，遷護羌校尉，畔羌懷其恩信。明年，燒當羌種號多等皆降，始復得還都令居，通河西路。〔一〕時先零羌豪僭號北地，詔參將降羌及湟中義從胡七千人，〔二〕與行征西將軍司馬鈞期會北地擊之。參於道爲羌所敗。既已失期，乃稱病引兵還，坐以詐疾徵下獄。校書郎中馬融上書請之曰：「伏見西戎反畔，寇鈔五州，陛下愍百姓之傷痍，哀黎元之失業，單竭府庫以奉軍師。昔周宣獫狁侵鎬及方，〔三〕孝文匈奴亦略上郡，而宣王立中興之功，文帝建太宗之號。非惟兩主有明叡之姿，抑亦扞城有虓虎之助，〔四〕是以南仲赫赫，列在周詩，亞夫赳赳，載於漢策。〔五〕竊見前護羌校尉龐參，文武昭備，智略弘遠，既有義勇果毅之節，兼以博雅深謀之姿。又度遼將軍梁慬，前統西域，勤苦數年，還留三輔，功効克立，閒在北邊，單于降服。今皆幽囚，陷於法網。昔荀林父敗績於邲，晉侯使復其位；〔六〕孟明視喪師於崤，秦伯不替其官。〔七〕故晉景并赤狄之土，秦穆遂霸西戎。〔八〕宜遠覽二君，使參、慬得在寬宥之科，誠有益於折衝，毗佐於聖化。」書奏，赦參等。

〔一〕令居，縣，屬金城郡。令音零。

〔二〕湟，水名，今在鄯州。

〔三〕詩小雅六月之詩曰：「侵鎬及方，至於涇陽。」鄭玄注云：「鎬、方皆北方地名。」

〔四〕詩曰：「公侯干城。」又曰：「闞如虓虎。」干，扞也。虓虎，怒貌也。

〔五〕詩曰：「赫赫南仲，薄伐西戎。」周亞夫爲漢將。赳赳，武貌。

〔六〕左傳曰，晉荀林父及楚師戰於邲，晉師敗績。林父請死，晉侯欲許之。士貞子諫曰：「不可。夫其敗也，如日月之食，何損於明？」晉侯使復其位。

〔七〕左傳曰，晉敗秦師於崤，獲百里孟明視，後赦而歸之。秦伯曰：「孤之罪也。」不替孟明。

〔八〕左傳曰，晉荀林父敗赤狄，遂滅之。晉侯賞林父狄臣千室，亦賞士貞子瓜衍之縣，曰：「吾獲狄土，子之功也。」又曰：「秦伯伐晉，遂霸西戎，用孟明也。」

後以參爲遼東太守。永建元年，遷度遼將軍。四年，入爲大鴻臚。尚書僕射虞詡薦參有宰相器能，（順帝時）以爲太尉，錄尚書事。是時三公之中，參名忠直，數爲左右所陷毀，以所舉用忤帝旨，司隸承風案之。時當會茂才孝廉，參以被奏，稱疾不得會。上計掾廣漢段恭因會上疏曰：「伏見道路行人，農夫織婦，皆曰『太尉龐參，竭忠盡節，徒以直道不能曲心，孤立羣邪之閒，自處中傷之地』。臣猶冀在陛下之世，當蒙安全，而復以讒佞傷毀忠正，此天地之大禁，人主之至誡。昔白起賜死，諸侯酌酒相賀；季子來歸，魯人喜其紓難。〔一〕夫國以賢化，君以忠安。今天下咸欣陛下有此忠賢，願卒寵任，以安社稷。」書奏，詔卽遣小黃門視參疾，太醫致羊酒。

〔一〕紓，緩也。季子，魯公子季友也。閔公之時，國家多難，以季子忠賢，故請齊侯復之。公羊傳曰：「季子來歸。其言季子何？賢也。言其來歸何？喜之也。」

後參夫人疾前妻子，投於井而殺之。參素與洛陽令祝良不平，〔一〕良聞之，率吏卒入太尉府案實其事，乃上參罪，遂因災異策免。有司以良不先聞奏，輒折辱宰相，坐繫詔獄。良能得百姓心，洛陽吏人守闕請代其罪者，日有數千萬人，詔乃原刑。

〔一〕謝承書曰「良字邵平，長沙人。聰明博學有才幹，以廉平見稱」也。

陽嘉四年，復以參爲太尉。永和元年，以久病罷，卒於家。

陳龜字叔珍，上黨泫氏人也。〔一〕家世邊將，便習弓馬，雄於北州。

〔一〕泫氏故城，今澤州高平縣也。泫音公玄反。

龜少有志氣。永建中，舉孝廉，五遷五原太守。永和五年，拜使匈奴中郎將。時南匈奴左部反亂，龜以單于不能制下，外順內畔，促令自殺，坐徵下獄免。後再遷，拜京兆尹。時三輔強豪之族，多侵枉小民。龜到，厲威嚴，悉平理其怨屈者，郡內大悅。

會羌胡寇邊，殺長吏，驅略百姓。桓帝以龜世諳邊俗，拜爲度遼將軍。龜臨行，上疏曰：「臣龜蒙恩累世，馳騁邊垂，雖展鷹犬之用，頓斃胡虜之庭，魂骸不返，薦享狐狸，猶無以塞厚責，荅萬分也。(至)臣〔至〕頑駑，器無鉛刀一割之用，過受國恩，榮秩兼優，生年死日，永懼不報。臣聞三辰不軌，擢士爲相；蠻夷不恭，拔卒爲將。臣無文武之才，而忝鷹揚之任，〔一〕上慙聖(朝)〔明〕，下懼素餐，〔二〕雖殁軀體，無所云補。今西州邊鄙，土地塉埆，〔三〕鞍馬爲居，射獵爲業，男寡耕稼之利，女乏機杼之饒，守塞候望，懸命鋒鏑，聞急長驅，去不圖反。自頃年以來，匈奴數攻營郡，〔四〕殘殺長吏，侮略良細。戰夫身膏沙漠，居人首係馬鞍。或舉國掩戶，盡種灰滅，孤兒寡婦，號哭空城，野無青草，室如懸磬。〔五〕雖含生氣，實同枯朽。往歲并州水雨，災螟互生，稼穡荒耗，租更空闕。〔六〕老者慮不終年，少壯懼於困厄。陛下以百姓爲子，品庶以陛下爲父，焉可不日昃勞神，〔七〕垂撫循之恩哉！唐堯親捨其子以禪虞舜者，是欲民遭聖君，不令遇惡主也。〔八〕故古公杖策，其民五倍；〔九〕文王西伯，天下歸之。〔一〇〕豈復輿金輦寶，以爲民惠乎！近孝文皇帝感一女子之言，除肉刑之法，〔一一〕體德行仁，爲漢賢主。陛下繼中興之統，承光武之業，臨朝聽政，而未留聖意。且牧守不良，或出中官，懼逆上旨，取過目前。呼嗟之聲，招致災害，胡虜凶悍，因衰緣隙。而令倉庫單於豺狼之口，功業無銖兩之効，皆由將帥不忠，聚姦所致。前涼州刺史祝良，初除到州，多所糾罰，太守令長，貶黜將半，政未踰時，功效卓然。實應賞異，以勸功能，改任牧守，去斥姦殘。又宜更選匈奴烏桓護羌中郎將校尉，簡練文武，授之法令，除并涼二州今年租更，寬赦罪隸，埽除更始。則善吏知奉公之祐，惡者覺營私之禍，胡馬可不窺長城，塞下無候望之患矣。」帝覺悟，乃更選幽、并刺史，自營郡太守都尉以下，多所革易，下詔「爲陳將軍除并、涼一年租賦，以賜吏民」。龜既到職，州郡重足震慄，鮮卑不敢近塞，省息經用，歲以億計。〔一二〕

〔一〕詩曰「維師尚父，時惟鷹揚」也。

〔二〕素，空也。無功受祿爲素餐。

〔三〕埆音覺，又音確，謂薄土也。

〔四〕謂郡有屯兵者，即護羌校尉屯金城，烏桓校尉屯上谷之類。

〔五〕左傳曰：「室如懸罄，野無青草。」言其屋居如罄之懸，下無所有。

〔六〕更謂卒更錢也。

〔七〕書曰「文王至于日中昃，不遑暇食」也。

〔八〕史記曰「堯知子丹朱不肖，不足授天下，乃推授舜。〔授舜〕則天下得其利而丹朱病，授丹朱則天下病而丹朱得其利。堯曰：『終不以天下之病而利一人。』卒授舜以天下」也。

〔九〕帝王世紀曰「古公亶甫，是爲太王，爲百姓所附。狄人攻之，事之以皮幣玉帛，不能免焉。王遂杖策而去，踰梁山，止於岐山之陽，邑於周地。豳人從者如歸市，一年成邑，二年成都，三年五倍其初」也。

〔一〇〕帝王世紀曰西伯至仁，百姓襁負而至。

〔一一〕女子即太倉令淳于公之女緹縈也。事見前書。

〔一二〕經，常也。

大將軍梁冀與龜素有隙，譖其沮毀國威，挑取功譽，〔一〕不爲胡虜所畏。坐徵還，遂乞骸骨歸田里。復徵爲尙書。冀暴虐日甚，龜上疏言其罪狀，請誅之。帝不省。自知必爲冀所害，不食七日而死。西域胡夷，并、涼民庶，咸爲舉哀，弔祭其墓。

〔一〕挑取猶獨取也。獨取其名，如挑戰之義。

橋玄字公祖，梁國睢陽人也。七世祖仁，從同郡戴德學，著禮記章句四十九篇，號曰「橋君學」。成帝時爲大鴻臚。祖父基，廣陵太守。父肅，東萊太守。

玄少爲縣功曹。時豫州刺史周景行部到梁國，玄謁景，因伏地言陳相羊昌罪惡，乞爲部陳從事，〔一〕窮案其姦。景壯玄意，署而遣之。玄到，悉收昌賓客，具考臧罪。昌素爲大將軍梁冀所厚，冀爲馳檄救之。景承旨召玄，玄還檄不發，案之益急。昌坐檻車徵，玄由是著名。

〔一〕部猶領也。

舉孝廉，補洛陽左尉。〔一〕時梁不疑爲河南尹，玄以公事當詣府受對，恥爲所辱，弃官還鄉里。後四遷爲齊相，坐事爲城旦。刑竟，徵，再遷上谷太守，又爲漢陽太守。時上邽令皇甫禎有臧罪，玄收考髡笞，死于冀市，〔二〕一境皆震。郡人上邽姜岐，守道隱居，名聞西州。玄召以爲吏，稱疾不就。玄怒，勑督郵尹益逼致之，曰：「岐若不至，趣嫁其母。」〔三〕益固爭不能得，遽曉譬岐。岐堅臥不起。郡內士大夫亦競往諫，玄乃止。時頗以爲譏。後謝病免，復公車徵爲司徒長史，拜將作大匠。

〔一〕左部尉也。

〔二〕冀，縣名，屬漢陽郡。

〔三〕趣音促。

桓帝末，鮮卑、南匈奴及高句驪嗣子伯固並畔，爲寇鈔，四府舉玄爲度遼將軍，假黃鉞。玄至鎮，休兵養士，然後督諸將守討擊胡虜及伯固等，皆破散退走。在職三年，邊境安靜。

靈帝初，徵入爲河南尹，轉少府、大鴻臚。建寧三年，遷司空，轉司徒。素與南陽太守陳球有隙，及在公位，而薦球爲廷尉。玄以國家方弱，自度力無所用，乃稱疾上疏，引衆災以自劾。遂策罷。歲餘，拜尚書令。時太中大夫蓋升與帝有舊恩，前爲南陽太守，臧數億以上。玄奏免升禁錮，沒入財賄。帝不從，而遷升侍中。玄託病免，拜光祿大夫。光和元年，遷太尉。數月，復以疾罷，拜太中大夫，就醫里舍。

玄少子十歲，獨游門次，卒有三人持杖劫執之，入舍登樓，就玄求貨，玄不與。有頃，司隸校尉陽球率河南尹、洛陽令圍守玄家。球等恐并殺其子，未欲迫之。玄瞋目呼曰：「姦人無狀，玄豈以一子之命而縱國賊乎！」促令兵進。於是攻之，玄子亦死。玄乃詣闕謝罪，乞下天下：「凡有劫質，皆并殺之，不得贖以財寶，開張姦路。」詔書下其章。初自安帝以後，法禁稍弛，京師劫質，不避豪貴，自是遂絕。

玄以光和六年卒，時年七十五。玄性剛急無大體，然謙儉下士，子弟親宗無在大官者。及卒，家無居業，喪無所殯，當時稱之。

初，曹操微時，人莫知者。嘗往候玄，玄見而異焉，謂曰：「今天下將亂，安生民者其在君乎！」操常感其知己。及後經過玄墓，輒悽愴致祭。自爲其文曰：「故太尉橋公，懿德高軌，汎愛博容。國念明訓，士思令謨。幽靈潛翳，邈哉緬矣！操以幼年，逮升堂室，特以頑質，見納君子。增榮益觀，皆由獎助，猶仲尼稱不如顏淵，〔一〕李生厚歎賈復。〔二〕士死知己，懷此無忘。又承從容約誓之言：『徂沒之後，路有經由，不以斗酒隻雞過相沃酹，車過三步，腹痛勿怨。』雖臨時戲笑之言，非至親之篤好，胡肯爲此辭哉？懷舊惟顧，念之悽愴。〔三〕奉命東征，屯次鄉里，北望貴土，乃心陵墓。裁致薄奠，公其享之！」〔四〕

〔一〕論語孔子謂子貢曰：「汝與回也孰愈？」子貢曰：「賜也何敢望回。」子曰：「吾與汝俱不如也。」

〔二〕復少好學，師事舞陰李生。李生奇之，曰：「賈君國器也。」

〔三〕惟，思也。

〔四〕魏志曰「建安七年，曹公軍譙，遂至浚儀，遣使以太牢祀橋玄，進軍官度」也。

玄子羽，官至任城相。

論曰：任棠、姜岐，世著其清。結甕牖而辭三命，〔一〕殆漢陽之幽人乎？〔二〕龐參躬求賢之禮，故民悅其政；橋玄厲邦君之威，而衆失其情。夫豈力不足歟？將有道在焉。〔三〕如令其道可忘，則彊梁勝矣。語曰：「三軍可奪帥，匹夫不可奪志。」〔四〕子貢曰：「寧喪千金，不失士心。」昔段干木踰牆而避文侯之命，〔五〕泄柳閉門不納穆公之請。〔六〕貴必有所屈，賤亦有所申矣。

〔一〕結猶構也。莊子曰：「原憲處魯，居環堵之室，桑樞而甕牖。」周禮：「一命受職，再命受服，三命受位。」謂任、姜辭太守之辟也。

〔二〕易曰：「履道坦坦，幽人貞吉。」

〔三〕橋玄之舍姜岐，以道不可違，故不得以威力逼也。

〔四〕鄭玄注論語云：「匹夫之守志，重於三軍之死將者也。」

〔五〕高士傳曰，段干木者，晉人也。守道不仕。魏文侯造其門，段干木踰牆而避之。

〔六〕泄柳，魯之賢人也。魯穆公時，請見之，泄柳閉門而不納。事見孟子。

贊曰：李叟勤身，甘飢辭饋。禪爲君隱，之死靡貳。龜習邊功，參起徒中。橋公識運，先覺時雄。

校勘記

一六四四頁一〇行　州辟治中從事　按：集解引錢大昕說，謂章懷避唐諱，凡「治」字或改爲「理」，或改爲「化」，或改爲「持」，此「治中」字亦必改易，宋人校書者又回改耳。

一六八四頁一三行　夷賊素聞其聲　按：汲本、殿本「聲」上有「名」字。

一六八五頁七行　鉥任朱離　按：集解引錢大昕說，謂此句上下當有脫文，未必詩有此語。

一六八五頁一五行　手足異處　刊誤謂「手」當作「首」。今按：史記孔子世家亦作「手足異處」，惟穀梁傳作「首足異門而出」，劉氏殆據穀梁傳言也。

一六八六頁三行　毛詩無鉥任朱離之文　按：集解引黃山說，謂賢注引薛君韓詩說，不及「鉥任朱離」，是韓詩亦無此句，不獨毛詩也。今曰毛詩無，「毛」字當爲後人妄改。注不及毛傳，必不舍韓而計毛也。

一六八六頁六行　縣度者山名也　按：前書西域傳「山名也」作「石山也」，此譌。章帝紀注引作「石山也」，不譌。

一六八六頁六行　去陽關五千八百八十里　按：前書「八十里」作「八十八里」。

一六八九頁一〇行　始復得還都令居　按：集解引黃山說，謂通鑑「都」作「治」，此避唐諱改。

一六九一頁一行　(順帝時)以爲太尉　沈欽韓謂上有永建元年事，此「順帝時」三字衍文。今據删。

一六九一頁五行　夫國以賢化　集解引惠棟說，謂「化」當作「治」。按：此亦章懷避諱改。

一六九一頁九行　言其來歸何　刊誤謂「言其」當作「其言」。按：今本公羊傳作「其言」。

一六九一頁一三行　良字邵平　按：集解引惠棟說，謂長沙耆舊傳作「字邵卿」，水經注亦作「邵卿」，章懷注誤。

一六九二頁八行　(至)臣〔至〕頑駑　據刊誤改。

一六九二頁一〇行　上慙聖(朝)〔明〕　據汲本、殿本改。

一六九四頁四行　乃推授舜〔授舜〕則天下得其利而丹朱病　刊誤謂案史記本文，更有「授舜」二字。今據補。

一六九五頁一行　七世祖仁從同郡戴德學　按：「戴德」當作「戴聖」。集解引朱彝尊說，謂案前書儒林傳，仁傳小戴之學，此云「戴德」，恐誤。

一六九五頁二行　成帝時爲大鴻臚　按：集解引洪亮吉說，謂案前書百官表，平帝元始元年始云大鴻臚橋仁，今言「成帝時」，誤。

一六九五頁三行　陳相羊昌　按：集解引何焯說，謂「羊」舊抄廣川書跋作「芊」。

一六九六頁一四行　玄以光和六年卒時年七十五　集解引惠棟說，謂橋公廟碑「七年五月甲寅，以太中大夫薨于京師」。案橋公二碑皆云光和七年，疑傳誤也。又引侯康說，謂玄卒時年七十五，而蔡伯喈西鼎銘載玄于光和元年有「犬馬齒七十」之語，則實卒於六年，傳不誤。今按：光和七年十二月己巳改元中平，如依橋公廟碑，則當書「中平元年」。

一六九六頁一五行　家無居業　按：集解引惠棟說，謂張璠漢記「居業」作「餘業」。

一六九七頁二行　懿德高軌　按：三國魏志注作「誕敷明德」。

一六九七頁三行　幽靈潛翳，邈哉緬矣　按：魏志注作「靈幽體翳，邈哉晞矣」。

一六九七頁三行　特以頑質見納君子　按：魏志注作「特以頑鄙之姿，爲大君子所納」。

一六九七頁四行　皆由獎助　按：魏志注同，汲本、殿本「助」作「勗」。

一六九七頁五行　徂沒之後　按：魏志注「沒」作「逝」。

一六九七頁五行　腹痛勿怨　按：魏志注「怨」作「怪」。

一六九七頁七行　公其享之　按：魏志注「享之」作「尙饗」。

後漢書卷五十二

崔駰列傳第四十二 子瑗 孫寔

崔駰字亭伯，涿郡安平人也。高祖父朝，昭帝時爲幽州從事，諫刺史無與燕剌王通。及剌王敗，擢爲侍御史。〔一〕生子舒，歷四郡太守，所在有能名。

〔一〕燕剌王旦，武帝子，坐與上官桀等謀亂，自殺。剌，力割反。

舒小子篆，王莽時爲郡文學，以明經徵詣公車。太保甄豐舉爲步兵校尉，篆辭曰：「吾聞伐國不問仁人，〔一〕戰陳不訪儒士。〔二〕此舉奚爲至哉？」遂投劾歸。〔三〕

〔一〕前書董仲舒曰：「昔（在）〔者〕魯君問柳下惠曰：『吾欲伐齊，如何？』柳下惠曰：『不可。』歸而有憂色，曰：『吾聞伐國不問仁人，此言何爲至於我哉？』」

〔二〕論語曰：「衞靈公問陳於孔子。孔子對曰：『俎豆之事則嘗聞之，軍旅之事未之學也。』」

〔三〕投辭自劾有過，不合應舉。

莽嫌諸不附己者，多以法中傷之。時篆兄發以佞巧幸於莽，位至大司空。母師氏能通經學、百家之言，莽寵以殊禮，賜號義成夫人，金印紫綬，文軒丹轂，顯於新世。後以纂爲建新大尹，〔一〕纂不得已，乃歎曰：「吾生無妄之世，值澆、羿之君，〔二〕上有老母，下有兄弟，安得獨潔己而危所生哉？」乃遂單車到官，稱疾不視事，三年不行縣。〔三〕門下掾倪敞諫，纂乃強起班春。〔四〕所至之縣，獄犴塡滿。〔五〕纂垂涕曰：「嗟乎！刑罰不中，乃陷人於穽。此皆何罪，而至于是！」遂平理，所出二千餘人。掾吏叩頭諫曰：「朝廷初政，州牧峻刻。〔六〕有過申枉，誠仁者之心；然獨爲君子，將有悔乎！」纂曰：「邾文公不以一人易其身，君子謂之知命。〔七〕如殺一大尹贖二千人，蓋所願也。」遂稱疾去。

〔一〕莽改千乘郡曰建新，守曰大尹。

〔二〕易曰：「無妄之行，窮之災也。」左傳曰：「昔有夏之方衰也，后羿自鉏遷於窮石，因夏人以代夏政，而淫於原獸。用寒浞，伯明氏之讒子弟也。而虞羿于田，以取其國家。浞因羿室，生澆及豷，恃其讒慝詐僞，而不德於人。」澆音五弔反。豷音許旣反。

〔三〕續漢志曰：「郡國常以春行〔至〕〔主〕縣，勸人農桑，振救乏絕。」

〔四〕班布春令。

〔五〕犴音岸。前書音義曰：「鄉亭之獄曰犴。」

〔六〕初政謂莽卽位。

〔七〕左傳曰「邾文公卜遷於繹。史曰：『利於人，不利於君。』邾子曰：『苟利於人，孤之利也。人旣利矣，孤必與焉。』

遂遷于繹。五月，邾文公卒。君子曰知命」也。

建武初，朝廷多薦言之者，幽州刺史又舉篆賢良。篆自以宗門受莽僞寵，慙愧漢朝，遂辭歸不仕。客居滎陽，閉門潛思，著周易林六十四篇，用決吉凶，多所占驗。臨終作賦以自悼，名曰慰志。其辭曰：

嘉昔人之遘辰兮，〔一〕美伊、傅之遻時。〔二〕應規矩之淑質兮，過班、倕而裁之。〔三〕協準矱之貞度兮，同斷金之玄策。〔四〕何天衢於盛世兮，超千載而垂績。〔五〕豈脩德之極致兮，將天祚之攸適？

〔一〕遘，遇也。辰，時也。

〔二〕伊尹干湯，傅說遇高宗。爾雅曰：「遻，遇也。」音五故反。

〔三〕公輸班，魯人也。倕，舜時爲共工之官。皆巧人也。以喻湯及高宗也。

〔四〕準，繩也。矱，尺也。貞，正也。易曰：「二人同心，其利斷金。」玄策猶妙策也。

〔五〕易大畜卦，乾下艮上，其上九曰：「何天之衢，亨。」鄭玄云：「艮爲手，手上肩也。乾爲首。首肩之閒荷物處。乾爲天，艮爲徑路，天衢象也。」

愍余生之不造兮，〔一〕丁漢氏之中微。〔二〕氛霓鬱以橫厲兮，羲和忽以潛暉。〔三〕睹嫚臧六柄制于家門兮，王綱漼以陵遲。〔四〕黎、共奮以跋扈兮，羿、浞狂以恣睢。〔五〕

而乘釁兮，竊神器之萬機。〔六〕思輔弼以婾存兮，亦號呲以詶咨。〔七〕嗟三事之我負兮，乃迫余以天威。〔八〕豈無熊僚之微介兮？悼我生之殲夷。〔九〕庶明哲之末風兮，懼大雅之所譏。〔一〇〕遂翕翼以委命兮，受符守乎艮維。〔一一〕恨遭閉而不隱兮，違石門之高蹤。〔一二〕揚蛾眉於復關兮，犯孔戒之冶容。〔一三〕懿氓蚩之悟悔兮，慕白駒之所從。〔一四〕乃稱疾而屢復兮，歷三祀而見許。〔一五〕悠輕舉以遠遁兮，託峻峗以幽處。〔一六〕竫潛思於至賾兮，騁六經之奧府。〔一七〕皇再命而紹卹兮，乃云眷乎建武。〔一八〕運欃槍以電埽兮，清六合之土宇。〔一九〕聖德滂以橫被兮，黎庶愷以鼓舞。闢四門以博延兮，彼幽牧之我舉。〔二〇〕分畫定而計決兮，豈云賁乎鄙耇。〔二一〕遂懸車以縶馬兮，絕時俗之進取。歎暮春之成服兮，闔衡門以埽軌。〔二二〕聊優游以永日兮，守性命以盡齒。〔二三〕貴啓體之歸全兮，庶不忝乎先子。〔二四〕

〔一〕造，成也。

〔二〕丁，當也。

〔三〕氛，祲也。霓，日傍之氣。橫厲謂氣盛而陵於天也。羲和，日也。氣盛而日光微，諭王莽篡漢。

〔四〕國語管仲對齊桓公曰：「昔者聖人之理天下也，而慎用其六柄焉。」韋昭注云：「六柄，生、殺、貧、賤、富、貴也。」灌猶摧落也，音千隗反。

〔五〕國語曰：「昔少皞之衰，九黎亂德，人神雜揉，不可方物。」淮南子曰：「昔者共工與顓頊爭爲帝，怒而觸不周之山，天柱折，地維絕。」跋扈，強梁也。恣睢，自用之貌也。恣音資。睢音許維反。羿、浞已見上。

〔六〕易曰：「嫚藏誨盜。」釁，隙也。神器，帝王之位。老子曰：「天下神器，不可爲也。」書云：「兢兢業業，一日二日萬機。」

〔七〕輔弼謂王莽輔政也。偷，苟且也。號咷，哀呼也。前書王莽策孺子嬰爲定安公，莽親執孺子手，流涕歔欷也。

〔八〕三事謂三公也。負謂太保甄豐舉也。

〔九〕左傳曰：「楚白公勝爲亂。石乞曰：『市南有熊相宜僚者，若得之，可以當五百人矣。』從白公而見之。與之言，說；告之故，辭；承之以劍，不動。勝曰：『不爲利（謟）〔諂〕，不爲威惕，不泄人言以求媚者。』去之。」介，耿介也。我生謂母也。殲，滅也。夷，傷也。言其母老，恐禍及也。

〔一〇〕詩大雅曰：「既明且哲，以保其身。」

〔一一〕艮，東北之位。謂篆爲千乘太守也。

〔一二〕易曰：「天地閉而賢人隱。」論語曰：「子路宿於石門。晨門曰：『奚自？』子路曰：『自孔氏。』曰：『是知其不可而爲之者歟？』」

〔一三〕楚詞曰：「衆女皆妒余之蛾眉。」詩國風序曰：「氓，刺時也。淫風大行，男女無別，故序其事以風焉。」其詩曰：「乘彼垝垣，以望復關。」毛萇注云：「垝，毀也。復關，君子所近之處也。」易繫辭曰：「冶容誨淫。」鄭玄云：「謂飾其容而見於外曰冶。」

〔一四〕詩曰「氓之蚩蚩，抱布貿絲。匪來貿絲，來卽我謀」。注云：「氓，人也。蚩蚩，敦厚之貌。布，幣也。卽，就也。言此之人，非買絲來，就我爲室家也。」又曰：「及爾偕老，老使我怨。」注云：「我欲與汝俱至老，汝反薄我使怨也。」又曰：「皎皎白駒。」論賢人也。

〔一五〕復猶白也。

〔一六〕峻峗謂山也。峗音魚委反。

〔一七〕賾，深也。

〔一八〕皇，天也。紹，繼也。卹，憂也。言天憂卹眷顧漢家，所以再命光武也。

〔一九〕欃槍，彗也。

〔二〇〕開闢四方之門，廣求賢也。幽牧謂爲幽州刺史所舉也。

〔二一〕賁，飾也。易曰「束帛戔戔，賁於丘園」也。

〔二二〕論語曾點曰：「暮春〔者〕，春服既成。」衡，橫也，謂橫木爲門。軌，跡也。

〔二三〕齒，年也。

〔二四〕論語曰：「曾子有疾，召門弟子曰：『啓余足。』」注云：「父母全已生之，亦當全而歸之。」忝，辱也。先子謂先人也。孟子曾西曰：「吾先子之所畏。」

篆生毅，以疾隱身不仕。

毅生駰，年十三能通詩、易、春秋，博學有偉才，盡通古今訓詁百家之言，善屬文。少游太學，與班固、傅毅同時齊名。常以典籍爲業，未遑仕進之事。時人或譏其太玄靜，將以後名失實。駰擬楊雄解嘲，作達旨以荅焉。〔一〕其辭曰：

〔一〕華嶠書曰：「駰譏楊雄，以為范、蔡、鄒衍之徒，乘釁相傾，誑曜諸侯者也，而云『彼我異時』。又曰，竊貲卓氏，割炙細君，斯蓋士之贅行，而云『不能與此數公者同』。以為失類而改之也。」

或說己曰：「易稱『備物致用』，『可觀而有所合』，故能扶陽以出，順陰而入。〔一〕春發其華，秋收其實，有始有極，爰登其質。今子韞櫝六經，服膺道術，〔二〕歷世而游，高談有日，俯鉤深於重淵，仰探遠乎九乾，〔三〕窮至賾於幽微，測潛隱之無源。然下不步卿相之廷，上不登王公之門，進不黨以讚己，退不黷於庸人。〔四〕獨師友道德，合符曩眞，抱景特立，與士不羣。蓋高樹靡陰，獨木不林，隨時之宜，道貴從凡。〔五〕于時太上運天德以君世，憲王僚而布官；〔六〕臨雍泮以恢儒，疏軒冕以崇賢；〔七〕率惇德以厲忠孝，揚茂化以砥仁義；〔八〕選利器於良材，求鏌鋣於明智。〔九〕不以此時攀台階，闚紫闥，〔一〇〕據高軒，望朱闕，夫欲千里而咫尺未發，〔一一〕蒙竊惑焉。故英人乘斯時也，〔一二〕猶逸禽之赴深林，蝱蚋之趣大沛。〔一三〕胡為嘿嘿而久沈滯也？」

〔一〕「備物致用」，易繫辭之文也。「可觀而有所合」，序卦之文也。鄭玄注易乾鑿度曰：「陽起於子，陰起於午，天數大分。以陽出離，以陰入坎，坎為中男，離為中女。太一之行，出從中男，入從中女。因陰陽男女之偶為終始也。」

〔二〕韞，匣也。櫝，匱也。論語曰：「有美玉，韞櫝而臧諸。」

〔三〕易曰：「探賾索隱，鉤深致遠。」九乾謂天有九重也。離騷天問曰：「圜則九重，孰營度之？」

〔四〕讚猶稱也。

〔五〕華嶠書作「高樹不庇」。易曰：「隨時之義大矣哉！」老子曰：「和其光而同其塵。」故言道貴從凡。

〔六〕太上，明帝也。傳曰：「太上立德。」天德，含弘光大也。易曰：「乃位乎天德。」尚書曰：「唐虞稽古，建官惟百，夏商官倍，亦克用乂。」憲，法也。僚，官也。言法三王而建官也。

〔七〕天子辟雍，諸侯頖宮。璧雍者，環之以水，圓而如璧也。頖，半也。諸侯半天子之宮，皆所以立學垂教也。

〔八〕砥，礪也。

〔九〕吳越春秋曰：「干將，吳人也，造二劍，一曰干將，二曰莫邪。莫邪者，干將之妻名也。干將作劍，采五山之精，合六金之英，百神臨觀，遂以成劍。」說苑曰：「所以尚干將、莫邪者，貴其立斷。所以尚騏驎者，貴其立至。必且歷日曠久，絲氂猶能挈石，駑馬亦能致遠。是以聰明敏捷，人之美材也。」

〔一〇〕三台謂之三階，三公之象也。

〔一一〕八寸為咫。

〔一二〕文子曰：「智過萬人謂之英，千人謂之俊。」

〔一三〕蚋，小蟲，蚊之類。蚋音芮。說文曰：「秦謂之蚋，楚謂之蚊。」孟子曰：「汙池沛澤。」劉熙曰：「沛，水草相半。」

答曰：「有是言乎？子苟欲勉我以世路，不知其跌而失吾之度也。古者陰陽始分，天地初制，〔一〕皇綱云緒，帝紀乃設，傳序歷數，三代興滅。昔大庭尚矣，赫胥罔識。〔二〕

淳樸散離，人物錯乖。高辛攸降，厥趣各違。〔三〕道無常稽，與時張弛。〔四〕失仁爲非，得義爲是。〔五〕君子通變，各審所履。故士或掩目而淵潛，〔六〕或盥耳而山棲；〔七〕或草耕而僅飽，〔八〕或木茹而長飢；〔九〕或重聘而不來，〔一〇〕或屢黜而不去；〔一一〕或冒詢以干進，或望色而斯舉；〔一二〕或以役夫發夢於王公，〔一三〕或以漁父見兆於元龜。〔一四〕若夫紛纘塞路，凶虐播流，〔一五〕人有昏墊之戹，主有疇咨之憂，〔一六〕條垂藟蔓，上下相求。〔一七〕於是乎賢人授手，援世之災，〔一八〕跋涉赴俗，急斯時也。〔一九〕昔堯含戚而皋陶謨，高祖歎而子房慮；〔二〇〕禍不散而曹、絳奮，〔二一〕結不解而陳平權。〔二二〕及其策合道從，克亂弭衝，乃將鏤玄珪，册顯功，〔二三〕銘昆吾之冶，〔二四〕勒景、襄之鍾。〔二五〕與其有事，則褰裳濡足，冠挂不顧。〔二六〕人溺不拯，則非仁也。當其無事，則躐纓整襟，規矩其步。〔二七〕德讓不修，則非忠也。是以險則救俗，平則守禮，舉以公心，不私其體。

〔一〕制，協韻音之設反。

〔二〕大庭、赫胥並古帝王號也。佝，遠也。罔，無也。識，記也。

〔三〕高辛氏，帝嚳也。

〔四〕隨時弛張，不考之於常道也。

〔五〕老子曰：「失道後德，失德後仁，失仁後義，失義後禮。」

〔六〕莊子曰「北人無澤與舜爲友，舜以天下讓之，無澤乃自投淸泠之淵，終身不反」也。

〔七〕盥，洗也。許由字武仲，隱於沛澤之中。堯聞之，乃致天下而讓焉。由以爲汚，乃臨池洗耳。其友巢父飮犢，聞由爲堯所讓，曰：「何以汚吾犢口！」牽於上流而飮之。見莊子及高士傳。

〔八〕伯成子高，唐虞時爲諸侯。至禹，去而耕。禹往見之，則耕在野。見呂氏春秋。

〔九〕說苑曰：「鮑焦衣木皮，食木實。」韓詩外傳曰「焦弃其蔬，而立槁死於洛濱」也。

〔一〇〕狂接輿者，楚人也。耕而食。楚王聞其賢，使使者持金百溢、車二駟聘之，曰：「願煩先生理江南。」接輿笑而不應。使者去而遠徙，莫知所之。見莊子。

〔一一〕論語曰「柳下惠爲士師，三黜。人曰：『可以去矣。』曰：『直道而事人，何往而不三黜』」也。

〔一二〕詢，辱也，音火豆反。新序曰：「伊尹蒙恥辱，負鼎俎以干湯。」論語曰：「色斯舉矣，翔而後集。」舉，協韻音據。

〔一三〕高宗夢得說，乃使百工營求諸野，得諸傅巖。孔安國曰：「傅氏之巖，在虞、虢之界，通道所經，有澗水壞道，常使胥靡刑人築護此道。說賢而隱，代胥靡築之以供食。」事見尙書。王公，總而言也。爾雅：「皇、王、后、辟、公、侯，君也。」

〔一四〕戰國策曰：「呂尙之遇文王也，身爲漁父。」史記曰：「太公以釣干周西伯。西伯將出獵，卜之，曰：『所獲非龍非螭，非熊非羆，所獲霸王之輔。』於是西伯獵，果遇太公渭水之陽，與語大說。」亢，大也。

〔一五〕方言云：「繷，盛多也。」音奴董反。

〔一六〕尙書曰：「下人昏墊。」孔安國曰：「昏瞀墊溺，皆困水災也。」又曰：「帝曰：咨洪水滔天，浩浩懷山襄陵，有能俾乂。」

〔一七〕藟，藤也。音壘。詩曰：「南有樛木，葛藟纍之。」

〔一八〕孟子曰「天下溺則援之以道，嫂溺則援之以手」也。

〔一九〕草行爲跋。

〔二〇〕謨，謀也。堯遭洪水，咨嗟憂愁，訪下人有能理者，皋陶、大禹陳其謀。見尚書。史記曰，高祖爲項羽所敗，下馬踞鞍而問子房曰：「吾欲捐關以東，誰可與共功者？」子房曰：「九江王布、彭越、韓信。卽欲捐之此三人，楚可破（之）〔也〕。」

〔二一〕曹參及絳侯周勃，皆從高祖征伐，以定天下也。

〔二二〕高祖擊匈奴，至白登，被圍七日，用陳平計得出。

〔二三〕珪，玉也。詩含神霧曰：「刻之玉版，藏之金匱。」

〔二四〕墨子曰：「昔夏后開（治）使飛廉析金於山，以鑄鼎於昆吾。」蔡邕銘論曰「呂尙作周太師，其功銘於昆吾之鼎」也。

〔二五〕國語曰：「晉魏顆以其身退秦師于輔氏，其勳銘於景鍾。」此兼言襄也。

〔二六〕褰裳，涉水也。新序曰：「今爲濡足之故，不救人溺，可乎？」淮南子曰「禹之趨時，冠挂而不顧，履遺而不取」也。

〔二七〕躐音呂涉反。躐，踐也。此字宜從「手」。廣雅云：「擸，持也。」言持纓整襟，修其容止。史記曰：「攝纓整襟。」華嶠書「躐」作「攝」也。

「今聖上之育斯人也，樸以皇質，雕以唐文。〔一〕六合怡怡，比屋爲仁。壹天下之衆異，齊品類之萬殊。參差同量，坏冶一陶。〔二〕羣生得理，庶績其凝。〔三〕家家有以樂和，人人有以自優。威械臧而俎豆布，六典陳而九刑厝。〔四〕濟茲兆庶，出於平易之路。雖有力牧之略，尚父之厲，〔五〕伊、皐不論，奚事范、蔡？〔六〕夫廣廈成而茂木暢，遠求存而良馬縶，〔七〕陰事終而水宿臧，〔八〕場功畢而大火入。〔九〕方斯之際，處士山積，學者川流，衣裳被宇，冠蓋雲浮。譬猶衡陽之林，岱陰之麓，〔一〇〕伐尋抱不爲之稀，蓺拱把不爲之數。〔一一〕悠悠罔極，亦各有得。〔一二〕彼採其華，我收其實。舍之則臧，己所學也。〔一三〕故進動以道，則不辭執珪而秉杜國；〔一四〕復靜以理，則甘糟糠而安藜藿。

〔一〕孔子曰：「大哉堯之爲君也，煥乎其有文章。」故言唐文。

〔二〕坏，土器之未燒者。郭璞注爾雅曰：「坏胎，物之始也。」坏音普才反。

〔三〕凝，成也。

〔四〕械謂器械甲兵之屬也。厝謂置之不用也。周禮：「太宰之職，掌建邦之六典，以佐王理邦國：一曰理典，二曰教典，三曰禮典，四曰政典，五曰刑典，六曰事典。」左傳曰：「周有亂政而作九刑。」杜預注云：「周之衰，爲刑書，謂之九刑。」

〔五〕力牧，黃帝臣也。史記，尚父呂望相武王以伐紂。厲謂威容嚴厲。

〔六〕伊尹、臯繇、范雎、蔡澤。

〔七〕廣廈既成，不求材，故林木條暢也。遠求謂遠方珍異之物也。存猶止息也。言所求之物旣止，不資良馬之力也。

〔八〕立冬之後，盛德在水，陰氣用事，故曰陰事。水宿謂北方七宿，斗、牛、女、虛、危、室、壁也。月令曰，孟冬之月昏危中，仲冬昏東壁中，季冬昏婁中，孟春昏參中，水星伏臧不見也。

〔九〕爾雅曰：「心爲大火。」詩豳風曰：「七月流火。」又曰「九月築場圃」也。

〔一〇〕山南曰陽，山北曰陰。穀梁傳曰：「林屬於山曰麓。」

〔一一〕八尺曰尋。蓺，殖也。兩手曰拱。數猶穊也。數音疏角反。

〔一二〕悠悠，衆多也。罔極猶無窮也。亦各有得，言皆自以爲得也。

〔一三〕彼，彼衆人也。論語曰：「用之則行，舍之則臧。」

〔一四〕呂氏春秋曰：「得伍員者位執珪。」前書音義曰：「古爵名也。」又曰：「柱國，楚官，猶秦之相國也。」

「夫君子非不欲仕也，恥夸毗以求舉；〔一〕非不欲室也，惡登牆而摟處。〔二〕叫呼衒鬻，縣旌自表，非隨和之寶也。暴智燿世，因以干祿，非仲尼之道也。〔三〕游不倫黨，苟以徇己，〔四〕汗血競時，利合而友。〔五〕子笑我之沈滯，吾亦病子屑屑而不已也。〔六〕先人有則而我弗虧，行有枉徑而我弗隨。〔七〕臧否在予，唯世所議。固將因天質之自然，誦上哲之高訓；詠太平之清風，行天下之至順。懼吾躬之穢德，勤百畝之不耘。〔八〕縶余馬以安行，俟性命之所存。〔九〕昔孔子起威於夾谷，〔一〇〕晏嬰發勇於崔杼；〔一一〕曹劌舉節於柯盟，〔一二〕卞嚴克捷於彊禦；〔一三〕范蠡錯埶於會稽，〔一四〕五員樹功於柏舉；〔一五〕魯連辯言以退燕，〔一六〕包胥單辭而存楚；〔一七〕唐且華顚以悟秦，〔一八〕甘羅童牙而報趙；〔一九〕原衰見廉於壺飧，〔二〇〕宣孟收德於東脯；〔二一〕吳札結信於丘木，〔二二〕展季効貞於門女；〔二三〕顏回明仁於度轂，程嬰顯義於趙武。〔二四〕僕誠不能編德於數者，竊慕古人之所序。」

〔一〕夸毗謂佞人足恭，善爲進退。

〔二〕孟子曰：「踰東家牆摟其處子則得妻，不摟則不得，將摟之乎？」趙岐注云：「摟，牽也。」其字從「手」。「處子，處女也。」

〔三〕華嶠書（曰）「因」字作「回」。回，邪也。

〔四〕倫謂等倫，黨謂朋黨。徇，營也。言交非其類，苟以營己而已。

〔五〕汗血謂勞力也。競時謂趣時也。利合而友，不以道義。

〔六〕屑屑猶區區也。

〔七〕枉，曲也。徑，道也。

〔八〕尚書曰：「穢德彰聞。」禮記曰：「夫人情者，聖王之田也。修禮以耕之，陳義以種之，講學以耨之。」古者夫田百畝。耘，除草也。

〔九〕安行，不奔馳也。天命之謂性。言隱居以體命。

〔一〇〕解見陳禪傳。

〔一一〕解見馮衍傳。

〔一二〕曹劌，曹沫也。史記曰，曹沫以勇事魯莊公，爲魯將，與齊戰，三敗，莊公懼，乃獻遂邑地以和，猶以爲將。齊桓公與莊公會于柯而盟。桓公與莊公既盟於壇上，曹沫執匕首劫齊桓公，左右莫敢動，乃還魯之侵地。

〔一三〕新序曰「卞莊子養母，戰而三北，交游非之，國君辱之。及母死三年，齊與魯戰，莊子請從，遂赴敵而鬬，三獲甲首。曰：『夫三北，以養母也。今志節小具，而責塞矣。吾聞之，節士不以辱生。』遂反敵，殺十人而死。君子曰：三北已塞，滅世斷宗，於孝未終」也。

〔一四〕錯，置也，音七故反。執謂謀略也。史記曰，吳王敗越於夫椒，越王乃以餘兵五千人保於會稽。吳師追而圍之。越王謂范蠡曰：「柰何？」范蠡對曰：「卑辭厚禮以遺之。」句踐乃命大夫種行成於吳。膝行頓首曰：「句踐請爲臣，妻爲妾。」吳王乃赦越王。越王反國，拊循其士。范蠡曰：「可矣。」乃伐吳。吳師敗，越復棲吳王姑蘇之山也。

〔一五〕伍子胥名員，楚人也。子胥父誅於楚，子胥挾弓矢而干吳王闔閭，闔閭甚勇之，爲興師伐楚，戰於柏舉，楚師敗績。事見穀梁傳。

〔一六〕史記曰，魯仲連，齊人也。燕將攻下齊聊城，固保守之，田單攻之不下。魯仲連乃爲書遺燕將。燕將見書，泣三日，乃自殺。遂平聊城。

〔一七〕左傳曰，楚昭王爲吳所敗，奔隨，申包胥如秦乞師，曰：「吳爲封豕長虵，以荐食上國，寡君越在草莽，使下臣告急。」立依於庭牆而哭，日夜不絕聲，勺飲不入口，七日，秦師乃出，軍敗吳而復楚國。

〔一八〕唐且卽唐雎也。戰國策曰：「齊、楚伐魏，魏使人請救〔於秦〕，不至。魏人有唐雎者，年九十餘矣，西見秦王。秦王曰：『丈人忙然乃遠至（魏）此，〔魏〕來者數矣，寡人知魏之急矣。』唐且曰：『夫魏，萬乘之國也。稱東藩者，以秦之強也。今齊、楚之兵已在魏郊矣，大王之救不至，魏急，且割地而約從。是王亡一萬乘之魏，而強二敵之齊、楚。』秦王悟，遽發兵救魏。」爾雅曰：「顚，頂也。」華顚謂白首也。

〔九〕甘羅，下蔡人，甘茂孫也。年十二，事秦相呂不韋。秦使張唐往相燕。羅曰：「借臣車五乘，請爲張唐先報趙。」不韋乃言之於始皇，召見，使甘羅於趙，趙襄王郊迎。事見史記。童牙謂幼小也。

〔一〇〕昔趙衰爲原大夫，故曰原衰。左傳曰，晉侯問原守於寺人勃鞮，對曰：「昔趙衰以壺飧從徑，餒而不食，故使處原。」見音胡殿反。

〔一一〕呂覽曰，昔趙宣孟將之絳，見桑下有餓人，宣孟止車下食而餔之，再咽而能視。宣孟問之曰：「汝何爲而餓若是？」對曰：「臣宦於絳，歸而糧絕，羞行乞，故至於此。」宣子與脯二朐，拜受而弗敢食。問其故。曰：「臣有老母，將以遺之。」宣孟曰：「食之，吾更與汝。」乃復與脯二束。

〔一二〕史記曰：「吳公子季札使過徐，徐君好季札劍，口不敢言。季札知之，爲使上國，未獻。洎還至徐，徐君已死，於是乃解其寶劍，繫之徐君冢樹而去。」

〔一三〕展季，柳下惠也。韓詩外傳曰：「魯有男子獨處，夜暴風雨至，婦人趨而託之。男子閉戶不納，曰：『吾聞男子不六十不閒居。』婦人曰：『子何不學柳下惠然？嫗不逮門之女，國人不稱其亂焉。』」

〔一四〕程嬰解見馮衍傳。度轂，未詳。

元和中，肅宗始修古禮，巡狩方岳。駰上四巡頌以稱漢德，辭甚典美，文多故不載。〔一〕帝雅好文章，自見駰頌後，（帝）〔常〕嗟歎之，謂侍中竇憲曰：「卿寧知崔駰乎？」對曰：「班固數爲臣說之，然未見也。」帝曰：「公愛班固而忽崔駰，此葉公之好龍也。試請見之。」〔二〕駰由此候憲。憲屣履迎門，〔三〕笑謂駰曰：「亭伯，吾受詔交公，公何得薄哉？」遂揖入爲上客。居無幾何，帝幸憲第，時駰適在憲所，帝聞而欲召見之。憲諫，以爲不宜與白衣會。帝悟曰：「吾能令駰朝夕在傍，何必於此！」適欲官之，會帝崩。

〔一〕案：駰集有東、西、南、北四巡頌，流俗本「四」多作「西」者，誤。

〔二〕劉向新序曰：「子張見魯哀公，七日，哀公不禮焉而去，曰：『君之好士，有似葉公子高好龍。天龍聞而降之，窺頭於牖，拖尾於堂，葉公見之，失其魂魄，五色無主。是葉公非好龍也，好夫似龍而非龍者。』」

〔三〕屣履謂納履曳之而行，言忽遽也。屣音山爾反。

竇太后臨朝，憲以重戚出內詔命。駰獻書誡之曰：

駰聞交淺而言深者，愚也；在賤而望貴者，惑也；未信而納忠者，謗也。三者皆所不宜，而或蹈之者，思効其區區，憤盈而不能已也。竊見足下體淳淑之姿，躬高明之量，意美志厲，有上賢之風。駰幸得充下館，序後陳，〔一〕是以竭其拳拳，敢進一言。

〔一〕陳，列也。

傳曰：「生而富者驕，生而貴者慠。」生富貴而能不驕慠者，未之有也。今寵祿初隆，百僚觀行，當堯舜之盛世，處光華之顯時，〔一〕豈可不庶幾夙夜，以永衆譽，弘申伯之美，致周邵之事乎？〔二〕語曰：「不患無位，患所以立。」〔三〕昔馮野王以外戚居位，稱爲賢臣；〔四〕近陰衞尉克己復禮，終受多福。〔五〕郯氏之宗，非不尊也；〔六〕陽（侯）〔平〕之族，非不盛也。重侯累將，建天樞，執斗柄。〔七〕其所以獲譏於時，垂愆於後者，何也？蓋在滿而不挹，位有餘而仁不足也。漢興以後，迄于哀、平，外家二十，保族全身，四人而已。〔八〕書曰：「鑒于有殷。」可不愼哉！

〔一〕尚書大傳曰：「舜時百工相和爲卿雲之歌曰：『卿雲爛兮，（禮）〔糺〕漫漫兮，日月光華，旦復旦兮。』」

〔二〕申伯，周宣王之元舅。周公、邵公皆輔佐周室也。

〔三〕論語（曰）孔子之言也。言但患立身不處於仁義也。

〔四〕前書曰，馮野王字君卿，妹爲元帝昭儀，野王爲左馮翊。御史大夫缺，上使尚書選第中二千石，而野王行能第一。

〔五〕陰衞尉，光烈皇后同母弟興也。以謹勑親幸焉。

〔六〕史丹封郯，故云郯氏。前書史丹字君仲，魯國人也。祖父恭有女弟，武帝時爲衞太子良娣。成帝即位，擢丹爲長樂尉，遷右將軍，封爲武陽侯，封東海郯之武彊聚，以舊恩見褒賞，賜累千金。

〔七〕王氏九侯五大司馬。春秋運斗樞曰：「北斗七星，第一名天樞，第二至第四爲魁，第五至第七爲杓。杓即柄。前書「斗運中央，制臨四海」。

〔八〕外家，當爲后家也。二十者，謂高帝呂后產、祿謀反誅，惠帝張皇后廢，文帝母薄太后弟昭被殺，孝文帝竇皇后從昆弟子嬰誅，景帝薄皇后、武帝陳皇后並廢，衞皇后自殺，昭帝上官皇后家族誅，宣帝祖母史良娣爲巫蠱死，宣帝母王夫人弟子商下獄死，霍皇后家破，元帝王皇后弟（王）〔子〕莽簒位，成帝許皇后賜死，趙皇后廢自殺，哀帝祖母傅太后家屬徙合浦，平帝母衞姬家屬誅，昭帝趙太后憂死是也。四人者，哀帝母丁姬，景帝王皇后，宣帝許皇后、王皇后，其家族並全。

竇氏之興，肇自孝文。〔一〕二君以淳淑守道，成名先日；〔二〕安豐以佐命著德，顯自中興。〔三〕內以忠誠自固，外以法度自守，卒享祚國，垂祉於今。夫謙德之光，周易所美；滿溢之位，道家所戒。〔四〕故君子福大而愈懼，爵隆而益恭。遠察近覽，俯仰有則，銘諸几杖，刻諸盤杅。〔五〕矜矜業業，無殆無荒。如此，則百福是荷，慶流無窮矣。

〔一〕前書曰，竇嬰字王孫，孝文皇后從兄子也。孝文時爲吳相，孝景時爲詹事也。

〔二〕竇太后之弟長君、少君，退讓君子，不敢以富貴驕人，故云淳淑守道也。

〔三〕竇融封爲安豐侯。

〔四〕易曰：「謙尊而光，卑而不可踰。」老子曰：「富貴而驕，自遺其咎。功成名遂而身退，天之道也。」

〔五〕太公金匱曰：「武王曰：『吾欲造起居之誡，隨之以身。』几之書曰：『安無忘危，存無忘亡，孰惟二者，必後無凶。』杖之書曰：『輔人無苟，扶人無（容）〔咎〕。』」墨子曰：「堯、舜、禹、湯書其事於竹帛，琢之盤盂。」杅亦盂也。

及憲爲車騎將軍，辟駰爲掾。憲府貴重，掾屬三十人，皆故刺史、二千石，唯駰以處士年少，擢在其閒。憲擅權驕恣，駰數諫之。及出擊匈奴，道路愈多不法，駰爲主簿，前後奏記數十，指切長短。憲不能容，稍疎之，因察駰高第，出爲長岑長。〔一〕駰自以遠去，不得意，遂不之官而歸。永元四年，卒于家。所著詩、賦、銘、頌、書、記、表、七依、婚禮結言、達旨、酒警合二十一篇。中子瑗。

〔一〕長岑，縣，屬樂浪郡，其地在遼東。

瑗字子玉，早孤，銳志好學，盡能傳其父業。年十八，至京師，從侍中賈逵質正大義，逵善待之，瑗因留游學，遂明天官、歷數、京房易傳、六日七分。〔一〕諸儒宗之。與扶風馬融、南陽張衡特相友好。初，瑗兄章爲州人所殺，瑗手刃報仇，因亡命。會赦，歸家。家貧，兄弟同居數十年，鄉邑化之。

〔一〕解見郎顗傳。

年四十餘，始爲郡吏。以事繫東郡發干獄。〔一〕獄掾善爲禮，瑗閒考訊時，輒問以禮說。其專心好學，雖顚沛必於是。後事釋歸家，爲度遼將軍鄧遵所辟。居無何，遵被誅，瑗免歸。

〔一〕發干縣之獄也。

後復辟車騎將軍閻顯府。時閻太后稱制，顯入參政事。先是安帝廢太子爲濟陰王，而以北鄉侯爲嗣。瑗以侯立不以正，知顯將敗，欲說令廢立，而顯日沈醉，不能得見。乃謂長史陳禪曰：「中常侍江京、陳達等，得以嬖寵惑蠱先帝，遂使廢黜正統，扶立疎孽。少帝卽位，發病廟中，周勃之徵，於斯復見。〔一〕今欲與長史君共求見，說將軍白太后，收京等，廢少帝，引立濟陰王，必上當天心，下合人望。伊、霍之功，不下席而立，則將軍兄弟傳祚於無窮。若拒違天意，久曠神器，則將以無罪幷辜元惡。〔二〕此所謂禍福之會，分功之時。」〔三〕禪猶豫未敢從。會北鄉侯薨，孫程立濟陰王，是爲順帝。閻顯兄弟悉伏誅，瑗坐被斥。門生蘇祇具知瑗謀，欲上書言狀，瑗聞而遽止之。時陳禪爲司隸校尉，召瑗謂曰：「第聽祇上書，禪請爲之證。」〔四〕瑗曰：「此譬猶兒妾屛語耳，願使君勿復出口。」遂辭歸，不復應州郡命。

〔一〕呂后立惠帝後宮子爲少帝，周勃廢之也。

〔二〕元，大也。書曰：「元惡大憝。」

〔三〕史記蔡澤說范睢曰：「君獨不觀夫博者乎？或欲大投，或欲分功。今君相秦，坐制諸侯，使天下皆畏秦，此亦秦分功之時也。」

〔四〕第，但也。司馬相如〔傳〕曰：「第如臨邛。」

久之，大將軍梁商初開莫府，復首辟瑗。自以再爲貴戚吏，不遇被斥，遂以疾固辭。歲中舉茂才，遷汲令。〔一〕在事數言便宜，爲人開稻田數百頃。視事七年，百姓歌之。

〔一〕汲，縣名，屬河內。

漢安初，大司農胡廣、少府竇章共薦瑗宿德大儒，從政有迹，不宜久在下位，由此遷濟北相。時李固爲太山太守，美瑗文雅，奉書禮致殷勤。歲餘，光祿大夫杜喬爲八使，徇行郡國，〔一〕以臧罪奏瑗，徵詣廷尉。瑗上書自訟，得理出。會病卒，年六十六。臨終，顧命子寔曰：「夫人稟天地之氣以生，及其終也，歸精於天，還骨於地。何地不可臧形骸，勿歸鄉里。其賵贈之物，羊豕之奠，一不得受。」寔奉遺令，遂留葬洛陽。

〔一〕八使見周舉傳。

瑗高於文辭，尤善爲書、記、箴、銘，所著賦、碑、銘、箴、頌、七蘇、〔一〕南陽文學官志、歎辭、移社文、悔祈、草書執、七言，凡五十七篇。其南陽文學官志稱於後世，諸能爲文者皆自以弗及。瑗愛士，好賓客，盛脩肴膳，單極滋味，不問餘產。居常蔬食菜羹而已。家無擔石儲，當世清之。〔二〕

〔一〕瑗集載其文，卽枚乘七發之流。

〔二〕華嶠書曰「瑗愛士，好賓客，盛脩肴膳。或言其太奢。瑗聞之怒，勑妻子曰：『吾并日而食，以供賓客，而反以獲譏，士大夫不足養如此。後勿過菜具，無爲諸子所蚩也。』終不能改，奉祿盡於賓饗」也。

寔字子眞，一名台，字元始。少沈靜，好典籍。父卒，隱居墓側。服竟，三公並辟，皆不就。

桓帝初，詔公卿郡國舉至孝獨行之士。寔以郡舉，徵詣公車，病不對策，除爲郎。明於政體，吏才有餘，論當世便事數十條，名曰政論。指切時要，言辯而确，〔一〕當世稱之。仲長統曰：「凡爲人主，宜寫一通，置之坐側。」其辭曰：

〔一〕确，堅正也，音口角反。

自堯舜之帝，湯武之王，皆賴明哲之佐，博物之臣。故皋陶陳謨而唐虞以興，伊、箕作訓而殷周用隆。〔一〕及繼體之君，欲立中興之功者，曷嘗不賴賢哲之謀乎！凡天下所以不理者，常由人主承平日久，俗漸敝而不悟，政寖衰而不改，習亂安危，怢不自覩。〔二〕或荒耽嗜欲，不恤萬機；或耳蔽箴誨，厭僞忽眞；〔三〕或猶豫歧路，莫適所從；或見信之佐，括囊守祿；〔四〕或疎遠之臣，言以賤廢。是以王綱縱弛於上，智士鬱伊於下。〔五〕悲夫！

〔一〕伊尹作伊訓，箕子作洪範。

〔二〕怢音他沒反。怢，忽忘也。

〔三〕厭飫姦僞，輕忽至眞。

〔四〕易曰：「括囊無咎無譽。」括，結也。結囊不言，持祿而已。

〔五〕鬱伊，不申之貌。楚詞曰「獨鬱伊而誰語」也。

自漢興以來，三百五十餘歲矣。政令垢翫，上下怠懈，〔一〕風俗彫敝，人庶巧僞，百姓囂然，咸復思中興之救矣。且濟時拯世之術，豈必體堯蹈舜然後乃理哉？期於補綻決壞，枝柱邪傾，〔二〕隨形裁割，要措斯世於安寧之域而已。故聖人執權，遭時定制，〔三〕步驟之差，各有云設。不彊人以不能，背急切而慕所聞也。〔四〕蓋孔子對葉公以來遠，哀公以臨人，景公以節禮，非其不同，所急異務也。〔五〕是以受命之君，每輒創制；中興之主，亦匡時失。昔盤庚愍殷，遷都易民；〔六〕周穆有闕，甫侯正刑。〔七〕俗人拘文牽古，不達權制，奇偉所聞，簡忽所見，烏可與論國家之大事哉！故言事者，雖合聖德，輒見掎奪。〔八〕何者？其頑士闇於時權，安習所見，不知樂成，況可慮始，〔九〕苟云率由舊章而已。其達者或矜名妒能，恥策非己，舞筆奮辭，以破其義，寡不勝衆，遂見擯弃。雖稷、契復存，猶將困焉。斯賈生之所以排於絳、灌，屈子之所以攄其幽憤者也。〔一〇〕夫以文帝之明，賈生之賢，絳、灌之忠，而有此患，況其餘哉！

〔一〕垢，惡也。

〔二〕綻音直莧反，禮記曰：「衣裳綻裂紉箴請補綴。」柱音陟主反。

〔三〕權謂變也。遭遇其時而定法制，不循於舊也。

〔四〕背當時之急切，而慕所聞之事，則非濟時之要。

〔五〕韓子曰，葉公問政於仲尼。仲尼曰：「政在悅近而來遠。」魯哀公問政於仲尼。仲尼曰：「政在選賢。」齊景公問政於仲尼。仲尼曰：「政在節財。」此云「臨人」「節禮」，文不同也。

〔六〕盤庚，殷王也。自耿遷於亳邑，作書三篇以告之。

〔七〕甫侯即呂侯也。爲周穆王訓暢夏禹用刑之法。並見尚書。

〔八〕掎音居蟻反。賈逵注國語曰：「從後牽曰掎。」

〔九〕前書劉歆曰：「夫可與樂成，難與慮始，此乃衆庶所爲耳。」

〔一〇〕孝文帝時，賈誼請更定律，令列侯就國，周勃、灌嬰等毀之。屈原爲楚三閭大夫，上官靳尚妒害其能，憂愁憤懣，遂作離騷經。

（故宜）量力度德，春秋之義。〔一〕今既不能純法八（世）〔代〕，故宜參以霸政，〔二〕則宜重賞深罰以御之，明著法術以檢之。自非上德，嚴之則理，寬之則亂。何以明其然也？近孝宣皇帝明於君人之道，審於爲政之理，故嚴刑峻法，破姦軌之膽，海內清肅，天下密如。〔三〕薦勳祖廟，享號中宗。筭計見效，優於孝文。及元帝即位，多行寬政，卒以墮損，〔四〕威權始奪，遂爲漢室基禍之主。政道得失，於斯可監。昔孔子作春秋，褒齊桓，懿晉文，歎管仲之功。夫豈不美文、武之道哉？誠達權救敝之理也。〔五〕故聖人能與世推移，而俗士苦不知變，〔六〕以爲結繩之約，可復理亂秦之緒，干戚之舞，足以解平城之圍。〔七〕

〔一〕左氏傳曰，息侯伐鄭，「不度德，不量力」。

〔二〕八（世）〔代〕謂三皇、五帝也。霸政謂齊桓、晉文也。

〔三〕密，靜也。

〔四〕墮讀曰隳。

〔五〕左傳，齊桓公伐楚，責以包茅不貢，王祭不供；晉文公召王盟諸侯於踐土；管仲相公子糾而射桓公：此並權變之道也。

〔六〕楚詞漁父曰「聖人不凝滯於物，而與時推移」也。

〔七〕易曰：「上古結繩而化，後世聖人易之以書契。」干，盾也。戚，鉞也。尙書曰，苗人逆命，禹乃舞干羽於兩階，七旬有苗格。前書，高祖被匈奴圍於平城，用陳平計得解。言干戚之舞，非平城之所用也。

夫熊經鳥伸，雖延歷之術，非傷寒之理；呼吸吐納，雖度紀之道，非續骨之膏。〔一〕蓋爲國之法，有似理身，平則致養，疾則攻焉。夫刑罰者，治亂之藥石也；德教者，興平之粱肉也。夫以德教除殘，是以粱肉理疾也；以刑罰理平，是以藥石供養也。方今承百王之敝，值戹運之會。自數世以來，政多恩貸，馭委其轡，馬駘其銜，四牡橫奔，皇路險傾。〔二〕方將柑勒鞬輈以救之，豈暇鳴和鑾，清節奏哉？〔三〕昔高祖令蕭何作九章之律，有夷三族之令，黥、劓、斬趾、斷舌、梟首，故謂之具五刑。文帝雖除肉刑，當劓者笞三百，當斬左趾者笞五百，當斬右趾者弃市。右趾者既殞其命，笞撻者往往至死，雖有輕刑之名，其實殺也。當此之時，民皆思復肉刑。至景帝元年，乃下詔曰：「〔加〕笞與重罪無異，幸而不死，不可爲（民）〔人〕。」乃定律，減笞輕捶。自是之後，笞者得全。〔四〕以此言之，文帝乃重刑，非輕之也；以嚴致平，非以寬致平也。必欲行若言，當大定其本，使人主師五帝而式三王。〔五〕盪亡秦之俗，遵先聖之風，弃苟全之政，蹈稽古之蹤，復五等之爵，立井田之制。〔六〕然後選稷契爲佐，伊呂爲輔，樂作而鳳皇儀，擊石而百獸舞。〔七〕若不然，則多爲累而已。

〔一〕莊子曰：「吹呴呼吸，吐故納新，熊經鳥伸，此導引之士，養形之人也。」黃帝素問曰：「人傷於寒而轉爲熱，何也？夫寒盛則生於熱也。」度紀猶延年也。言鳥伸不可療傷寒，吸氣不能續斷骨也。

〔二〕家語曰：「古者天子以德法爲衘勒，以百官爲轡策。善御馬者，正衘勒，齊轡策，鈞馬力，和馬心，故口無聲而極千里。善御人者，一其德法，正其百官，均齊人物，和安人心，故刑不用而天下化。」說文曰：「駘，馬衘脫也。」音達來反。皇路，天路也。

〔三〕何休注公羊傳曰：「柑，以木衘其口也。」柑音巨炎反。勒，馬轡。輈，車轅。鞬猶束也。說苑曰：「鑾設於鑣，和設於軾，馬動〔則〕鑾鳴，鑾鳴則〔和〕應，行〔之〕節也。」

〔四〕此以上並見前書刑法志。

〔五〕式，法也。

〔六〕畝百爲夫，九夫爲井。

〔七〕尚書曰：「簫韶九成，鳳皇來儀。」又「夔曰：『於余擊石拊石，百獸率舞。』」

其後辟太尉袁湯、大將軍梁冀府，並不應。大司農羊傅、少府何豹上書薦寔才美能高，宜在朝廷。召拜議郎，遷大將軍冀司馬，與邊韶、延篤等著作東觀。

出爲五原太守。五原土宜麻枲，而俗不知織績，民冬月無衣，積細草而臥其中，見吏則衣草而出。寔至官，斥賣儲峙，爲作紡績、織紝、練縕之具以敎之，民得以免寒苦。〔一〕是時胡虜連入雲中、朔方，殺略吏民，一歲至九奔命。寔整厲士馬，嚴烽候，虜不敢犯，常爲邊最。〔二〕

〔一〕杜預注左傳曰：「織紝，織布者。」孔安國論語注曰：「縕，枲也。」

〔二〕最爲第一。

以病徵，拜議郎，復與諸儒博士共雜定五經。會梁冀誅，寔以故吏免官，禁錮數年。

時鮮卑數犯邊，詔三公舉威武謀略之士，司空黃瓊薦寔，拜遼東太守。行道，母劉氏病卒，上疏求歸葬行喪。母有母儀淑德，博覽書傳。初，寔在五原，常訓以臨民之政，寔之善績，母有其助焉。服竟，召拜尚書。寔以世方阻亂，稱疾不視事，數月免歸。

初，寔父卒，剽賣田宅，起冢塋，立碑頌。〔一〕葬訖，資產竭盡，因窮困，以酤釀販鬻爲業。時人多以〔此〕譏之，寔終不改。亦取足而已，不致盈餘。及仕官，歷位邊郡，而愈貧薄。建寧中病卒。家徒四壁立，無以殯斂，光祿勳楊賜、太僕袁逢、少府段熲爲備棺槨葬具，大鴻臚袁隗樹碑頌德。所著碑、論、箴、銘、荅、七言、祠、文、表、記、書凡十五篇。

〔一〕廣雅曰：「剽，削也，音匹妙反。」一作「標」。

寔從兄烈，有重名於北州，歷位郡守、九卿。靈帝時，開鴻都門榜賣官爵，公卿州郡下至黃綬各有差。其富者則先入錢，貧者到官而後倍輸，或因常侍、阿保別自通達。〔一〕是時段熲、樊陵、張溫等雖有功勤名譽，然皆先輸貨財而後登公位。烈時因傅母入錢五百萬，得爲司徒。及拜日，天子臨軒，百僚畢會。帝顧謂親倖者曰：「悔不小靳，可至千萬。」〔二〕程夫人於傍應曰：「崔公冀州名士，豈肯買官？賴我得是，反不知姝邪！」〔三〕烈於是聲譽衰減。久之不自安，從容問其子鈞曰：「吾居三公，於議者何如？」鈞曰：「大人少有英稱，歷位卿守，論者不謂不當爲三公；而今登其位，天下失望。」烈曰：「何爲然也？」鈞曰：「論者嫌其銅臭。」烈怒，舉杖擊之。鈞時爲虎賁中郎將，服武弁，戴鶡尾，狼狽而走。烈罵曰：「死卒，父檛而走，孝乎？」〔四〕鈞曰：「舜之事父，小杖則受，大杖則走，非不孝也。」〔五〕烈慙而止。烈後拜太尉。

〔一〕阿保謂傅母也。

〔二〕靳，固惜之也。靳或作「儁」。說文曰：「儁，引爲價也。」音一建反。

〔三〕姝，美也。言反不知斯事之美也。姝或作「株」。株，根本也。

〔四〕以其武官，故罵爲卒。或作「孔卒」者，誤也。

〔五〕家語曰：「曾子耘瓜，誤傷其根。曾皙怒，建大杖以擊其首。曾子仆地不知人，有頃乃蘇。孔子聞之怒，謂門弟子曰：『參來勿內也。昔瞽叟有子曰舜，瞽叟欲使之，未嘗不往，則欲殺之，未嘗可得。小箠則待，大杖則逃，不陷父於不義也。』」

鈞少交結英豪，有名稱，爲西河太守。獻帝初，鈞與袁紹俱起兵山東，董卓以是收烈付郿獄，錮之，鋃鐺鐵鎖。〔一〕卓既誅，拜烈城門校尉。及李傕入長安，爲亂兵所殺。

〔一〕說文曰：「鋃鐺，鎖也。」前書曰：「人犯鑄錢，以鐵鎖鋃鐺其頸。」鋃音郎，鐺音當。

烈有文才，所著詩、書、教、頌等凡四篇。

論曰：崔氏世有美才，兼以沈淪典籍，遂爲儒家文林。駰、瑗雖先盡心於貴戚，而能終之以居正，則其歸旨異夫進趣者乎！李固，高絜之士也，與瑗鄰郡，奉贄以結好。〔一〕由此知杜喬之勁，殆其過矣。寔之政論，言當世理亂，雖鼂錯之徒不能過也。

〔一〕儀禮曰：「士相見之禮，贄冬用雉，夏用腒，奉之曰：『某也欲見無由達。』」腒，乾（腒）〔胊〕，音渠。

贊曰：崔爲文宗，世禪雕龍。〔一〕建新恥潔，摧志求容。永矣長岑，于遼之陰。不有直道，曷取泥沈。瑗不言禄，亦離冤辱。子眞持論，感起昏俗。

〔一〕史記曰：「談天衍，雕龍奭。」劉向別錄曰：「言鄒奭脩飾之文若雕龍文也。」禪謂相傳授也。

校勘記

一七〇三頁三行 諫刺史無與燕剌王通　按：「刺史」之「刺」從朿，「剌王」之「剌」從束，二字音義並異，各本往往譌混。

一七〇三頁六行 太保甄豐　按：集解引黃山說，謂前書王莽傳甄邯爲太保，豐爲太阿，未爲太保也，「保」「豐」二字當有一誤。

一七〇三頁八行 昔（在）〔者〕魯君問柳下惠曰　據汲本改，與前書董仲舒傳合。

一七〇四頁五行 掾吏叩頭諫曰　按：刊誤謂「吏」當作「史」。總言之，掾、史皆吏也，獨言之當云史耳。

一七〇四頁一二行 郡國常以春行（至）〔主〕縣　陳景雲謂「至」當從續志本文作「主」。主縣者，所主之縣也。按：百官志云「常以春行所主縣」，陳說是，今據改。

一七〇六頁九行　闔衡門以埽軌　按：「埽」原譌「歸」，逕據汲本、殿本改正。

一七〇七頁五行　偷苟且也　按：汲本、殿本「偷」作「媮」，與正文合，然偷媮同字，似不必改歸一律，今仍之。

一七〇七頁八行　不爲利(謟)〔諂〕　據集解本改。

一七〇八頁一〇行　暮春〔者〕春服既成　據汲本、殿本補，與論語合。

一七〇八頁一三行　啓余足　按：汲本、殿本「余」作「予」，與論語合。

一七〇八頁一三行　父母全已生之　按：汲本、殿本「已」作「而」。

一七二〇頁九行　所以尚騏驎者　汲本、殿本「驎」作「驥」。按：騏驥、騏驎皆謂良馬也。

一七二一頁四行　紛獿塞路　「獿」汲本、殿本作「繷」。集解引惠棟説，謂「繷」依方言作「𡖖」，云「南楚凡大而多謂之𡖔，或謂之𡖖」。郭璞曰「𡖖音奴動反」。按：據惠説，則字當作「𡖖」。

一七二一頁八行　與其有事　按：刊誤謂案文「與」合作「當」，上又合有「故」字，楊雄、蔡邕同用此律也。

一七二三頁五行　楚可破(之)〔也〕　據刊誤改。

一七二三頁一〇行　昔夏后開(治)使飛廉析金於山　沈欽韓謂「治」字衍文，見墨子耕柱篇。今據删。按：墨子「析」作「折」，王念孫謂作「折」是。

一七二五頁一四行　五員樹功於柏舉　汲本、殿本「五」作「伍」。按：五伍通。

一七二六頁一行　原衰見廉於壺飧　按：「衰」原譌「襄」，逕改正。

一七二六頁七行　華嶠書（曰）因字作回　按：「曰」字當衍，今刪。

一七二六頁九行　利合而友　按：「利」原譌「時」，逕改正。

一七二七頁一四行　奔隨　按：「隨」原譌「遺」，殿本譌「隋」，逕據汲本改正。

一七二七頁一五行　軍敗吳而復楚國　按：「軍」字疑衍。

一七二七頁一六行　唐且卽唐雎也　按：「雎」字各本並譌「睢」，逕改正。

一七二七頁一六行　魏使人請救〔於秦〕　據汲本、殿本補。

一七二七頁一七行　丈人忙然乃遠至（魏）此〔魏〕來者數矣　據汲本改。按：今本戰國策作「丈人芒然乃遠至此，甚苦矣，魏來求救數矣」。

一七二八頁五行　昔趙衰爲原大夫　按：陳景雲謂「昔」當作「晉」。

一七二八頁一六行　（帝）〔常〕嗟歎之　據汲本改。

一七三〇頁二行　陽（侯）〔平〕之族　刊誤謂案文「侯」當作「平」，王鳳封陽平侯，前書亦謂陽平之王也。今據改。按：集解引黃山說，謂鳳乃嗣侯，始封陽平者，鳳父頃侯禁也。

一七三〇頁六行　（禮）〔紕〕漫漫兮　據殿本改。按：疑「紕」先譌作「礼」，轉寫又譌作「禮」。

一七三〇頁八行　論語（曰）孔子之言也　據校補刪。

〔一七二二頁一行〕元帝王皇后弟（王）〔子〕莽纂位　校補謂「王」乃「子」之譌，莽乃后弟曼子也，各本皆未正。今據改。

〔一七二二頁七行〕矜矜業業　按：汲本「矜矜」作「兢兢」。

〔一七二二頁一三行〕扶人無（容）〔咎〕　據殿本改。按：集解引錢大昭說，謂「容」當作「咎」。

〔一七二三頁七行〕第聽祇上書　「第」原作「弟」，殿本同，此據汲本改，注同。按：第弟通。

〔一七二三頁一四行〕司馬相如（傳）曰　據集解引黃山說改。按：此非司馬相如語，乃文君謂相如云云也。

〔一七二四頁一一行〕單極滋味　按：御覽九七六引「單」作「殫」。

〔一七二六頁一〇行〕雖合聖德　按：張森楷校勘記謂治要「德」作「聽」，疑「聽」字是。

〔一七二七頁一三行〕（故宜）量力度德　刊誤謂案文多「故宜」二字，下文自有用「故宜」字處。今據刪。

〔一七二七頁一三行〕純法八（世）〔代〕　刊誤謂「世」當作「代」。集解引惠棟說，謂文選注引作「八代」。按：此轉改之失，今據改。注同。

〔一七二八頁八行〕管仲相公子糾而射桓公　按：集解引黃山說，謂原注「射桓公」下當有「卒乃相桓公」句。

〔一七二八頁一四行〕平則致養　按：殿本無「致」字。

〔一七二九頁一行〕豈暇鳴和鑾清節奏哉　按：「淸」原譌「請」，逕據汲本、殿本改正。

一七二九頁四行　〔加〕笞與重罪無異　據汲本、殿本補，與前志合。

一七二九頁五行　不可爲（民）〔人〕　按：校補謂案前志本作「不可爲人」，此轉改之失。今據改。

一七二九頁一四行　皇路天路也　按：汲本「天」作「大」。

一七三〇頁一行　馬動〔則〕鑾鳴鑾鳴則〔和〕應　據汲本、殿本補。

一七三〇頁一行　行〔之〕節也　據今本說苑補「之」字。按：汲本、殿本「節也」上無「行」字。

一七三一頁四行　時人多以〔此〕譏之　據汲本、殿本補。

一七三一頁四行　及仕官　汲本、殿本「官」作「宦」，勘誤謂案文「宦」當作「官」。按：集解引王會汾說，謂古書中言「仕宦」者甚多，「仕官」不成文理，此傳寫互誤，傳及注「宦」字當本作「官」，劉注當本作「官當作宦」。

一七三一頁七行　一作標　按：「標」原譌「摽」，逕改正。

一七三二頁一行　父檛而走　按：汲本「檛」作「撾」。

一七三三頁三行　腒乾（腒）〔朐〕　按：張元濟後漢書校勘記謂汪文盛刊本、元大德本並作「乾朐」。今據改。又按：殿本作「乾雉」，與儀禮士相見禮「夏用腒」釋文合。

後漢書卷五十三

周黃徐姜申屠列傳第四十三

易曰：「君子之道，或出或處，或默或語。」〔一〕孔子稱「蘧伯玉邦有道則仕，邦無道則可卷而懷也」。〔二〕然用舍之端，君子之所以存其誠也。〔三〕故其行也，則濡足蒙垢，出身以効時；〔四〕及其止也，則窮棲茹菽，臧寶以迷國。〔五〕

〔一〕上繫之詞也。言賢哲所行，其趣異也。

〔二〕論語蘧伯玉名瑗，衞大夫也。卷而懷謂不預時政，不忤於人者也。

〔三〕誠，實也。孔子曰：「用之則行，舍之則臧。」易曰：「閑邪存其誠。」

〔四〕新序曰：「申徒狄非時，將自投河，崔嘉聞而止之曰：『吾聞聖人從事於天地之閒，人之父母也。今爲濡足之故，不救溺人乎？』」

〔五〕爾雅曰：「啜，茹也。」孫卿子曰：「君子啜菽飲水，非愚也，是節然也。」論語曰，陽貨謂孔子曰：「懷其寶而迷其邦，可謂仁乎？」

太原閔仲叔者，〔一〕世稱節士，雖周黨之潔清，自以弗及也。黨見其含菽飲水，遺以生蒜，受而不食。〔二〕建武中，應司徒侯霸之辟。既至，霸不及政事，徒勞苦而已。〔三〕仲叔恨曰：「始蒙嘉命，且喜且懼；今見明公，喜懼皆去。以仲叔爲不足問邪，不當辟也。辟而不問，是失人也。」遂辭出，投劾而去。〔四〕復以博士徵，不至。客居安邑。老病家貧，不能得肉，日買猪肝一片，屠者或不肯與，安邑令聞，勑吏常給焉。仲叔怪而問之，知，乃歎曰：「閔仲叔豈以口腹累安邑邪？」遂去，客沛。以壽終。

〔一〕謝沈書曰：「閔貢字仲叔。」

〔二〕黨與仲叔同郡，亦貞介士也。見逸人傳。皇甫謐高士傳曰：「黨見仲叔食無菜，遺之生蒜。仲叔曰：『我欲省煩耳，今更作煩邪？』受而不食。」

〔三〕勞其勤苦也。勞音力到反。

〔四〕案罪曰劾，自投其劾狀而去也。投猶下也。今有投辭、投牒之言也。

仲叔同郡荀恁，字君大，〔一〕少亦脩清節。資財千萬，父越卒，悉散與九族。隱居山澤，以求厥志。王莽末，匈奴寇其本縣廣武，〔二〕聞恁名節，相約不入荀氏閭。光武徵，以病不至。永平初，東平王蒼爲驃騎將軍，開東閤延賢俊，辟而應焉。及後朝會，顯宗戲之曰：「先帝徵君不至，驃騎辟君而來，何也？」對曰：「先帝秉德以惠下，故臣可得不來。驃騎執法以檢下，〔三〕故臣不敢不至。」後月餘，罷歸，卒於家。

〔一〕恁音而甚反。

〔二〕廣武，縣，屬太原郡，故城在今代州鴈門縣也。

〔三〕檢猶察也。

桓帝時，安陽人魏桓，字仲英，亦數被徵。其鄉人勸之行。桓曰：「夫干祿求進，所以行其志也。今後宮千數，其可損乎？廄馬萬匹，其可減乎？左右悉權豪，其可去乎？」皆對曰：「不可。」桓乃慨然歎曰：「使桓生行死歸，於諸子何有哉！」〔一〕遂隱身不出。

〔一〕若忤時強諫，死而後歸，於諸勸行者復何益也。

若二三子，可謂識去就之槩，候時而處。〔一〕夫然，豈其枯槁苟而已哉？蓋詭時審己，以成其道焉。〔二〕余故列其風流，區而載之。〔三〕

〔一〕槩，節也。候時以居，不失去就也。

〔二〕詭，違也。（亦）〔迹〕若違時，志存量己也。

〔三〕言其清潔之風，各有條流，故區別而紀之。

周燮字彥祖，汝南安城人，（法）〔決〕曹掾燕之後也。〔一〕燮生而欽頤折頞，醜狀駭人。〔二〕

其母欲弃之，其父不聽，曰：「吾聞賢聖多有異貌。〔三〕興我宗者，乃此兒也。」於是養之。

〔一〕燕具獨行篇周嘉傳。

〔二〕頣，頷也。欽頣，曲頷也。說文曰：「頞，鼻莖也。」折亦曲也。欽音丘凡反。欽或作「顉」，音同。

〔三〕伏羲牛首，女媧蛇軀，皐繇鳥喙，孔子牛脣，是聖賢異貌也。又蔡澤亦顉頣蹙頞。

始在髫鬌，而知廉讓；〔一〕十歲就學，能通詩、論；及長，專精禮、易。不讀非聖之書，不脩賀問之好。有先人草廬結于岡畔，〔二〕下有陂田，常肆勤以自給。〔三〕非身所耕漁，則不食也。鄉黨宗族希得見者。〔四〕

〔一〕髫，髮也。礼記曰：「子生三月之末，擇日翦髮爲（髫）〔鬌〕，男角女羈，否則男左女右。」鬌音徒果反。

〔二〕山脊曰岡。

〔三〕肆，陳也。

〔四〕謝承書曰「爕居家清處，非法不言，兄弟、父子、室家相待如賓，鄉曲不善者皆從其敎」也。

舉孝廉、賢良方正，特徵，皆以疾辭。延光二年，安帝以玄纁羔幣聘爕，〔一〕及南陽馮良，二郡各遣丞掾致禮。宗族更勸之曰：「夫修德立行，所以爲國。自先世以來，勳寵相承，君獨何爲守東岡之陂乎？」爕曰：「吾既不能隱處巢穴，追綺季之跡，〔二〕而猶顯然不遠父母之國，斯固以滑泥揚波，同其流矣。〔三〕夫修道者，度其時而動。動而不時，焉得亨乎！」〔四〕

因自載到潁川陽城，遣〔門〕生送敬，遂辭疾而歸。〔五〕良亦載病到近縣，送禮而還。〔六〕詔書告二郡，歲以羊酒養病。

〔一〕禮，卿執羔。董仲舒春秋繁露曰：「凡贄卿用羔，羔有角而不用，類仁者；執之不鳴，殺之不嘷，類死義者；羔飲其母必跪，類知禮者：故以爲贄。」

〔二〕綺季、東園公、夏黃公、甪里先生，謂之四皓，隱於商山。見前書也。

〔三〕滑，混也。楚詞：「何不滑其泥而揚其波。」滑音古沒反。

〔四〕亨，通也。書曰：「慮善以動，動惟厥時。」

〔五〕送敬猶致謝也。

〔六〕送禮謂送其所致之禮也。

良字君郎。出於孤微，少作縣吏。年三十，爲尉從佐。〔一〕奉檄迎督郵，即路慨然，恥在廝役，〔二〕因壞車殺馬，毀裂衣冠，乃遁至犍爲，從杜撫學。妻子求索，蹤迹斷絕。後乃見草中有敗車死馬，衣裳腐朽，謂爲虎狼盜賊所害，發喪制服。積十許年，乃還鄉里。志行高整，非禮不動，遇妻子如君臣，鄉黨以爲儀表。燮、良年皆七十餘終。

〔一〕從佐謂隨從而已，不主案牘也。

〔二〕廝，賤也。

黃憲字叔度，汝南慎陽人也。〔一〕世貧賤，父爲牛醫。

〔一〕在慎水之南，因以名縣。南陽有順陽國，而流俗書此或作「順陽」者，誤。

潁川荀淑至慎陽，遇憲於逆旅，〔一〕時年十四，淑竦然異之，揖與語，移日不能去。謂憲曰：「子，吾之師表也。」既而前至袁(閎)〔閬〕〔二〕所，未及勞問，逆曰：「子國有顏子，寧識之乎？」〔三〕(閎)〔閬〕曰：「見吾叔度邪？」是時，同郡戴良才高倨傲，而見憲未嘗不正容，及歸，罔然若有失也。其母問曰：「汝復從牛醫兒來邪？」對曰：「良不見叔度，不自以爲不及；既覩其人，則瞻之在前，忽焉在後，〔四〕固難得而測矣。」同郡陳蕃、周舉常相謂曰：「時月之閒不見黃生，則鄙吝之萌復存乎心。」〔五〕及蕃爲三公，臨朝歎曰：「叔度若在，吾不敢先佩印綬矣。」太守王龔在郡，禮進賢達，多所降致，卒不能屈憲。郭林宗少游汝南，先過袁(閎)〔閬〕，不宿而退；進往從憲，累日方還。或以問林宗。〔六〕林宗曰：「奉高之器，譬諸(汎)〔氿〕濫，雖清而易挹。〔七〕叔度汪汪若千頃陂，澄之不清，淆之不濁，不可量也。」〔八〕

〔一〕逆旅，客舍。

〔二〕一作「閬」。

〔三〕顏子，顏回也。

〔四〕論語顏回慕孔子之言也。

〔五〕吝，貪也。

〔六〕郭泰別傳曰：「時林宗過薛恭祖，恭祖問曰：『聞足下見袁奉高，車不停軌，鸞不輟軛，從叔度乃彌信宿也？』」

〔七〕奉高，閬字也。爾雅曰：「側出（汎）〔氿〕泉，正出濫泉。」（汎）〔氿〕音軌。濫音檻。

〔八〕淆，混也。

憲初舉孝廉，又辟公府，友人勸其仕，憲亦不拒之，暫到京師而還，竟無所就。年四十八終，天下號曰「徵君」。

論曰：黃憲言論風旨，無所傳聞，然士君子見之者，靡不服深遠，去玼吝。〔一〕將以道周性全，無德而稱乎？〔二〕余曾祖穆侯〔三〕以爲憲隤然其處順，〔四〕淵乎其似道，〔五〕淺深莫臻其分，清濁未議其方。〔六〕若及門於孔氏，其殆庶乎！〔七〕故嘗著論云。

〔一〕玼音此。說文曰：「鮮色也。」據此文當爲「疵」，作「玼」者，古字通也。

〔二〕道周備，性全一。無德而稱，言其德大無能名焉。

〔三〕晉書曰：「范汪字玄平，安北將軍，謚曰穆侯。汪生甯，甯生泰，泰生曄。」

〔四〕易繫詞曰：「坤隤然示人簡矣。」隤，柔順貌。

〔五〕老子曰：「道沖而用之，或不盈，淵乎似萬物之宗。」言淵深不可知也。
〔六〕廣雅曰：「方，所也。」
〔七〕易繫詞曰：「顏氏之子，其殆庶幾乎！」殆，近也。

徐穉字孺子，豫章南昌人也。〔一〕家貧，常自耕稼，非其力不食。恭儉義讓，所居服其德。屢辟公府，不起。

〔一〕豫章，郡，今洪州也。南昌，縣，即今豫章縣也。謝承書曰「穉少為諸生，學嚴氏春秋、京氏易、歐陽尚書，兼綜風角、星官、筭歷、河圖、七緯、推步、變易，異行矯時俗，閭里服其德化。有失物者，縣以相還，道無拾遺。四察孝廉，五辟宰府，三舉茂才」也。

時陳蕃為太守，以禮請署功曹，穉不免之，既謁而退。蕃在郡不接賓客，唯穉來特設一榻，去則縣之。後舉有道，家拜太原太守，〔一〕皆不就。

〔一〕就家而拜之也。

延熹二年，尚書令陳蕃、僕射胡廣等上疏薦穉等曰：「臣聞善人天地之紀，政之所由也。〔一〕詩云：『思皇多士，生此王國。』〔二〕天挺俊乂，為陛下出，當輔弼明時，左右大業者也。〔三〕伏見處士豫章徐穉、彭城姜肱、汝南袁閎、〔四〕京兆韋著、〔五〕潁川李曇，德行純備，著于人聽。若使擢登三事，協亮天工，必能翼宣盛美，增光日月矣。」桓帝乃以安車玄纁，備禮徵之，並不至。帝因問蕃曰：「徐穉、袁閎、韋著誰爲先後？」蕃對曰：「閎生出公族，聞道漸訓。著長於三輔禮義之俗，所謂不扶自直，不鏤自雕。〔六〕至於穉者，爰自江南卑薄之域，而角立傑出，宜當爲先。」〔七〕

〔一〕左傳曰，晉三郤害伯宗，譖而殺之，及欒弗忌。韓獻子曰「郤氏其不免乎！善人天地之紀也，而驟絕之，不亡何待」也。

〔二〕大雅文王之詩也。思，願也。皇，天也。思願天多生賢人於此王國。

〔三〕左右，助也。

〔四〕閎見袁安傳。謝承書曰：「閎少脩志節，矯俗高厲。」

〔五〕著見韋彪傳。謝承書曰：「爲三輔冠族。著少修節操，持京氏易、韓詩，博通術藝。」

〔六〕說苑曰「蓬生枲中，不扶自直」也。

〔七〕如角之特立也。

穉嘗爲太尉黃瓊所辟，不就。及瓊卒歸葬，穉乃負糧徒步到江夏赴之，設雞酒薄祭，哭畢而去，不告姓名。〔一〕時會者四方名士郭林宗等數十人，聞之，疑其穉也，乃選能言語生茅容輕騎追之。及於塗，容爲設飯，共言稼穡之事。臨訣去，謂容曰：「爲我謝郭林宗，大樹將顛，非一繩所維，何爲栖栖不遑寧處？」〔二〕及林宗有母憂，穉往弔之，置生芻一束於廬前而去。衆怪，不知其故。林宗曰：「此必南州高士徐孺子也。詩不云乎，『生芻一束，其人如玉。』〔三〕吾無德以堪之。」

〔一〕謝承書曰：「穉諸公所辟雖不就，有死喪負笈赴弔。常於家豫炙雞一隻，以一兩緜絮漬酒中，暴乾以裹雞，徑到所起冢隧外，以水漬緜使有酒氣，斗米飯，白茅爲藉，以雞置前，醊酒畢，留謁則去，不見喪主。」

〔二〕顚，仆也。維，繫也。喻時將衰季，豈一人可能救邪？

〔三〕小雅白駒詩。此戒賢者，行所舍，主人之餼雖薄，要就賢主人，其德如玉然也。

靈帝初，欲蒲輪聘穉，會卒，時年七十二。

子胤字季登，篤行孝悌，亦隱居不仕。〔一〕太守華歆禮請相見，固病不詣。〔二〕漢末寇賊從橫，皆敬胤禮行，轉相約勑，不犯其閭。建安中卒。

〔一〕謝承書曰：「胤少遭父母喪，致哀毀瘁，歐血發病。服闋，隱居林藪，躬耕稼穡，勌則誦經，貧窶困乏，執志彌固，不受惠於人」也。

〔二〕魏志曰，歆字子魚，平原人。爲豫章太守。爲政清淨不煩，吏人感而愛之。

李曇字雲，少孤，繼母嚴酷，曇事之愈謹，〔一〕爲鄉里所稱法。養親行道，終身不仕。

〔一〕謝承書曰：「曇少喪父，躬事繼母。〔繼母〕酷烈，曇性純孝，定省恪勤，妻子恭奉，寒苦執勞，不以爲怨。得四時珍玩，先以進母。與徐孺子等海內列名五處士焉。」

姜肱字伯淮，彭城廣戚人也。〔一〕家世名族。〔二〕肱與二弟仲海、季江，俱以孝行著聞。其友愛天至，常共臥起。〔三〕及各娶妻，兄弟相戀，不能別寢，以係嗣當立，乃遞往就室。

〔一〕廣戚故城今徐州沛縣東。

〔二〕謝承書曰「祖父豫章太守，父任城相」也。

〔三〕謝承書曰「肱性篤孝，事繼母恪勤。母既年少，又嚴厲。肱感愷風之孝，兄弟同被而寢，不入房室，以慰母心」也。

肱博通五經，兼明星緯，士之遠來就學者三千餘人。諸公爭加辟命，皆不就。二弟名聲相次，亦不應徵聘，時人慕之。

肱嘗與季江謁郡，夜於道遇盜，欲殺之。肱兄弟更相爭死，賊遂兩釋焉，〔一〕但掠奪衣資而已。既至郡中，見肱無衣服，怪問其故，肱託以它辭，終不言盜。盜聞而感悔，後乃就精廬，〔二〕求見徵君。肱與相見，皆叩頭謝罪，而還所略物。肱不受，勞以酒食而遣之。

〔一〕謝承書曰「肱與季江俱乘車行適野廬，爲賊所劫，取其衣物，欲殺其兄弟。肱謂盜曰：『弟年幼，父母所憐愍，又未娉娶，願自殺身濟弟。』季江言：『兄年德在前，家之珍寶，國之英俊，乞自受戮，以代兄命。』盜戢刃曰：『二君所謂賢人，吾等不良，妄相侵犯。』弃物而去。肱車中尙有數千錢，盜不見也，使從者追以與之，亦復不受。肱以物經歷盜手，因以付亭吏而去」也。

〔二〕精廬卽精舍也。

後與徐穉俱徵，不至。桓帝乃下彭城使畫工圖其形狀。肱臥於幽闇，以被韜面，〔一〕言患眩疾，不欲出風。工竟不得見之。

〔一〕韜，臧也。

中常侍曹節等專執朝事，新誅太傅陳蕃、大將軍竇武，欲借寵賢德，以釋衆望，乃白徵肱爲太守。肱得詔，乃私告其友曰：「吾以虛獲實，遂藉聲價。明明在上，猶當固其本志，況今政在閹豎，夫何爲哉！」乃隱身遯命，遠浮海濱。再以玄纁聘，不就。卽拜太中大夫，詔書至門，〔一〕肱使家人對云「久病就醫」。遂羸服閒行，竄伏青州界中，賣卜給食。召命得斷，家亦不知其處，歷年乃還。年七十七，熹平二年終于家。弟子陳留劉操追慕肱德，共刊石頌之。

〔一〕謝承書曰：「靈帝手筆下詔曰：『肱抗陵雲之志，養浩然之氣，以朕德薄，未肯降志。昔許由不屈，王道爲化；夷、齊不撓，周德不虧。州郡以禮優順，勿失其意。』」

申屠蟠字子龍，陳留外黃人也。九歲喪父，哀毀過禮。服除，不進酒肉十餘年。每忌日，輒三日不食。〔一〕

〔一〕海內先賢傳曰：「蟠在冢側致甘露、白雉，以孝稱。」

同郡緱氏女玉爲父報讎，〔二〕殺夫氏之黨，吏執玉以告外黃令梁配，〔三〕配欲論殺玉。蟠時年十五，爲諸生，進諫曰：「玉之節義，足以感無恥之孫，激忍辱之子。不遭明時，尚當表旌廬墓，況在清聽，而不加哀矜！」配善其言，乃爲讞得減死論。〔三〕鄉人稱美之。

〔一〕緱，姓也。

〔二〕續漢書曰「同縣大女緱玉爲從父報仇，殺夫之從母兄李士，姑執玉以告吏」也。

〔三〕讞，請也。

家貧，傭爲漆工。郭林宗見而奇之。同郡蔡邕深重蟠，及被州辟，乃辭讓之曰：「申屠蟠稟氣玄妙，性敏心通，喪親盡禮，幾於毀滅。至行美義，人所鮮能。安貧樂潛，味道守眞，不爲燥濕輕重，〔一〕不爲窮達易節。〔二〕方之於邕，以齒則長，以德則賢。」

〔一〕律曆志曰：「銅爲物至精，不爲燥濕寒暑變其節，不爲風雨暴露改其形，介然有常，似於士君子之行。」

〔二〕易曰：「窮則獨善其身，達則兼濟天下。」

後郡召爲主簿，不行。〔一〕遂隱居精學，博貫五經，兼明圖緯。始與濟陰王子居同在太學，子居臨歿，以身託蟠，蟠乃躬推輦車，送喪歸鄉里。遇司隸從事於河鞏之閒，〔二〕從事義之，爲封傳護送，〔三〕蟠不肯受，投傳於地而去。事畢還學。

〔一〕謝承書曰「蟠前後徵辟，文書悉挂於樹，初不顧眄」也。

〔二〕百官志曰「司隸從事史十二人，秩百石」也。

〔三〕傳謂符牒。使人監送之。

太尉黃瓊辟，不就。及瓊卒，歸葬江夏，四方名豪會帳下者六七千人，〔一〕互相談論，莫有及蟠者。唯南郡一生與相酬對，既別，執蟠手曰：「君非聘則徵，如是相見於上京矣。」蟠勃然作色曰：「始吾以子爲可與言也，何意乃相拘教樂貴之徒邪？」〔二〕因振手而去，不復與言。再舉有道，不就。〔三〕

〔一〕帳下，葬處。

〔二〕樂音五孝反。

〔三〕謝承書曰「詔書令郡以禮發遣，蟠到河南萬歲亭，折轅而旋」也。

先是京師游士汝南范滂等非訐朝政，自公卿以下皆折節下之。〔一〕太學生爭慕其風，以爲文學將興，處士復用。蟠獨歎曰：「昔戰國之世，處士橫議，〔二〕列國之王，至爲擁篲先驅，〔三〕卒有阬儒燒書之禍，今之謂矣。」乃絕迹於梁碭之閒，〔四〕因樹爲屋，自同傭人。〔五〕居二年，滂等果罹黨錮，或死或刑者數百人，蟠確然免於疑論。後蟠友人陳郡馮雍坐事繫獄，豫州牧黃琬欲殺之。或勸蟠救雍，蟠不肯行，曰：「黃子琰爲吾故邪，未必合罪。如不用吾言，雖往何益！」琬聞之，遂免雍罪。

〔一〕訐謂橫議是非也。訐或作「訏」也。
〔二〕孟子曰：「聖王不作，諸侯恣行，處士橫議。」前書曰：「秦既稱帝，患周之敗，以爲起於處士橫議，諸侯力爭。」晉義曰：「言由橫議而敗之。」
〔三〕史記，鄒衍如燕，昭王擁篲先驅，請列弟子之坐而受業。築碣石宮，身親往師之。
〔四〕梁國有碭縣。
〔五〕謝承書曰「居蓬萊之室，依桑樹以爲棟」也。

大將軍何進連徵不詣，進必欲致之，使蟠同郡黃忠書勸曰：「前莫府初開，至如先生，特加殊禮，優而不名，申以手筆，設几杖之坐。經過二載，而先生抗志彌高，所尙益固。竊論先生高節有餘，於時則未也。今潁川荀爽載病在道，北海鄭玄北面受署。彼豈樂羈牽哉，知時不可逸豫也。昔人之隱，遭時則放聲滅迹，巢棲茹薇。〔一〕其不遇也，則裸身大笑，被髮狂歌。〔二〕今先生處平壤，〔三〕游人閒，吟典籍，襲衣裳，事異昔人，而欲遠蹈其迹，不亦難乎！孔氏可師，何必首陽。」〔四〕蟠不荅。

〔一〕放，弃也。謂弃聲名也。巢棲謂巢父也。說文：「薇，似藿也。」
〔二〕楚詞曰：「桑扈裸行。」史記曰：「箕子被髮陽狂。」歌謂楚狂接輿歌而過孔子也。
〔三〕壤，地也。

〔四〕孔子使子路語隱者云：「不仕無義。長幼之節，不可廢也；君臣之義如之何其可廢也？欲潔其身而亂大倫。」首陽，夷、齊所隱山也。

中平五年，復與爽、玄及潁川韓融、〔一〕陳紀等十四人並博士徵，不至。明年，董卓廢立，蟠及爽、融、紀等復俱公車徵，〔二〕唯蟠不到。衆人咸勸之，蟠笑而不應。居無幾，爽等爲卓所脅迫，西都長安，京師擾亂。及大駕西遷，公卿多遇兵飢，室家流散，融等僅以身脫。唯蟠處亂末，終全高志。年七十四，終于家。

〔一〕融字元長，韶之子也。見韶傳。

〔二〕續漢志曰，徵爽爲司空，融爲尚書，紀爲侍中。

贊曰：琛寶可懷，貞期難對。〔一〕道苟違運，理用同廢。與其遐棲，豈若蒙穢？〔二〕悽悽碩人，陵阿窮退。〔三〕韜伏明姿，甘是堙曖。〔四〕

〔一〕琛寶喻道德也。貞期謂明時也。對，偶也。

〔二〕蒙穢謂仕亂朝。

〔三〕碩人謂賢者。悽悽，飢病貌也。言賢者退而窮處。詩國風曰：「考槃在阿，碩人之薖。」曲陵曰阿。陵，升也。薖，飢也。薖音苦戈反。

〔四〕堙，沈也。曖猶翳也。

校勘記

一七三九頁三行　邦無道則可卷而懷也　按：「則」字原脫，逕據汲本、殿本補。

一七三九頁九行　申徒狄　按：汲本、殿本「徒」作「屠」。

一七四〇頁七行　謝沈書曰　按：汲本、殿本「沈」作「承」。

一七四〇頁一三行　仲叔同郡荀恁　按：集解引錢大昕說，謂案劉平傳，數薦達名士承宮、郇恁等，即此荀恁也。說文無「荀」字，當以「郇」爲正。

一七四一頁一三行　（亦）〔迹〕若違時　據殿本改。

一七四一頁一四行　（法）〔決〕曹掾燕之後也　據汲本、殿本改。　按：殿本考證云「決」字監本作「法」。王會汾謂周嘉傳言燕於宣帝時爲郡決曹掾，則作「法曹」者誤。

一七四二頁六行　常肆勤以自給　按：集解引錢大昕說，謂「肆」當爲「肄」字之誤。

一七四二頁八行　擇日翦髮爲（髺）〔髻〕　據殿本改，與今本禮記合。

一七四三頁一行　遣〔門〕生送敬　據刊誤補。

一七四三頁五行　角里先生　殿本「角」作「甪」。按：角本有祿音，後人不知，别造「甪」字代之。廣韻一屋亦作「角」，不作「甪」。

一七四三頁一〇行　良字君郎　按：集解引惠棟說，謂袁宏紀「君郎」作「君卿」。

一七四四頁二行　在愼水之南　按：校補謂「南」字疑「陽」字之誤。

一七四四頁四行　既而前至袁(閎)〔閬〕所　集解引陳景雲說，謂黃憲、袁閬俱愼陽人，故荀淑有「子國顏子」之語，愼陽本侯國也。若汝陽袁閎，與憲同郡異縣，則作「閎」非矣。又引黃山說，謂此傳「閎」皆當作「閬」，惟後徐穉傳所載，則確爲袁閎耳。今據改。

一七四四頁七行　同郡陳蕃周舉　按：集解引惠棟說，謂世說及袁宏紀皆作「周子居」。

一七四四頁一〇行　譬諸(汎)〔氿〕濫　據殿本改。注同。

一七四四頁一二行　叔度汪汪若千頃陂　按：集解引惠棟說，謂「千頃」續漢書作「萬頃」。

一七四四頁一三行　一作閬　按：李慈銘謂黃憲傳之「袁閎」，皆爲「袁閬」之誤。章懷所注者乃是誤本，其云「一作閬」者，乃別據一不誤之本。

一七四五頁三行　乃彌信宿也　按：校補引柳從辰說，謂袁宏紀作「乃彌日信宿也」，多「日」字文義更較圓足。

一七四五頁四行　奉高閎字也　按：李慈銘謂袁閬字奉高，見第五十六卷王龔傳，憲傳與龔傳僅隔兩卷，章懷又見他本之作「閬」，乃不能援以改正，反注奉高爲閎字，可謂率謬。足見當時東宮僚屬，各人分注，不相證核也。

一七四六頁九行　稗不免之　按：殿本考證引何焯說，謂「免」疑作「就」。集解引惠棟說，謂通鑑作「稗不之免」，胡注「不辭免也」。袁宏紀作「不之起」。

一七四八頁一四行　躬事繼母〔繼母〕酷烈　據汲本、殿本補。

一七四九頁二行　以係嗣當立　殿本考證謂「係」當作「繼」。按：集解引黃山說，謂御覽五一五引續漢書作「繼」。繫、係、繼三字古以同義通作。

一七五一頁六行　姑執玉以告吏也　按：「吏」原譌「史」，逕改正。

一七五一頁一三行　易曰達則兼濟天下　汲本、殿本「濟」作「善」。按：校補謂「窮則獨善其身，達則兼善天下」，語出孟子，注作「易曰」，誤。

一七五三頁七行　居蓬萊之室　按：殿本考證王會汾謂蓬萊雖皆草名，然古人或作「蓬蒿」，或作「蒿萊」，至蓬萊二字並用，恐與山名相混，此注「萊」字當是「藜」字之誤。